Andreas Maisch

Migranten in Roben

WWU
MÜNSTER

Wissenschaftliche Schriften der WWU Münster

Reihe VII

Band 28

Andreas Maisch

Migranten in Roben

Richterinnen und Richter mit Migrationshintergrund an deutschen Gerichten

Georg Olms Verlag
Hildesheim · Zürich · New York

Wissenschaftliche Schriften der WWU Münster
herausgegeben von der Universitäts- und Landesbibliothek Münster
http://www.ulb.uni-muenster.de

Bibliografische Information der Deutschen Nationalbibliothek:
Die Deutsche Nationalbibliothek verzeichnet diese Publikation in der Deutschen Nationalbibliografie; detaillierte bibliografische Daten sind im Internet über https://www.dnb.de abrufbar.

Dieses Buch steht gleichzeitig in einer elektronischen Version über den Publikations- und Archivierungsserver der WWU Münster zur Verfügung.
https://www.ulb.uni-muenster.de/wissenschaftliche-schriften

Andreas Maisch
„Migranten in Roben. Richterinnen und Richter mit Migrationshintergrund an deutschen Gerichten"
Wissenschaftliche Schriften der WWU Münster, Reihe VII, Band 28
Erstveröffentlicht im Verlag readbox unipress in der readbox publishing GmbH, Münster
Nachdruck im Georg Olms Verlag, Hildesheim

Zugl.: Diss. Universität Münster, 2019

ISBN 978-3-487-16333-8 (Druckausgabe Georg Olms Verlag)
ISBN 978-3-8405-0217-0 (Druckausgabe readbox unipress)
URN urn:nbn:de:hbz:6-43179629980 (elektronische Version)

direkt zur Online-Version:

Satz: Elke Kahmann
Titelbild: iStock.com/AndreyPopov, ID 949199590
Umschlag: ULB Münster

Danksagung

Ich möchte mich zunächst ganz herzlich bei meinen Gesprächspartnern bedanken, ohne deren Engagement, Bereitschaft und Offenheit für mein Forschungsvorhaben die vorliegende Arbeit nicht möglich gewesen wäre.

Bedanken möchte ich mich auch ganz herzlich bei meinen Betreuern Herrn Professor Dr. Franz Breuer und Frau Professorin Dr. Cinur Ghaderi für die zahlreichen Denkanstöße, die meinen Forschungsprozess stets bereichert haben. Zudem möchte ich mich bei ihnen für das Vertrauen und die Unterstützung bedanken, die ich auf meinem Forschungsweg von meinen Betreuern für meine Forschungstätigkeit erhalten habe, was mir bei der Realisation dieser Arbeit sehr geholfen hat.

Ich bedanke mich auch bei den anderen Teilnehmern meines Forschungskolloquiums. Die kontinuierliche Begleitung meines Forschungsweges im Rahmen des Kolloquiums hat mir bei der Weiterentwicklung meiner Forschungsarbeit sehr geholfen.

Bedanken möchten ich mich auch bei meiner Familie, die mir den Zugang zu Bildung ermöglicht hat.

Schließlich möchte ich mich von ganzem Herzen bei meiner Frau Julia für ihre große emotionale Unterstützung in den letzten Jahren bedanken. Zudem war ihr Korrekturlesen in der Endphase meiner Forschungsarbeit auch fachlich eine große Hilfe für mich.

Inhaltsverzeichnis

Abbildungsverzeichnis

Hinweise zur Textgestaltung

- Zur Einhaltung einer gendergerechten Sprache wird der Gender-Gap verwendet, der den Übergang zwischen den Geschlechtern fließend darstellen soll: Richter_innen
- Hervorhebungen sind im Text *kursiv* geschrieben
- Direkte Zitate werden in Anführungszeichen gesetzt: „Text“
- Auszüge aus Transkripten werden in Anführungszeichen und kursiv gesetzt: *„Text“*
- Auslassungen in Transkripten und direkten Zitaten werden durch runde Klammern und drei Punkte folgenderweise gekennzeichnet: (...)
- Betonungen durch Gesprächspartner werden in den Auszügen aus den Transkripten durch Großbuchstaben folgendermaßen gekennzeichnet: TEXT
- Nonverbales Verhalten der Gesprächspartner wird in den Auszügen aus den Transkripten in runden Klammern folgenderweise dargestellt: (Pause)

1. Einleitung und theoretischer Rahmen der Untersuchung zu Richter_innen mit Migrationshintergrund an deutschen Gerichten

„Weil irgendwie hat man immer die Vorstellung vom Richter, da sitzt einer mit Bart und grauen Haaren und weise und ist halt ohne Migrationshintergrund." (3.2.41-43)

1.1 Zur Relevanz der vorliegenden Untersuchung

Über 50 Jahre nach der Begrüßung des eine millionsten Gastarbeiters (Flam, 2007), findet in Deutschland immer noch ein kontrovers geführter, gesellschaftspolitischer Diskurs darüber statt, ob und in welchem Ausmaß Deutschland ein Einwanderungsland sei. Parallel zu diesen gesellschaftspolitischen Diskussionen, sind die Themen der Einwanderungsgesellschaft scheinbar schon seit längerer Zeit in die deutschen Gerichtssäle eingezogen. Mediale Berichte über Gerichtsverhandlungen zu (vermeintlich) migrantenspezifischen Themen, wie z. B. Ehrenmorden und Zwangsehen, erzeugen immer wieder breites öffentliches Interesse (vgl. DerWesten, 2011; Silberer, 2018; SPIEGEL ONLINE, 2006; ZEIT ONLINE, 2018). Die hohe öffentliche Aufmerksamkeit, die solche Fälle auslösen, trägt dazu bei, dass Migrant_innen beim Themenfeld Justiz in der öffentlichen Wahrnehmung fast ausschließlich mit der Rolle von Angeklagten assoziiert werden. Das deutsche Justizsystem versucht dem Einzug von migrantenspezifischen Themen in die Gerichtssäle damit zu entgegnen, dass an den Richterakademien Fortbildungen zu den Themenkomplexen Migration und Interkulturalität für Richter_innen angeboten werden (vgl. Deutsche Richterakademie, 2018).

Im Gegensatz dazu gibt es nach Recherchen des Autors der vorliegenden Untersuchung in Deutschland bislang kein tiefergehendes öffentliches, gesellschaftspolitisches oder akademisches Interesse an der Thematik Migrant_innen als Funktionsträger, z. B.

als Richter_in, in der deutschen Justiz. Richter_innen mit Migrationshintergrund werden in Deutschland bislang nur vereinzelt in Zeitungsberichten dargestellt, in denen die portraitierten migrantischen Richter_innen als außergewöhnliche Einzelfälle beschrieben werden (vgl. Akyol, 2008; Bischoff, 2018; Poggel, 2011). Der stärkste öffentliche Diskurs bezüglich migrantischer Richter_innen an deutschen Gerichten entwickelte sich um die Frage, ob Richterinnen in Deutschland ein Kopftuch tragen dürfen.

Ausgelöst wurden die Diskussionen durch den Fall einer muslimischen Rechtsreferendarin, der von ihrem Dienstherrn, dem bayerischen Justizministerium, verboten worden war im Gerichtssaal ein Kopftuch zu tragen. Das Verbot wurde damit begründet, dass die Rechtsreferendarin hoheitliche Tätigkeiten mit Außenwirkung ausführe und die dafür notwendige Neutralität mit dem Tragen eines Kopftuches nicht vereinbar sei. Die Rechtsreferendarin klagte gegen dieses Verbot und bekam in erster Instanz Recht durch das Augsburger Verwaltungsgericht, das ein generelles Kopftuchverbot für unzulässig erklärte. Anfang des Jahres 2018 wurde das Urteil auf höherer Instanz wieder aufgehoben und der bayerische Verwaltungsgerichtshof erklärte ein generelles Kopftuchverbot für Richterinnen, Staatsanwältinnen und Rechtsreferendarinnen in bayerischen Gerichtssälen für wirksam. Parallel dazu verabschiedete der bayerische Landtag das neue Richter- und Staatsanwältegesetz, das Richtern, Staatsanwälten und Rechtsreferendaren bei Tätigkeiten mit Außenkontakt das sichtbare Tragen religiös oder weltanschaulich geprägter Kleidung verbietet (vgl. Groll, 2018). Ähnliche Bemühungen bezüglich eines Kopftuchverbotes für Akteure der deutschen Justiz wurden auch in anderen Bundesländern durchführt (vgl. Keilani, 2018; Stuttgarter Nachrichten, 2017).

Wissenschaftliche Untersuchungen zu Richter_innen mit Migrationshintergrund an deutschen Gerichten sind nach Recherchen des Autors bislang nicht durchgeführt worden. Dabei können Richter_innen mit Migrationshintergrund eine wichtige und interessante gesellschaftspolitische Funktion einnehmen, wenn man sich die kontroversen Debatten um Migration, Integration und Kriminalität anschaut. Deshalb erscheint es auch aus gesellschaftspolitischen Gesichtspunkten interessant und relevant empirisch der Frage nachzugehen, welche Bedeutung es haben kann, wenn Richter_innen, die an deutschen Gerichten tätig sind, einen so genannten *Migrationshintergrund* haben.

Die Generierung von Wissen zu migrantischen Richter_innen an deutschen Gerichten ist auch deshalb als relevant einzustufen, weil der Anteil an migrantischen Richter_innen vermutlich in Zukunft stetig größer werden wird, da der Anteil an Studierenden mit Migrationshintergrund in den nächsten Jahren weiter ansteigen wird (vgl. Morris-Lange, 2017). Mit der vorliegenden Studie wurden erste empirische Erkenntnisse gesammelt, welche Bedeutung ein Migrationshintergrund von Richter_innen bei der richterlichen Tätigkeit haben kann und es wurde eine gegenstandsbegründete Theorie zu Richter_innen mit Migrationshintergrund an deutschen Gerichten entwickelt. Zunächst möchte ich in den folgenden Kapiteln den theoretischen Rahmen der vorliegenden Untersuchung darstellen.

1.2 Menschen mit Migrationshintergrund in Deutschland – eine selbstreflexive und theoretische Annäherung

Bezüglich der inhaltlichen Ausrichtung meiner Promotionsstudie, hatte ich als Forscher von Beginn an den Wunsch, mich auf den Themenkomplex Migrant_innen in Deutschland zu fokussieren. Mich interessierten als Forschungsgegenstand also Menschen mit *Migrationshintergrund* in Deutschland.

Im Verlauf meiner Forschungsarbeit wurde mir durch selbstreflexive und theoretische Auseinandersetzungen mit dem Themenkomplex Migration immer deutlicher, dass ich zu Beginn meiner Forschungstätigkeit eine zu unkritische und zu undifferenzierte Betrachtung des Begriffes Migrationshintergrund einnahm. Beispielsweise wählte ich unhinterfragt als Titel für mein Forschungsvorhaben Richter mit *Migrationshintergrund*. Für mich war die Verwendung dieses Begriffes selbstverständlich und ich hatte zu Beginn meines Forschungsvorhabens kaum differenzierte Kenntnisse zur Entstehungsgeschichte und zum kritischen Diskurs bzgl. des Begriffes Migrationshintergrund.

Da ich für die vorliegende Studie Richter_innen mit Migrationshintergrund als Forschungsgegenstand wählte, halte ich an dieser Stelle eine kritische Reflexion über den Begriff *Migrationshintergrund* für unabdingbar. Für mich als Forscher zeigten sich dabei eine selbstreflexive Auseinandersetzung, ein Blick auf die Entstehungsgeschichte des Begriffes und ein Überblick über verschiedene wissenschaftliche Betrachtungsweisen auf den Untersuchungsgegenstand Migrant_innen als erkenntnisreich.

1.2.1 Präkonzepte des Forschers zu Menschen mit Migrationshintergrund

Wie von der *Reflexiven* Grounded Theory gefordert (ausführliche Darstellung der Methode folgt in Kapitel 2), reflektierte ich über das Führen meines Forschungstagebuches, Memos schreiben sowie Diskussionen mit Betreuern und Teilnehmern des Forschungskolloquiums, welche Präkonzepte ich als Forscher mit dem Begriff *Migrationshintergrund* verband. Mir wurde dabei klar, dass ich dem Migrationshintergrund potentieller Gesprächspartner vielfältige Bedeutung zuschrieb.

Ich als weißer, deutscher Mann aus der Mittelschicht verband zu Beginn meiner Forschung mit dem Begriff Migrationshintergrund u. a. Exotik, spannende Abweichung von der Norm, außergewöhnliche Lebensgeschichten und gesellschaftspolitische Brisanz. Diese Präkonzepte erklären auch, warum dieses Themenfeld für mich so reizvoll erschien.

Ich stellte mir zu Beginn nie die Frage: Finden die Migrant_innen selbst ihren Migrationshintergrund auch so spannend? Mir als Forscher wurde zunehmend die Problematik bewusst, dass ich mit der Fokussierung auf den Migrationshintergrund vor allem auf den sozialen Marker, sozusagen auf die soziale Hülle, meiner Gesprächspartner abzielte. Mir wurde die Notwendigkeit bewusst, einen Blick auf die Entstehungsgeschichte des Begriffes zu werfen und zu analysieren, wie andere Migrationsforscher mit diesem Dilemma umgehen.

1.2.2 Entstehungsgeschichte des Begriffes Migrationshintergrund

Bis zum Jahr 2005 wurde in offiziellen, staatlichen Bevölkerungsstatistiken in Deutschland nur zwischen Deutschen und Ausländern unterschieden. Durch die immer größer werdende Zahl an (Spät-) Aussiedlern und Eingebürgerten, die eine deutsche Staatsangehörigkeit besitzen, wurde diese dichotome Unterscheidung zwischen Deutschen und Ausländern ab Mitte der 1990er Jahre nicht mehr als aussagekräftig genug bewertet und es wurde der Begriff Migrationshintergrund immer stärker im öffentlichen Diskurs in Deutschland etabliert. Mit diesem Begriff sollte der Blick bei den Themenkomplexen Migration und Integration explizit auch auf in Deutschland geborene Nachkommen von Migrant_innen gerichtet werden (vgl. Kemper, 2010).

2005 tauchte der Begriff Migrationshintergrund erstmals offiziell in staatlichen Statistiken in Deutschland auf. Das Statistische Bundesamt veröffentlichte den Mikrozensus 2005 und führte in dieser Bevölkerungsstatistik erstmals das Merkmal Migrationshintergrund auf. Als Menschen mit *Migrationshintergrund* galten demnach „alle nach 1949 auf das Gebiet der heutigen Bundesrepublik Deutschland Zugewanderten, sowie alle in Deutschland geborenen Ausländer und alle in Deutschland als Deutsche Geborenen mit zumindest einem nach 1949 zugewanderten oder als Ausländer in Deutschland geborenen Elternteil" (Statistisches Bundesamt, 2009, S. 6).

Auf Basis dieser Definition betrug 2005 die Zahl der Personen mit Migrationshintergrund in Deutschland 15,3 Mio., was 18,6 % der Bevölkerung entsprach. In den Folgejahren veröffentlichte das Statistische Bundesamt mithilfe des Mikrozensus regelmäßig Zahlen zum Anteil der Bevölkerung mit Migrationshintergrund in Deutschland. Diese Veröffentlichungen fanden stets ein Echo in den Medien und wurden im gesellschaftspolitischen Diskurs zu den Themen Migration und Integration diskutiert.

In den Veröffentlichungen des Statistischen Bundesamtes kam es im Verlauf zu Veränderungen bezüglich der Definition des Begriffes Migrationshintergrund. Im Mikrozensus 2016 wurde der Begriff Migrationshintergrund mittlerweile wie folgt definiert: „Eine Person hat einen Migrationshintergrund, wenn sie selbst oder mindestens ein Elternteil die deutsche Staatsangehörigkeit nicht durch Geburt besitzt" (Statistisches Bundesamt, 2017, S. 4). 2016 lebten nach dieser Definition 18,6 Millionen Menschen mit Migrationshintergrund in Deutschland.

Interessant für die vorliegende Untersuchung sind die Ausführungen des Statistischen Bundesamtes im Mikrozensus 2016 bezüglich der definitorischen Breite und Notwendigkeit des Begriffes Migrationshintergrund. So sei es wünschenswert, „wo immer möglich jene Personengruppen identifizierbar zu erhalten, die seit jeher in der öffentlichen Debatte und in der amtlichen Statistik mit Migration assoziiert werden wie z. B. Ausländer, Eingebürgerte, Vertriebene, Aussiedler, Spätaussiedler oder Asylbewerber" (Statistisches Bundesamt, 2017, S. 4). Zudem solle der Begriff Migrationshintergrund zweckmäßig, d. h. so umfassend wie nötig und so eng wie möglich, definiert werden, denn „berechtigte Fragen sollten nicht deshalb unbeantwortet bleiben müssen, weil die betroffenen Bevölkerungsgruppen hinausdefiniert wurden, andererseits sollten auch nur jene Menschen eingeschlossen werden, bei denen sich zumindest grundsätzlich ein Integrationsbedarf feststellen lässt" (Statistisches Bundesamt, 2017, S. 4). Gemäß dieser Intention liefert der Mikrozensus auch Aussagen zu einer „strukturellen Integration", in dem er z. B. Unterschiede hinsichtlich des Bildungsstandes zwischen Menschen ohne und mit Migrationshintergrund darstellt.

Zusammenfassend lässt sich sagen, dass ein Migrationshintergrund von offizieller, staatlicher Seite in Deutschland als bedeutsamer sozialer Marker eingestuft und die Unterscheidung zwischen Bevölkerung mit und ohne Migrationshintergrund als relevant und aussagekräftig bewertet wird. Bei der Betrachtung der Entstehungsgeschichte wird deutlich, dass der Begriff Migrationshintergrund vor dem Hintergrund gesellschaftspolitischer Diskussionen entstanden ist und dass der Begriff von Vertretern der Mehrheitsgesellschaft ohne Migrationserfahrung als Sammelkategorie für die heterogene Gruppe der Menschen mit Migrationserfahrung in Deutschland konstruiert wurde.

1.2.3 Kritischer Diskurs über eine schwierige Kategorisierung und die Suche der Wissenschaft nach einem Umgang mit der Kategorie Migrationshintergrund

Auch wenn der Begriff Migrationshintergrund erst 2005 in die offiziellen, staatlichen Statistiken Einzug hielt, beschäftigte sich die Wissenschaft schon in den Jahrzehnten zuvor mit den Menschen mit Migrationshintergrund in Deutschland. Wenn gleich der Begriff Migrationshintergrund an sich erst ab den 2000er Jahren explizit in der deutschsprachigen Wissenschaft im Rahmen von großen, internationalen Schulleistungsstudien verwendet wurde (Kemper, 2010).

Mit der zunehmenden Verbreitung des Begriffes Migrationshintergrund in der wissenschaftlichen Welt und im öffentlichen Diskurs, wurde auch die Kritik an dem Begriff durch Wissenschaftler größer. Ein differenzierter Diskurs bezüglich der Verwendung der Kategorie Migrationshintergrund in der wissenschaftlichen Forschung findet sich in dem Buch „Lehrerinnen und Lehrer mit Migrationshintergrund“ (Bräu, Georgi, Karasoglu & Rotter, 2013), dessen Rezeption für die Entwicklung der gegenstandsbegründeten Theorie der vorliegenden Untersuchung von großer Bedeutung war.

Darin erläutern Rotter und Schlickum (2013) in ihrem Beitrag „Lehrkräfte mit Migrationshintergrund als Forschungsgegenstand: Fortschreibung einer Differenzmarkierung?“ (S. 59 ff.), dass die Kategorie Migrationshintergrund u. a. deshalb problematisch sei, da die Heterogenität innerhalb der Kategorie sehr hoch sei, da darunter so unterschiedliche Gruppen wie Vertriebene nach dem

Zweiten Weltkrieg, ehemalige Gastarbeiter, Bürgerkriegsflüchtlinge und Spätaussiedler gefasst werden. Diese Gruppen würden sich erheblich nach geographischer Herkunft, Aufenthaltsbedingungen und Gründen der Migration unterscheiden. Durch die Schaffung einer Kategorie bestehe nach Rotter und Schlickum die Gefahr, dass die Differenzen innerhalb der Gruppen zu stark ausgeblendet, „wenn nicht sogar negiert werden" (S. 60). Zudem werde in den verschiedenen staatlichen Statistiken und wissenschaftlichen Untersuchungen nicht immer das Gleiche unter dem Begriff Migrationshintergrund verstanden werden, was die Vergleichbarkeit von Ergebnissen sehr schwierig mache und zu gravierenden Fehlschlüssen führen könne (vgl. Kemper, 2010).

Zudem bestehe das Risiko, dass durch die Klassifizierung *mit Migrationshintergrund* die Individualität der betroffenen Personen verneint werde und jegliche Handlungen, Einstellungen und Entscheidungen in Beziehung zum Hintergrund der Person gesetzt werde. Personen mit Migrationshintergrund werden nicht als einmalige Individuen erkannt, vielmehr spräche aus ihnen der „Hintergrund" (Hamburger, 2009; zitiert nach Rotter und Schlickum, 2013, S. 61) und Differenz werde vor das Individuum gestellt.

Dennoch sollte nach Rotter und Schlickum nicht daraus gefolgert werden, dass Forschung zu Menschen mit Migrationshintergrund grundsätzlich nicht durchgeführt werden könnte, da Untersuchungen zu spezifischen Problembereichen von Menschen mit Migrationshintergrund helfen könnten, u. a. Strukturen von Ungleichheit zu analysieren. Allerdings müsse man sich stets (selbst) reflexiv mit dem Dilemma auseinandersetzen, dass durch einen Untersuchungsfokus auf den Migrationshintergrund diese Kategorie als sozial relevant gefestigt werden könne. Zudem bestehe die Gefahr, dass gesellschaftlich bedingte Probleme kulturalisiert werden könnten, in dem z. B. Probleme von Menschen in Verbindung mit einem Migrationshintergrund dieser Menschen gesetzt werden, diese Probleme aber eigentlich z. B. ihre Ursache im niedrigen sozioökonomischen Status der Menschen haben.

Die von Rotter und Schlickum skizzierte Haltung deckt sich mit den Erfahrungen des Autors der vorliegenden Untersuchung.

In dem Informationsschreiben zu meiner Studie, mit dem ich zu Beginn der Untersuchung Gesprächspartner für meine Untersuchung gewinnen wollte und das an Personalverantwortliche an Gerichten geschickt wurde, schrieb ich explizit von Richtern mit *Migrationshintergrund* als Forschungsgegenstand meiner Untersuchung.

Da sich meine ersten Gesprächspartner eigeninitiativ auf der Basis dieses Informationsschreibens bei mir als Gesprächspartner anboten, konnte ich feststellen, dass sich die Gesprächspartner durch den Begriff Migrationshintergrund angesprochen fühlten und diese Kategorie zumindest ein Stück weit als relevanten Aspekt in ihrer Arbeit als Richter_innen wahrnehmen. Auf der anderen Seite konnte ich in den ersten Forschungsinteraktionen rasch feststellen, dass ein wissenschaftlicher Umgang mit dem Begriff Migrationshintergrund problematisch sein kann. So stellte ich als Untersucher fest, dass meine Fokussierung auf den Migrationshintergrund meiner Gesprächspartner eine Differenz markiert, was die Richter_innen auch sonst durch Akteure ihrer Umwelt erleben. Dies machte bei mir als Forscher die Notwendigkeit bewusst, mich selbstreflexiv mit dieser Thematik auseinanderzusetzen und einen Blick darauf zu werfen, wie andere Forscher mit diesem Dilemma umgehen.

Anhand ihres Untersuchungsgegenstandes Lehrkräfte mit Migrationshintergrund skizzieren Rotter und Schlickum in ihrem Beitrag drei Forschungsperspektiven, wie in der wissenschaftlichen Forschung mit Differenz umgegangenen werden kann.

Innerhalb der *anerkennungstheoretischen* Perspektive werden Personen mit Migrationshintergrund zunächst einmal als selbstverständlicher Teil der deutschen Gesellschaft verstanden. Anerkennungstheoretische Überlegungen fordern, dass Differenz nicht ignoriert, sondern anerkannt wird, da sonst bestehende Machtverhältnisse verdeckt werden würden (vgl. Mecheril & Plößer, 2009). Am Beispiel von migrantischen Lehrkräften würde Forschung nach der anerkennungstheoretischen Perspektive bedeuten, die spezifischen Problembereiche von Personen mit Migrationshintergrund z. B. im Bereich der universitären Ausbildung oder im schulisch-beruflichen Umfeld zu analysieren, um möglichen Ursachen für die Unterrepräsentanz von Lehrkräften mit Migrationshintergrund im deutschen Schulsystem auf die Spur zu kommen und gezielte Lösungsansätze zu entwickeln.

Nach der *sozialkonstruktivistischen* Perspektive werde Differenz nicht als gegeben, sondern als rekonstruiert angesehen (vgl. Cornell & Hartmann, 2010). Der Forschungsfokus liege dabei auf der Untersuchung von Prozessen, in denen Differenzen durch Zuschreibungen und Differenzmarkierungen hergestellt, markiert und verfestigt werden. Von West und Fenstermaker (1995) wurden diese Prozesse als „doing difference" bezeichnet. Diese Theorie verweist darauf, dass Subjekte eine Identität erhalten, indem sie von ihren Interaktionspartnern als Merkmalsträger konstruiert werden oder sich selbst als Merkmalsträger darstellen und entsprechend von ihrer sozialen Umwelt wahrgenommen werden. Forschung nach der sozialkonstruktivistischen Perspektive fokussiere sich nach Rotter und Schlickum z. B. auf Interaktionen in denen der Migrationshintergrund als identitätsrelevantes Merkmal in den Vordergrund gerückt werde (vgl. Weber, 2003). Handlungen, Aussagen und Selbstverständnisse werden nach der sozialkonstruktivistischen Perspektive nicht mehr als passive Effekte von gesellschaftlichen Strukturen, sondern als aktive Inszenierungen verstanden.

Verfechter einer *dekonstruktivistischen* Perspektive fordern die Wissenschaft dagegen auf, binäre Kodierungen generell in Frage zu stellen und aufzubrechen, da dieses Differenzdenken Ungleichheit sichere und stütze (vgl. Lösch, 2005). Im Beispiel der Lehrkräfte, würde nach dieser Perspektive der unhinterfragte Bezug auf Lehrkräfte mit Migrationshintergrund die Vorstellung einer binären und klar bestimmbaren Differenz bestätigen. Das dekonstruktive Vorgehen möchte die Probleme dieser Unterscheidungspraxen aufdecken und die Dilemmata der Anerkennung von Differenz offenlegen. Im Fokus des dekonstruktivistischen Interesses stehen demnach vielmehr Abweichungen innerhalb der als homogen angenommen Kategorien. Differenz stellt aus dekonstruktivistischer Perspektive „weniger ein gegebenes und (an)erkennbares

Unterschiedsverhältnis dar, sondern eher ein nicht ohne Weiteres bestimmbares Feld der Verstörung“ (Bräu, Georgi, Karakasoglu, & Rotter, 2013, S. 65).

Die Auseinandersetzung mit diesen unterschiedlichen Perspektiven bezüglich des Umgangs mit Differenz im wissenschaftlichen Diskurs, zeigte sich für mich als Forscher als sehr bedeutsam und erkenntnisreich. So kam es durch diese Auseinandersetzung zu einer stärkeren sozialkonstruktivistischen Perspektive auf meinen Untersuchungsgegenstand, was sich fruchtbar auf die vorliegende Untersuchung auswirkte, wie ich im weiteren Verlauf noch tiefer gehend erläutern werde. Die sozialkonstruktivistische Forschungsperspektive fiel bei mir als Forscher auch deshalb auf fruchtbaren Boden, da sie erkenntnisreich bezüglich meiner eigenen Positionierung zum Untersuchungsfeld Migrant_innen ist.

1.2.4 Positionierung des Forschers zum Untersuchungsfeld Menschen mit Migrationshintergrund

Durch Reflexion der Interaktionen mit meinen Gesprächspartnern sowie dem Austausch mit meinen Betreuern und den Teilnehmern des Forschungskolloquiums wurde mir als Forscher im Zuge meiner Untersuchung immer klarer, dass selbstreflexive Erkenntnisse bezüglich meiner Positionierung zu Migrant_innen wichtig sind für die Entwicklung einer gegenstandsbegründeten Theorie zu migrantischen Richterinnen und Richtern.

Zunächst einmal wurde mir gewahr, dass ich biografisch auf persönlicher Ebene wenig Kontakt zu Migrant_innen hatte. Die Welt der Migranten war durch meine Sozialisation eine unvertraute Welt für mich. Meine Berührungspunkte mit Migrant_innen hatte ich zu Beginn meiner Forschungstätigkeit überwiegend über meine Arbeit in einem Flüchtlingsheim gesammelt. Meine Positionierung zur Welt der Migrant_innen bestand also zu Forschungsbeginn darin, dass ich mir als Forscher von außen eine mir weites gehend unvertraute Welt zu erschließen versuchte. Mit dieser Positionierung waren zu Forschungsbeginn zum einen bestimmte Präkonzepte bezüglich Migrant_innen verbunden, wie ich zu Beginn des Kapitels darstellte.

Darüber hinaus gewann ich weitere selbstreflexive Erkenntnisse, in dem ich im Forschungsverlauf fortwährend die Interaktionen mit meinen migrantischen Gesprächspartnern reflektierte. So stellte ich über die Reflexion der Forschungsinteraktionen fest, dass ich mich vorsichtig, abtastend und sachlich-interessiert dieser unbekannten Welt der Migrant_innen näherte. Ich spürte Unsicherheiten, beispielsweise bezüglich der Frage, ob ich meine Gesprächspartner direkt auf ihren Migrationshintergrund ansprechen sollte und ich reflektierte meine Präkonzepte zu Migrant_innen und konnte herausarbeiten, dass ich dem Migrant-sein bestimmte Bedeutungen zuschrieb. Dies stellte ich u. a. daran fest, dass es bei mir Irritation auslöste, wenn meine Präkonzepte sich in der Interaktion mit meinen Gesprächspartnern nicht bestätigten. So konnte ich feststellen, dass ein Migrationshintergrund für mich etwas Besonderes ist, aber nicht unbedingt für alle meine Gesprächspartner.

Mein erster subjektiver Eindruck war zudem, dass viele Migrationsforscher selbst einen Migrationshintergrund haben, was bei mir die Frage aufwarf, ob es unpassend sei, wenn ich als weißer Mann aus der Mittelschicht mich dem Thema Migration widme. Interessant waren auch Reflexionen über meine Positionierung mit meiner Zweitbetreuerin. So erörterten wir die Frage, ob es einen Unterschied mache, dass sie mit und ich ohne Migrationshintergrund zum Thema Migration forsche. Hieraus entwickelte sich bei mir das Bild, dass ich als weißer Mann bei meinen Gesprächspartnern quasi die Hülle Migrationshintergrund thematisiere. Durch diese Reflexionen wurde mir immer bewusster, dass ich als Forscher sozusagen von außen den Migrationserfahrungen meiner Gesprächspartner auf ähnliche Art und Weise begegne, wie dies andere Interaktionspartner tun, indem ich den Migrationshintergründen Bedeutungen zuschreibe und als wichtiges soziales Merkmal markiere.

Erkenntnisreich war für mich auch die Auseinandersetzung mit der Frage, wie es mir selbst ergehen würde, wenn ich gefragt werde, welche Rolle mein Deutsch-sein in meiner Arbeit als Psychotherapeut spiele. Diese selbstreflexive Auseinandersetzung wurde durch meine Zweitbetreuerin angestoßen. Ich konnte dabei feststellen, dass ich mir die Frage selbst noch nie gestellt habe und diese Frage bei mir Irritationen auslösen würde. Ein interessantes Gedankenspiel war auch, ob ich als Experte für die deutsche Kultur auftreten würde, wenn ich im Ausland arbeiten würde. Im Zuge dieser selbstreflexiven Auseinandersetzung stellte ich fest, dass ich seit meinem Umzug nach Münster häufiger auf meine Herkunft aus dem Süden Deutschlands angesprochen werde und dass es seitdem für meine Identität von größerer Bedeutung ist Franke zu sein, als dies vor dem Umzug war. Dadurch, dass mein Franken-sein in der Interaktion mit anderen als identitätsrelevantes Merkmal markiert wurde, wurde es auch für mich ein bedeutsamerer Teil meiner Identität.

Diese selbstreflexiven Erkenntnisse bestätigten mich in der Auffassung, dass eine sozialkonstruktivistische Forschungsperspektive auf meinen Untersuchungsgegenstand interessant und erkenntnisreich sein könnte.

Da ich in der vorliegenden Untersuchung Richter_innen mit Migrationshintergrund untersucht habe und diese wichtige Funktionsträger in der deutschen Gesellschaft darstellen, möchte ich im Folgenden zunächst einen Überblick über wissenschaftliche Untersuchungen zu anderen Funktionsträgern mit Migrationshintergrund in Deutschland geben.

1.3 Profession und Migrationshintergrund – ein theoretischer Überblick zu migrantischen Lehrer_innen, Politiker_innen und Polizist_innen in Deutschland

Im folgenden Kapitel stelle ich mit migrantischen Lehrkräften, Politiker_innen und Polizist_innen drei Berufsgruppen dar und gebe zentrale wissenschaftlichen Erkenntnisse wieder, welche Bedeutung das soziale Merkmal Migrationshintergrund bei diesen Professionen haben kann. Ich fokussiere mich auf diese Berufsgruppen, da es zum einen fundierte wissenschaftliche Untersuchungen zu diesen Professionen gibt. Zum anderen zeigten sich die Erkenntnisse, wie in diesen Berufsgruppen mit dem Merkmal Migrationshintergrund umgegangen wird, fruchtbar für die Entwicklung und Einordnung der vorgelegten gegenstandsbegründeten Theorie zu Richterinnen und Richtern mit Migrationshintergrund. Zunächst möchte ich aber, gemäß dem Anspruch der *Reflexiven* Grounded Theory, meine Präkonzepte zu diesem Themenfeld darlegen.

1.3.1 Präkonzepte des Forschers zu Menschen mit Migrationshintergrund im beruflichen Kontext

Präkonzeptionell verband ich als Forscher mit dem Migrationshintergrund von Arbeitskräften vor allem Ressourcen und interkulturelle Kompetenz, da ich beispielsweise die mit dem Migrationshintergrund assoziierten Sprachkenntnisse als großen praktischen Vorteil für das berufliche Handeln einstufte. Durch selbstreflexive Auseinandersetzungen konnte ich herausarbeiten, dass diese Präkonzepte auch durch meine Arbeit in der Flüchtlingshilfe geprägt waren. In dieser Tätigkeit erlebte und erlebe ich es als bereichernd und spannend mit Kolleg_innen zusammenzuarbeiten, die einen Migrationshintergrund haben.

Als Kollege finde ich einen Migrationshintergrund bei meinen Kolleg_innen ein wichtiges Merkmal, welches ich auch als bedeutsames Kriterium bei der Einstellung von neuen Kolleg_innen bewerte, da Kolleg_innen mit Migrationshintergrund nach meiner Annahme bereichernde Sichtweisen und Kompetenzen ins Team einbringen können. Präkonzeptionell verband ich mit dem Begriff Migrationshintergrund auch Gefahren der Diskriminierung und Stigmatisierung durch Institutionen und Gesellschaft, aber die positiven Assoziationen überwiegten bei mir als Forscher.

Diese Reflexion über meine Präkonzepte zeigten sich als wichtig für den Forschungsverlauf. So konnte ich mir bewusst machen, warum es Irritationen bei mir auslöste, wenn meine Gesprächspartner ihren Migrationshintergrund als irrelevantes Merkmal bei der Einstellung einstuften und sich teilweise keine Thematisierung ihres Migrationshintergrundes im beruflichen Alltag wünschten.

1.3.2 Lehrkräfte mit Migrationshintergrund

Anhand der Berufsgruppe der Lehrerinnen und Lehrer wurde politisch, medial und wissenschaftlich nach Recherchen des Autors bisher am intensivsten in Deutschland diskutiert, inwieweit die soziale Kategorie Migrationshintergrund Einfluss auf eine berufliche Professionsausübung haben könnte.

In Deutschland wird seit Jahren über Maßnahmen gegen die Bildungsbenachteiligung von Migrantenkindern diskutiert, die sich in Untersuchungen, wie z. B. der PISA-Studie, zeigte (vgl. Kemper, 2010). Im Zuge der Diskussionen wurde die bildungspolitische Forderung immer lauter, den Anteil an Lehrkräften mit Migrationshintergrund in deutschen Lehrerkollegien zu erhöhen. An diese Lehrkräfte wird die pädagogische und gesellschaftliche Erwartung geknüpft, dass diese aufgrund ihres eigenen Migrationshintergrundes zur besseren schulischen Integration von Migrantenkindern beitragen. 2007 verpflichteten sich die Kultusminister der Länder deshalb im Rahmen des Nationalen Integrationsplanes darauf, mehr Lehrkräfte mit Migrationshintergrund für die deutschen Schulen zu gewinnen (Presse- und Informationsamt der Bundesregierung, 2007).

1.3.2.1 Hoffnungsträger der Bildungspolitik – Aufträge der gesellschaftspolitischen Öffentlichkeit an Lehrkräfte mit Migrationshintergrund

Im Zuge dieser bildungspolitischen Debatten rückten Lehrkräfte mit Migrationshintergrund auch verstärkt in den Fokus wissenschaftlicher Untersuchungen. Bräu, Georgi, Karasoglu und Rotter (2013) geben in ihrem Buch einen umfassenden Überblick über den Forschungsstand zu diesem Themenkomplex. Darin präsentieren Akbaba, Bräu und Zimmer (2013, S. 37ff.) ihre interessante Analyse, welche Erwartungen und Zuschreibungen den Lehrkräften mit Migrationshintergrund a priori von der deutschen Gesellschaft und Politik zu Beginn der Debatte zugedacht wurden, ohne dass empirische Forschungsergebnisse vorlagen. Dafür werteten die Forscher politische Texte zu diesem Themenkomplex mithilfe qualitativer Analysemethoden aus.

Demnach sollen Lehrkräfte mit Migrationshintergrund nach den Wünschen der Politik als *Vorbilder* und *Vertrauenspersonen* für Migrantenkinder dienen. Sie sollen als Modell für geglückte Bildungskarrieren die Kinder zu schulischer Anstrengung inspirieren und über die gemeinsam geteilte Migrationserfahrung ein besonderes Vertrauensverhältnis zu Schülern mit Migrationshintergrund aufbauen. Daneben wird den migrantischen Lehrkräften die Rolle von *Brückenbauern* zwischen verschiedensten Parteien zugeschrieben. So sollen sie Brücken zu den Elternhäusern der Migrantenkindern schlagen, sie sollen zwischen den Schülern mit und den Lehrkräften ohne Migrationshintergrund und zwischen den verschiedenen Kulturen ganz generell vermitteln. Darüber hinaus werden an die migrantischen Lehrkräfte die Erwartungen geknüpft, dass sie als *Integrationshelfer* dienen und die *Interkulturelle Kompetenz* in den deutschen Lehrerkollegien erhöhen.

Auch wenn die Lehrkräfte mit durchweg positiven Zuschreibungen versehen werden, äußern sich Akbaba et al. (2013) kritisch über solche Zuschreibungsprozesse, da sie bereits bestehende Differenzlinien zwischen der Mehrheits- und der Minderheitsgruppe reproduzieren könnten und Migrant_innen als abweichende, in sich homogene Gruppe konstruiert werden. Die Einnahme von Sonderrollen wie kulturelle Brückenbauer würde darüber hinaus im Sinne einer positiven Diskriminierung dazu beitragen, dass migrantische Lehrkräfte weiterhin nicht wirklich dazugehören und dass institutionelle Diskriminierung zu wenig thematisiert werde. Die Erwartungen von Seiten der Politik an Lehrkräfte mit Migrationshintergrund waren und sind groß. Da stellt sich natürlich die Frage, inwieweit sich diese Erwartungen in der schulischen Praxis erfüllen.

1.3.2.2 Ressource und Auftrag – wie migrantische Lehrkräfte die Bedeutung ihres Migrationshintergrundes im schulischen Alltag erleben

Auch wenn Längsschnittstudien zur Auswirkung von migrantischen Lehrkräften auf die Bildungsbenachteiligung von Migrantenkindern nach Recherchen des Autors fehlen, gibt es erste Untersuchungen die darstellen, wie die migrantischen Lehrkräfte selbst ihren schulischen Arbeitsalltag erleben. So werteten Georgi, Karakas und Ackermann (2011) in ihrer umfassenden qualitativen und quantitativen Untersuchung 60 biographische Interviews und 200 standardisierte Fragebögen aus, die sie mit migrantischen Lehrerinnen und Lehrern durchführten.

Zentrale Ergebnisse der Studie sind u. a., dass die migrantischen Lehrkräfte einen bewussten Umgang mit sprachlicher und kultureller Differenz in der Schule pflegen, da sie selbst lebensgeschichtliche Erfahrungen mit kultureller Dominanz und Differenz gemacht haben. Zudem nehmen sie sich tatsächlich als besondere Vertrauenspersonen für Migrantenschüler wahr. So geben die migrantischen Lehrkräfte mehrheitlich an, dass ihnen mehr Vertrauen entgegengebracht werde als Lehrkräften ohne Migrationshintergrund und dass ihr Migrationshintergrund für Schüler nichtdeutscher Herkunft von großer Bedeutung sei. Die Nähe zu Schülern mit Migrationshintergrund basiere nach Georgi et al. (2011) auf den gemeinsamen konjunktiven Erfahrungsraum der Migration (vgl. Bohnsack, 1998), aufgrund der geteilten migrationsspezifischen Erfahrungen, der sprachlich-kulturellen Gemeinsamkeiten sowie der Annahme von Gemeinsamkeiten aufgrund gleicher ethnischer Wurzeln.

Ihre Fremdsprachenkenntnisse nutzen die migrantischen Lehrkräfte vor allem als Ressource außerhalb des Unterrichts, beispielsweise zum Vertrauensaufbau, während die allermeisten Lehrkräfte die Schüler zur Unterrichtssprache Deutsch verpflichten. Es wird auch deutlich, dass sich die migrantischen Lehrkräfte besonders den Schülern aus Migrantenfamilien verpflichtet fühlen. So möchte die deutliche Mehrheit besonders das Selbstbewusstsein von Migrantenkindern stärken.

Dabei geraten die migrantischen Lehrkräfte aber auch immer wieder in die Rolle von Sozialarbeitern und vermitteln z. B. bei Familienkonflikten, was viele Lehrkräfte mit Migrationshintergrund nach eigenen Angaben an ihre professionellen und persönlichen Grenzen stoßen lasse. Zudem müssten die Lehrkräfte im Umgang mit migrantischen Eltern einen nicht immer leichten Spagat bewältigen, indem sie kultursensitiv auf Migranteneltern eingehen, aber gleichzeitig die institutionellen Werte der deutschen Schule zu vertreten haben. Nach den Selbsteinschätzungen der Lehrkräfte haben sie aber generell einen guten Draht zu den Eltern von Migrantenkindern. Nach Meinung von Georgi et al. (2011) basiere dieser auch auf wechselseitigen Konstruktionen und Projektionen von Nähe zwischen Lehrkräften und Eltern mit Migrationshintergrund.

Bezüglich der Vorbildrolle für Migrantenkinder ergibt sich ein zweigeteiltes Bild. Während ein Teil der Befragten die zugeschriebene Rolle als Vorbildmigrant annimmt, lehnen einige migrantische Lehrkräfte diese Vorbildfunktion ab. Im Lehrerkollegium fühlt sich die überwiegende Mehrheit akzeptiert und anerkannt, allerdings wünschen sich knapp 70 Prozent der Befragten unter den Kolleg_innen mehr Kompetenz im Umgang mit Vielfalt.

Diskriminierungserfahrungen in der Bildungslaufbahn werden von vielen migrantischen Lehrkräften als einschneidende Erlebnisse beschrieben. Knapp ein Drittel berichtet diskriminierende Erfahrungen während der eigenen Schulzeit, 13 Prozent erlebten dies während des Studiums und 23 Prozent während des Referendariats und immerhin noch 22,5 der befragten Lehrkräfte mit Migrationshintergrund berichtet von diskriminierenden Erfahrungen in der schulischen Praxis.

Georgi et al. (2011) folgern aus den Ergebnissen ihrer Untersuchung, dass Lehrkräfte mit Migrationshintergrund als *change agents* in der Schule agieren können. Basierend auf den eigenen Erfahrungen, würden sich die Lehrkräfte als kritische Beobachter von Rassismus präsentieren und sich als Akteure interkultureller Schulentwicklung engagieren.

1.3.3 Politiker_innen mit Migrationshintergrund

Wie im Abschnitt zuvor dargestellt, wird in der gesellschaftspolitischen Debatte zu migrantischen Lehrkräften ein Migrationshintergrund überwiegend als potentielle Ressource für den Lehrerberuf diskutiert. In dieser Debatte werden zwar auch Diskriminierungserfahrungen von migrantischen Lehrkräften erörtert, überwiegend wird der Migrationshintergrund jedoch als Bereicherung für den Lehrerberuf betrachtet, sowohl aus Sicht von Bildungspolitikern, als auch von Seiten der migrantischen Lehrkräfte selbst. Eine andere Perspektive auf das soziale Merkmal Migrationshintergrund nimmt Nergiz (2014) in ihrer Studie ein, die eine qualitative Untersuchung zu deutschen Politiker_innen mit Migrationshintergrund vorlegte.

1.3.3.1 Der Migrationshintergrund als Differenzmarker

Nergiz (2014) führte qualitative Interviews mit deutschen Politikern mit Migrationshintergrund durch und arbeitete mithilfe der Analysetechniken der Grounded Theory-Methodik die Kategorie *Management des Markers Migrationshintergrund* als zentrale Kernkategorie ihres Modells zu Politikern und Politikerinnen mit Migrationshintergrund heraus.

Die Autorin beschreibt, dass sie bei der Herausarbeitung dieser Kernkategorie von Ervin Goffmans Stigma-Konzept inspiriert wurde. Auch bei der Entwicklung und theoretischen Einordnung der vorgelegten gegenstandsbegründeten Theorie zu Richter_innen mit Migrationshintergrund zeigte sich das Stigma-Konzept nach Goffman als fruchtbarer und erkenntnisreicher Bezugsrahmen, wie ich im Diskussionsteil noch näher erläutern werde.

Goffman erläuterte in seinem 1963 veröffentlichten Buch „Stigma: Notes on the Management of Spoiled Identity" sein Stigma-

Konzept, das viele Sozialwissenschaftler bis zum heutigen Tage inspiriert. Ein Stigma wird darin von Goffman als physisches oder soziales Attribut verstanden, das die individuelle Identität entwertet und das betroffene Individuum von vollständiger sozialer Akzeptanz ausschließt oder in den Worten Goffmans: „stigma is a personal attribute that is deeply discrediting, that reduces him / her in our minds from a whole and usual person to a tainted, discounted one" (Goffman, 1963, S. 3). Goffman interessierte nach seinem Ansatz besonders, wie die stigmatisierten Personen ihre entwerteten Identitäten managen, wenn sie in Interaktion mit nicht-stigmatisierten Personen treten.

Von besonderer theoretischer Relevanz für die Untersuchung zu migrantischen Politiker_innen war nach Angaben von Nergiz zudem das Konzept *identity work* von Snow und Anderson (1987), die das Stigma-Konzept nach Goffman in ihrer empirischen Untersuchung zu Obdachlosen anwendeten. Die beiden amerikanischen Soziologen analysierten die verschiedenen Strategien, die die Obdachlosen ihrer Untersuchung anwendeten, um mit ihrem Stigma Obdachlosigkeit umzugehen und arbeiteten so ihr Konzept *identity work* heraus. Nach Meinung von Snow und Anderson dienen die Strategien des Stigma-Managements den Obdachlosen als Werkzeuge, um sich eine Identität zu konstruieren, „that yield an measure of self-respect and dignity" (Snow & Anderson, S. 1363).

Nergiz (2014) betrachtet den Migrationshintergrund der migrantischen Politiker ihrer Untersuchung zwar nicht als Stigma im klassischen Sinne nach Goffman, sondern konzeptualisierte ihn als *Differenzmarker*. Dennoch passe nach Meinung der Autorin die Arbeit von Goffman als theoretisches Gerüst, da die untersuchten Politiker ihren Migrationshintergrund zumindest als potentielles Hindernis für die eigene politische Karriere betrachten.

1.3.3.2 Stigma-Management und Instrumentalisierung – Aushandlungsprozesse von migrantischen Politiker_innen bezüglich ihres Migrationshintergrundes

Inspiriert von den theoretischen Konzepten Stigma-Management und identity work, arbeitete Nergiz in ihrer Untersuchung übergeordnete Kategorien an Strategien heraus, mit denen die migrantischen Politiker_innen mit ihrem Migrationshintergrund in ihrem politischen Leben umgegangen sind und aktuell umgehen. Im Gegensatz zu Goffmans Konzept des Stigma-Managements versteht Nergiz die Strategien der migrantischen Politiker_innen nicht notwendigerweise als bewusste Handlungen. Die Strategien werden vielmehr als Prozesse verstanden, die unterschiedliche Ebenen an Reflexivität in Anspruch nehmen. Welche Strategien die migrantischen Politiker_innen wählen, um mit ihrem Migrationshintergrund umzugehen, hänge davon ab, in welchem Kontext sich die Politiker_innen bewegen, mit welcher Zielgruppe sie interagieren sowie, welche Ambitionen die einzelnen migrantischen Politiker bezüglich ihrer politischen Karriere haben. Im Folgenden werden die Management-Kategorien *Neutralisation, Redefinition* und *Singularisation* näher erläutert, da sie für die Einordnung der Ergebnisse der vorliegenden Untersuchung von besonderer Relevanz sind.

Die Kategorie *Neutralisation* umfasst die Strategien der migrantischen Politiker, die darauf abzielen, die Bedeutung des Markers Migrationshintergrund zu nivellieren. So betonen nach Nergiz die untersuchten migrantischen Politiker_innen beispielsweise, dass alle Politiker_innen dem gleichen Modus Operandi „Politik ist nur ein Machtspiel" (S. 159) unterworfen seien und dementsprechend individuelle soziale Marker gegenüber den Normen und Regeln des politischen Systems, die für alle gleich sind, vernachlässigbar seien. Dementsprechend betonen viele Gesprächspartner der Untersuchung, dass sie, insbesondere bezogen auf ihre Anfänge als Politiker_innen, eine ganz gewöhnliche politische Karriere gemacht und die gleichen Erfahrungen gesammelt haben wie Politiker_innen ohne Migrationshintergrund. Die Bedeutung des sozialen Markers Migrationshintergrund soll reduziert werden, indem die Ähnlichkeit zwischen Politiker_innen im Allgemeinen betont wird. Die migrantischen Politiker wollen nur als Politiker_innen wie alle anderen Politiker_innen gesehen werden und mithilfe der Neutralisationsstrategien versuchen sie dieses Ziel zu erreichen. So betonen die migrantischen Politiker_innen auch, dass sie in Deutschland persönlich und politisch sozialisiert seien und dass ihr politisches Engagement für das Gemeinwesen genauso natürlich sei wie bei Politiker_innen ohne Migrationshintergrund.

Im Verlauf der politischen Karriere kam es bei den meisten der untersuchten Politiker_innen zu einer Neubewertung ihres Migrationshintergrundes. Die Kategorie *Redefinition* beschreibt die Strategien, die einen neuen Umgang mit dem Differenzmarker Migrationshintergrund aushandeln und dazu beitragen, dass die migrantischen Politiker_innen neue Rollen und Funktionen im politischen Betrieb einnehmen. So nahmen die untersuchten migrantischen Politiker_innen im Verlauf ihrer Karrieren häufig die Funktion eines Rollenmodells für Migrant_innen sowie eines Vermittlers zwischen den Kulturen ein. Mit den Redefinition-Strategien gewinnt der soziale Marker Migrationshintergrund an Bedeutung, er bleibe dabei nach Nergiz aber stets ein zweischneidiges Schwert für die migrantischen Politiker. Stehe der Migrationshintergrund auf der einen Seite für Bereicherung, da er den intellektuellen, kulturellen und politischen Horizont im Vergleich zu Politiker_innen ohne Migrationshintergrund erweitern kann, bleibe auf der anderen Seite die Gefahr, dass die migrantischen Politiker_innen wegen ihres Migrationshintergrundes für die Anliegen anderer und ihrer Partei instrumentalisiert werden.

Die Management-Kategorie *Singularisation* beinhaltet nach Nergiz Strategien, mit denen die migrantischen Politiker_innen ihre Erfahrungen und Erfolge als individuell und singulär darstellen. Die Politiker_innen versuchen dies, indem sie beispielsweise Unterschiede betonen zwischen ihnen und Migrant_innen im Allgemeinen. So grenzen sich die Politiker_innen vom typischen Bild über Migrant_innen ab, indem sie beschreiben, dass sie und ihre

Eltern einen höheren Bildungsstand haben als dies bei Migrant_innen in Deutschland üblich sei und dass sie zu einer Bildungselite gehören. Sie betonen zudem Unterschiede zu anderen Politiker_innen mit Migrationshintergrund. So kritisieren die befragten Politiker_innen, dass migrantische Politiker_innen in anderen Parteien Alibimandate bekommen haben, da sie diese Positionen nur bekommen hätten, weil sie einen Migrationshintergrund haben. Die eigene Position hingegen hätten sie verdient erreicht, da ein Migrationshintergrund innerhalb der eigenen Partei weder als Vorteil noch als Nachteil behandelt werde.

Zusammenfassend lässt sich sagen, dass die Untersuchung von Nergiz zu Politiker_innen mit Migrationshintergrund den ambivalenten Charakter des sozialen Merkmals Migrationshintergrundes im beruflichen Kontext zeigt. Der Differenzmarker Migrationshintergrund ist bei den untersuchten Politiker_innen weder zwangsläufig negativ im Sinne eines Stigmas, noch eindeutig positiv im Sinne einer Ressource zu bewerten. Die Bedeutungskonstruktionen für den Marker sind abhängig vom situativ-zeitlichen Kontext, in dem sich die Politiker_innen bewegen und welche Ziele die Politiker_innen gegenüber ihren Interaktionspartnern verfolgen. Die Studie verdeutlicht, dass Migrant_innen auch selbst strategisch den Differenzmarker instrumentalisieren können. So spielen migrantische Politiker_innen die Bedeutung ihres Migrationshintergrundes zu Beginn ihrer beruflichen Laufbahn häufig herunter, während sie im Verlauf ihrer politischen Karriere ihrem sozialen Marker Bedeutung verleihen, sobald sie wahrnehmen, dass ihr Migrationshintergrund ihnen und ihrer Partei von Nutzen sein kann.

1.3.4 Polizist_innen mit Migrationshintergrund

Im Folgenden werde ich das Untersuchungsfeld Polizei darstellen, das im Vergleich zu Lehrkräften und Politiker_innen, die größte Nähe zum Untersuchungsgegenstand der vorliegenden Untersuchung aufweist, da Polizist_innen und Richter_innen als staatliche

Repräsentanten im Bereich Recht und Sicherheit wirken. Hunold, Klimke, Behr und Lautmann (2010) geben in ihrem Forschungsband „Fremde als Ordnungshüter? Die Polizei in der Zuwanderungsgesellschaft Deutschland" einen spannenden Überblick zum Forschungsstand bezüglich der Aufnahme und dem Arbeiten von Migrant_innen in der deutschen Polizei.

1.3.4.1 Ausländer und Sicherheitspolitik – von Produzenten von Risiken, zu Produzenten von Sicherheit

Nach Hunold et al. (2010) ist die Polizei die „bislang einzige Institution im Bereich von Recht und Sicherheit, für die politische Integrationsinitiativen gestartet wurden" (S. 17). So werde nach Hunold et al. seit Mitte der 1990er parteipolitisch übergreifend artikuliert, dass der Anteil an migrantischen Polizist_innen erhöht werden solle. Politisch werden diese Forderungen mit einem erhofften Nutzen für die Gesellschaft in Deutschland begründet. Werde der Migrantenanteil in der Polizei, einer zentralen Institution des Nationalstaates, erhöht, fördere dies, so die gesellschaftspolitische Hoffnung, die Identifikation von Migrant_innen mit der deutschen Gesellschaft und trage somit auch zu einer nachhaltigen Integration von Migrant_innen bei. Auch für die Akzeptanz der Polizei in der Bevölkerung sei es nach dieser Haltung besser, wenn die Polizei in ihrer Diversität die Zusammensetzung der Bevölkerung widerspiegele.

Neben dieser gesellschaftspolitischen Begründung, wird die Forderung nach mehr Migrant_innen in Polizeiuniform auch funktional und polizeistrategisch begründet. Nach Hunold et al. (2010) seien Ausländer als Thema der Sicherheitspolitik für lange Zeit nur als „Produzenten von Risiken" (S. 11) betrachtet worden, bevor sie zumindest als Beteiligte in der Sicherheitskommunikation im Rahmen von Vertrauensbildung und Umgang mit Fremden betrachtet wurden. Die Integration von Migrant_innen in die Polizei stelle nach Hunold et al. die nächste Stufe der Sicherheitspolitik dar, indem Ausländer Beteiligende in der *Sicherheitsproduktion* werden. Unter funktionalen Gesichtspunkten sollen migrantische

Polizist_innen beispielsweise zielgerichtet für migrantische Bevölkerungsgruppen eingesetzt werden. Mit ihren Sprach- und Kulturkenntnissen sollen sie im Sinne der funktionalen-polizeistrategischen Überlegungen als Informationsgeber und Vermittler bei migrantenspezifischen Anforderungen in der Polizeiarbeit fungieren.

Trotz der politischen Absichtserklärungen ist der Anteil an migrantischen Polizeibeamten immer noch gering. Auch wenn präzise Zahlen schwierig zu erheben sind, da in den meisten Bundesländern neben der formalen Staatsangehörigkeit keine herkunftsbezogenen Daten der Polizeibeamten erfasst werden, ist von einem Anteil an migrantischen Polizist_innen in der deutschen Polizei im unteren einstelligen Prozentbereich auszugehen (vgl. Hunold et al., S. 138).

1.3.4.2 Migrantische Polizist_innen und die Aufnahme in die deutsche Polizei

Um einen ersten Forschungseinblick in das Untersuchungsfeld Polizist_innen mit Migrationshintergrund zu gewinnen, führten Hunold et al. (2010) qualitative Interviews mit migrantischen Polizist_innen zu ihren Erfahrungen mit Polizeiarbeit, Kolleg_innen, Bürgern und der Organisation durch. Im Folgenden möchte ich mich auf die Darstellung der Ergebnisse fokussieren, die ich für die Einordnung der vorliegenden Untersuchung zu Richter_innen mit Migrationshintergrund als besonders spannend und relevant einschätze.

Die Analyse der Interviews ergab zunächst einmal, dass es sich bei den untersuchten migrantischen Polizist_innen um eine Gruppe hoch assimilierter Migrant_innen handelt. Das hohe Assimilationsniveau zeigte sich bei den migrantischen Polizist_innen beispielsweise anhand des Sprachniveaus. Durch die hohen Standards und die hohe Relevanz der schriftlichen Deutschtests innerhalb des polizeilichen Auswahlverfahrens, weisen die migrantischen Polizist_innen, die diese Hürden genommen haben, keine Defizite bezüglich der deutschen Sprache auf. Sie zeigen nach Hunold et al. (2010) vielmehr eine einseitige Orientierung auf die Sprache des Aufnahmelandes Deutschland, so sind sie meistens mit der deutschen Sprache groß geworden, in einigen Elternhäusern wurde ausschließlich Deutsch gesprochen. Berührungspunkte zur Herkunftssprache gibt es bei den migrantischen Polizist_innen kaum, ein Großteil beschreibt die Herkunftssprache als „künstlich nachkonstruierte Besonderheit oder Spezialität, die teilweise als Vorteil verschaffenden Zusatz interpretiert wird" (Hunold et al., S.63).

Das hohe Assimilationsniveau zeigte sich darüber hinaus anhand einer schwachen ethnischen Orientierung und überwiegend interethnischer Kontakte bei den befragten migrantischen Polizist_innen. Der Großteil der befragten Polizist_innen betont, fast ausschließlich Kontakt zu Einheimischen und überwiegend deutsche Freunde gehabt zu haben. Dieser Prozess sei von den Elternhäusern auch meist bewusst gesteuert worden. Zusammen mit der sprachlichen Orientierung, führten diese starke Bindung zur einheimischen Bevölkerung dazu, dass sich die Interviewten nach Hunold et al. (2010) deutlich mit dem Aufnahmeland identifizierten. Die migrantischen Polizist_innen fühlen sich in erster Linie als Deutsche.

Die befragten migrantischen Polizist_innen äußerten kaum Schwierigkeiten im Auswahlverfahren, was die Forscher auf das hohe Assimilationsniveau zurückführen. Die migrantischen Polizist_innen haben die Hürden des Auswahlverfahrens nach Meinung der Autoren genommen, weil sie so hoch assimiliert sind und dies werfe die Frage auf, ob das starre Auswahlprozedere weniger assimilierte Migrant_innen vom Polizeidienst ausschließe. Der geringe Anteil an Polizeibeamten wird bei Forschern überwiegend auf die strengen Einstellungsvoraussetzungen für den Öffentlichen Dienst zurückgeführt (vgl. Blom, 2005). Die migrantischen Polizist_innen selbst befürworten, dass ihnen kein Vorteil aufgrund ihres Migrationshintergrundes beim schriftlichen Auswahlverfahren gewährt wurde.

Etwas anders gestaltet es sich bei offeneren Verfahren des Auswahlprozederes wie Einzelgesprächen und Rollenspielen. Die befragten Polizist_innen zeigten hierbei eine ambivalente Haltung gegenüber der Thematisierung ihres Migrationshintergrundes. Einerseits möchten sie keine stereotypisierenden Thematisierungen ihres Migrationshintergrundes, andererseits sind sie durchaus grundsätzlich daran interessiert, wenn ihre individuellen, ethniespezifischen Kompetenzen im Auswahlverfahren berücksichtigt werden.

1.3.4.3 Migrantische Polizist_innen im Polizeialltag

Während der Berufsausübung nehmen die migrantischen Polizist_innen nach Hunold et al. (2010) zunächst einmal eine Dominanz der Organisation und der Berufsrolle des Polizisten wahr. Symbolisch wird diese Dominanz der Berufsrolle in der Polizeiuniform symbolisiert, die für Gemeinschaftlichkeit und Korpsgeist innerhalb der Polizei steht. In der Wahrnehmung der migrantischen Polizist_innen fördere das Tragen einer Uniform, dass man sich zuerst als Polizist fühle und Kategorien von Herkunft und Identität im Polizeialltag aufgehoben werden würden. Da Polizeiarbeit den dauerhaften Umgang mit Gefahren von außen mit sich bringt, sind innere Geschlossenheit und kollegiales Vertrauen hohe Werte innerhalb der Polizeikultur (vgl. Behr, 2006). Dies bedeutet, dass die Polizeiorganisation hohe Anpassungsleistungen an ihre individuellen Mitglieder stellt, die sich bei den untersuchten migrantischen Polizist_innen nochmal verstärken. Nach Hunold et al. (2010) neigen die migrantischen Polizist_innen zur „Überanpassung" (S. 86), da sie innerhalb der Polizei unterrepräsentiert sind und ständig bemüht sind, negativen Erwartungshaltungen entgegenzuwirken.

Das Zusammenspiel aus einem hohen Assimilationsniveau und dem Anpassen an die Normen der Polizeiorganisation führt bei den befragten migrantischen Polizist_innen dazu, dass sie eine hohe Akzeptanz in der Polizeigemeinschaft erfahren. Nach Hunold et al. schweißen Berufsidentität und Kollegialität die migrantischen Polizist_innen in die „Gefahrengemeinschaft" (S. 40) der Polizei ein, so dass Ethnizität eine untergeordnete Rolle spiele.

Auch wenn die Integration der migrantischen Polzisten in die Polizei meist gut gelänge, stellten Hunold et al. (2010) „Fremdheitsreste" (S. 40) fest, die die migrantischen Polizist_innen trotz aller Anpassung innerhalb der Ausübung ihres Polizeiberufs wahrnehmen. Diese Fremdheitsreste nehmen die migrantischen Polizist_innen beispielsweise wahr, wenn ihre Sprachkenntnisse für Dolmetschereinsätze von Kolleg_innen angefragt werden oder wenn sie in ihrer Polizeiarbeit Kontakt mit Mitgliedern der gleichen Ethnie haben. Generell wird der kulturspezifische Einsatz von den migrantischen Polizist_innen abgelehnt. Nur wenn sie sich in ihrer Individualität gewahrt fühlen, setzen migrantische Polizist_innen ihre ethniespezifischen Fähigkeiten im Polizeialltag gerne ein. Eine vertiefte Erörterung über die Aushandlungsprozesse von migrantischen Polizist_innen im Polizeialltag wird im Diskussionsteil der vorliegenden Untersuchung noch erfolgen.

Während im Rahmen der Dienstausübung, überwiegend die normativen Maßstäbe der Polizeipraxis dominieren, rücken in halbprivaten Situationen die individuellen Lebensorientierungen der Polizist_innen stärker in den Vordergrund. So können die migrantischen Polizist_innen in Alltagssituationen fremd wirken, da sie sich anders verhalten als es die Mehrheitsgruppe erwartet. Die interviewten Polizist_innen berichten beispielsweise, dass ihr Migrationshintergrund beim gemeinsamen essen oder Sport treiben mit den Kolleg_innen stärker in den Vordergrund rücke als bei gemeinsamen Diensteinsätzen, da hier beispielsweise religiös bedingte Praktiken offensichtlich werden können.

Hunold et al. (2010) ziehen als Fazit ihrer Untersuchungen, dass für die Polizeiorganisation die Integration von migrantischen Polizist_innen gelungen ist. So passen sich die migrantischen Polizist_innen scheinbar problemlos an die Regeln der Organisation an und fügen sich gut in den Kollegenkreis ein. Die migrantischen Polizist_innen machen im Regelfall gute Erfahrungen mit der Organisation sowie den Bürgern und loben die guten Beziehungen zu Kolleg_innen und Vorgesetzten.

Allerdings sehen Hunold et al. (2010) die Diversifizierung der deutschen Polizei „im Sinne höherer ethnischer Vielfalt" (S. 97) als gescheitert an. Durch die „Akkulturationsleistungen vor Eintritt in die Organisation und die Assimilationsfähigkeit im Organisationskontext" (S. 97) ähneln die migrantischen Kolleg_innen im Wesentlichen ihren Kolleg_innen ohne Migrationshintergrund und tragen zur Aufrechterhaltung der Dominanz von Berufsrolle und Kollegialität im Polizeialltag bei. Durch die einseitige Orientierung an der Aufnahmegesellschaft scheinen die migrantischen Polizist_innen nach Meinung der Autoren Probleme damit zu haben, „herkunftsspezifische Aspekte ihres Selbst in ihre persönliche und berufliche Identität zu integrieren" (S. 97). Bei der interkulturellen Öffnung der Polizei werde nach Hunold et al. (2010) Fremdheit und Differenz nicht akzeptiert, sondern nur „ethnische Fähigkeiten funktionalisiert. Der übrige migrantische Hintergrund wird als Organisationsballast schon im Prozess der Bestenauslese ausgesiebt und Reste im Polizeialltag abgeschliffen" (S. 59).

Durch die hohen Assimilationstendenzen der migrantischen Polizist_innen bleibe die Relevanz von Konflikten und damit der Druck bezüglich einer Veränderung der Organisationskultur bei der Polizei gering. Stehe weiterhin der funktionalistische Ansatz beim Umgang mit migrantischen Polizist_innen im Vordergrund, so stehe dies nach Meinung der Autoren eines kulturell vielfältigen Personalbestandes entgegen. Hunold et al. (2010) regen deshalb die Diskussion über die „Nutzbarmachung einer kulturell divers zusammengesetzten Polizei" (S. 97) an, wie sie z. B. bei privaten Unternehmen vorherrsche.

1.4 Richterinnen und Richter in Deutschland – eine selbstreflexive und theoretische Annäherung

Wie zuvor bereits erläutert, bestand bei mir als Forscher zu Beginn meines Promotionsprojektes das allgemeine und noch wenig konkretisierte Interesse, mich wissenschaftlich mit der Thematik Migrant_innen in Deutschland auseinandersetzen. Im Zuge eines vertieften Literaturstudiums, u. a. zu Sportlern und Bundeswehrsoldaten mit Migrationshintergrund (vgl. von Wurmb-

Seibel, 2012), entwickelte ich als Forscher zunehmendes Interesse an der Frage, welchen Einfluss das soziale Merkmal Migrationshintergrund beim Ausfüllen einer beruflichen Funktionsrolle spielen kann. Über Diskussionen mit meinen Betreuern und Teilnehmern meines Forschungskolloquiums sowie selbstreflexiven Überlegungen, versuchte ich zu konkretisieren, welche Berufsgruppe für meine Promotionsstudie interessant und relevant sein könnte.

Aufgrund ihrer Tätigkeit als Referentin an der Deutschen Richterakademie in Trier, brachte meine Zweitbetreuerin die Berufsgruppe der Richterinnen und Richter als Untersuchungsgegenstand ins Spiel. Ich als Forscher merkte unmittelbar, dass ich diese Untersuchungsgruppe reizvoll und spannend fand und entschied mich deshalb, in meiner Grounded Theory-Studie die Berufsgruppe der Richter_innen mit Migrationshintergrund zu erforschen.

1.4.1 Präkonzepte und Positionierung des Forschers zum Untersuchungsgegenstand Richter_innen mit Migrationshintergrund

Ähnlich wie beim Untersuchungsfeld der Migrant_innen, zeigte sich für mich als Forscher auch bezüglich des Untersuchungsfeldes der Richter_innen eine selbstreflexive Auseinandersetzung als wichtig und erkenntnisreich. In meiner privaten, akademischen und beruflichen Sozialisation, hatte ich bis zu meiner Promotionsstudie keine bedeutsamen Berührungspunkte zu Richter_innen, d. h. ich hatte zu Beginn meiner Untersuchung eine relativ große Distanz zum Untersuchungsfeld. Meine Präkonzepte zum Beruf des Richters speisten sich vor allem aus den Medien. Über Reflexionen im Forschungstagebuch sowie über das Schreiben von Memos, explorierte ich zunächst, worin der Reiz lag, den die Berufsgruppe der Richter_innen für mich als Forscher ausübte.

In meinen Präkonzepten gehörten Richter_innen zur gesellschaftlichen Elite und dementsprechend erwartete ich gebildete und intelligente Persönlichkeiten, mit denen ich als Forscher, auch aufgrund ihrer Reflexionsfähigkeit und intellektuellen Kapazitäten, spannende Gespräche führen kann. Mit dem Richteramt an sich, verband ich Unabhängigkeit und Entscheidungsmacht. Richter_innen waren für mich freie Persönlichkeiten, die mit einer gewissen natürlichen Autorität und Charisma ausgestattet, unabhängige Entscheidungen treffen und damit Macht ausüben. Auch erwartete ich als Forscher, eine gewisse repräsentative und staatstragende Ausstrahlung, die von der Persönlichkeit der Richter_innen an sich und mit dem Richteramt assoziierte Symbole, wie der Richterrobe, getragen wird. Diese Präkonzepte machten für mich als Forscher die Berufsgruppe der Richter_innen reizvoller, als beispielsweise Lehrkräfte oder Polizist_innen mit Migrationshintergrund, die ich im Verlauf der thematischen Fokussierung auch als potentielle Untersuchungsfelder in Betracht zog.

Ich als Forscher fand es zudem reizvoll, Migrant_innen in einer vermeintlichen Eliteposition zu untersuchen. In meinen Präkonzepten wiesen migrantische Richter_innen spannende Biografien eines sozialen Aufstiegs auf, die sich abheben von problematischen Migrantenbiografien, wie sie häufig in Medien dargestellt werden. Bezüglich ihres Migrationshintergrundes im beruflichen Alltag, erwartete ich, dass die Richter_innen ihren Migrationshintergrund als etwas Besonderes erleben und damit den Richteralltag kulturell bereichern. Von der Art des Migrationshintergrundes rechnete ich in meinen Präkonzepten eher mit exotischen, nichteuropäischen, islamisch-geprägten Herkunftsländern.

Weitere selbstreflexive Erkenntnisse gewann ich als Forscher über Reflexionen der Forschungsinteraktionen mit den Richter_innen. Besonders spannend waren dabei für mich Forschungserkenntnisse, die meinen Präkonzepten zu Richterinnen und Richtern mit Migrationshintergrund widersprachen.

Beim Aufsuchen meines ersten Gesprächspartners wurde mir als Forscher bewusst, dass ich zum ersten Mal in meinem Leben ein Gerichtsgebäude betrat, was mir nochmal meine große Distanz zum Untersuchungsfeld bewusst werden ließ. Ich führte alle Gespräche mit meinen Gesprächspartnern an den Gerichten, an denen die befragten Richter_innen arbeiteten, und das Betreten der

Gerichte löste bei mir vielfältige Resonanzen aus. Zum einen war das Aufsuchen meiner Gesprächspartner geprägt durch den Gang durch eine Sicherheitsschleuße, vorbei an Sicherheitspersonal und Detektoren. Dies löste bei mir als Forscher die Resonanzen aus, dass es sich bei Richter_innen um ein sensibles, Respekt einflößendes Untersuchungsfeld handelt. Zudem hatte ich als Forscher die bildhaften Assoziationen, dass ich mich von außen, quasi als Eindringling, meinem Untersuchungsfeld nähere.

Die Richterbüros selbst erlebte ich, im Kontrast zum Eingangsbereich der Gerichte, erstaunlich spartanisch und mit geringer repräsentativer Ausstrahlung. Die Richter_innen selbst traten mir in den Gesprächen ohne Robe gegenüber. Zusammen mit der Atmosphäre eines gewöhnlichen Arbeitsbüros, führte dies bei mir als Forscher zu einem nüchterneren Blick auf den Richterberuf im Verlauf der Forschung. Ich spürte zunehmend einen Unterschied zwischen meinem präkonzeptionellen Bild eines Richters und den Wahrnehmungen, die ich in meinen Forschungsinteraktionen in den Richterbüros machte.

Im Gegensatz zu meinen Präkonzepten, wurde mir im Laufe meiner Forschungen zudem bewusster, dass ein Großteil des richterlichen Alltags nicht im Gerichtssaal stattfindet. Geprägt von dem medial vermittelten Bild, war für mich als Forscher das richterliche Handeln mit dem Führen von Verhandlungen in Gerichtssälen verbunden. Die Richter_innen selbst hingegen äußerten in den Gesprächen wiederholt, dass ein Großteil der richterlichen Arbeit im Büro und bei der Bearbeitung von Akten stattfinde.

Interessanterweise wurde nur von einer Gesprächspartnerin offen thematisiert und markiert, dass ich ihr nicht nur als Grounded Theory-Forscher, sondern auch als Psychologe und Psychotherapeut gegenübertrete. Ich ließ allen Gesprächspartnern im Vorfeld der Gespräche ein Informationsschreiben zur Studie zukommen, in dem ich mich auch als Psychologe und Psychotherapeut vorstellte. Die Gesprächspartnerin äußerte Fragen, ob ich sie als Psychologe z. B. tiefer gehend analysieren würde. Ich reagierte auf die Bedenken in dem ich darauf verwies, dass ich in der Forschungsinteraktion vor allem als qualitativ, sozialwissenschaftlicher Forschender auftrete und dass meine Auswertungen nur auf der Basis der transkribierten Gespräche und nicht auf der Basis von psychologischen Deutungen stattfinden. In der Rückschau auf meinen Forschungsprozess finde ich es erstaunlich, dass nicht noch mehr meiner Gesprächspartner ähnliche Fragen äußerten, da ich die Thematisierung meiner Rolle als Psychotherapeut in der Forschungsinteraktion für durchaus nachvollziehbar halte. Demnach kann ich nicht ausschließen, dass die Richter_innen in ihrem Gesprächsverhalten von der Tatsache beeinflusst wurden, dass sie einem Psychotherapeuten gegenübersaßen, auch wenn sie es nicht offen zum Thema machten.

Wichtig für mich als Forscher war die selbstreflexive Erkenntnis, dass sich meine präkonzeptionellen Erwartungen bezüglich des Richterberufes, deutlich stärker erfüllten, als ich selbst Gerichtsverhandlungen von den Zuschauerbänken aus zusah. So schaute ich mir beispielsweise im Sinne des *Nosing Arounds* der Grounded Theory-Methodik (vgl. Breuer, 2010, S. 62f.) eine zufällig ausgewählte Gerichtsverhandlung am Amtsgericht Münster an. Als Zuschauer spürte ich dabei, dass ich durch den formalen Rahmen der Gerichtsverhandlung mit viel Respekt und Verunsicherung auf der Besucherbank saß. Ich nahm diesen Respekt und diese Verunsicherung auch bei den Zeugen wahr, die im Rahmen der Gerichtsverhandlung befragt wurden. Ich nahm zudem eine Irritation bei mir wahr, dass die Richterin eine junge Frau war, da ich präkonzeptionell einen älteren Mann als Richter erwartete. Das Tragen einer Robe und das erhöhte Sitzen in der Mitte des Gerichtssaals verlieh der Richterin aber die von mir erwartete repräsentative und staatstragende Ausstrahlung des Richteramtes. Diese selbstreflexiven Erkenntnisse bezüglich meiner Positionierung als Forscher zum Untersuchungsfeld der Richter_innen, waren für mich eine wichtige Inspirationsquelle bei der Entwicklung der gegenstandsbegründeten Theorie zu Richterinnen und Richter mit Migrationshintergrund an deutschen Gerichten.

Da in der vorgelegten Untersuchung eine gegenstandsbegründete Theorie zu Richter_innen mit Migrationshintergrund in Deutschland dargestellt wird, ist es zur Einordnung der vorliegenden Untersuchung nach Meinung des Autors nicht nur wichtig wissenschaftliche Untersuchungen bezüglich anderer migrantischer Funktionsträgern darzustellen, sondern auch die Richterforschung in Deutschland im Allgemeinen darzulegen. Einen guten Überblick über die Richterforschung in Deutschland seit dem zweiten Weltkrieg liefert Berndt (2010, S. 50ff.) in seinem Buch „Richterbilder“, hierauf basiert im Wesentlichen der folgende Überblick zur Richterforschung.

1.4.2 Richterforschung in Deutschland

Die Richterforschung in Deutschland beschäftigte sich nach dem zweiten Weltkrieg zunächst überwiegend mit dem Sozialprofil der deutschen Richterschaft. Der wissenschaftliche Blick richtete sich auf die Zusammensetzung der Richterschaft und Sozialwissenschaftler untersuchten, welche sozialen Merkmale die deutsche Richterschaft aufwies. Nach den Ergebnissen sozialwissenschaftlicher Untersuchungen der 1950er und 1960er Jahre fanden sich beispielsweise auffallend wenige Frauen und Vertreter aus dem Arbeitermilieu innerhalb der deutschen Richterschaft und die deutsche Richterschaft repräsentierte in ihrer Zusammensetzung vor allem die (obere) Mittelschicht (Berndt, 2010, S. 51). Die Zusammensetzung der Richterschaft spiegelte also nach diesen sozialwissenschaftlichen Analysen nicht die Zusammensetzung der Gesellschaft wider, über die die Richter urteilten. Dahrendorf (1960, zitiert nach Berndt, 2010, S. 51) beschrieb diesen Umstand mit den Worten, dass „die Richter aus der eigenen Welt der oberen fünfzig Prozent von dem fremden Halbdunkel der anderen Welt nur durch die zumeist straffälligen Aktivitäten aus dem Gerichtssaal Bekanntschaft hat“. Die Analysen der 1960er Jahre fielen in politisch bewegte Zeiten und der Begriff der „Klassenjustiz“ lebte wieder auf – ein Begriff, der wohl von Karl Liebknecht bereits zu Beginn des 20. Jahrhunderts geprägt worden war (vgl. Berndt, S. 51). Für viel Aufsehen sorgte auch Lautmanns Untersuchung „Justiz – die stille Gewalt“ (1972), in der der Untersucher über teilnehmende Beobachtung Einflussfaktoren auf das richterliche Entscheidungsverhalten, wie z. B. schichtgebundenes Vorverständnis, analysierte.

Im Verlauf wandelte sich die Richterforschung in Deutschland in Richtung einer stärker subjektorientierten Forschung, der wissenschaftliche Blick nahm sozusagen vermehrt das Innenleben von Richter_innen in den Fokus. So wurden beispielsweise rechtliche Entscheidungen in Beziehung gesetzt zu Wertvorstellungen, Einstellungen sowie Persönlichkeitseigenschaften von Richter_innen und es wurde der Einfluss nicht-juristischer Fallherstellungskompetenzen auf das richterliche Denken und Handeln analysiert. So zeigten Untersuchungen, dass konventionelle Deutungsmuster, Alltagstheorien und sozial geteilte Wirklichkeitsvorstellungen in die richterliche Fallkonstruktion miteinfließen können und möglicherweise beeinflussen, wem Richter glauben, wie sie Informationslücken schließen und wie sie mit Mehrdeutigkeiten umgehen (vgl. u. a. Abel, 1988; Kette, 1987; Löschper, 1999).

Ein weiterer Zweig der subjektorientierten Richterforschung sind zudem rollentheoretische Ansätze. Im Rahmen dieser Ansätze wird beispielsweise untersucht, wie Richter_innen zu ihrer Rollenauffassung, d. h. ihren subjektiven Bildern von ihrer Rolle als Richter_in, kommen und wie sie mit Person-Rollen-Konflikten umgehen, wenn z. B. ihre eigenen Bedürfnisse und Werte den Rollenerwartungen widersprechen. Laut den rollentheoretischen Ansätzen wird das Rollenverhalten von Richter_innen nicht nur von den Rechtsnormen, sondern auch von Rollenauffassungen sowie weiteren Einflussfaktoren wie dem sozialen Kontext, der Persönlichkeit und lebensweltlichen Verankerungen der Richter_innen beeinflusst (vgl. Lautmann, 1970).

Parallel zur subjektorientierten Richterforschung, gab und gibt es verstärkt Forschungsbemühungen, die Fragen der Leistungsfähigkeit und Effizienz des Justizsystems in den Mittelpunkt rücken. Beispielhaft dafür war das umfangreiche Forschungsprogramm „Strukturanalyse der Rechtspflege“, das vom Bundesjustizministerium in Auftrag gegeben wurde und umfangreiche Erkenntnisse u. a. zur Organisation der Gerichte sowie außergerichtlicher

Konfliktregelungsmöglichkeiten lieferte und sich auch auf Befragungen von Richter_innen stützte (vgl. Strempel, 1990).

Nach Recherchen des Autors der vorliegenden Untersuchung, gibt es bislang keine substanzielle Forschung zu Richter_innen mit Migrationshintergrund an deutschen Gerichten. Im folgenden Kapitel möchte ich einen Überblick geben, wie diese Thematik in Großbritannien und den USA behandelt wird und erörtere das Phänomen der Paralleljustiz, da es im Zusammenhang mit dem Themenkomplex Migration und Justiz in Deutschland erhebliche gesellschaftspolitische Beachtung fand und findet.

1.5 Migrant_innen in Richterrobe - Diversität der Justiz in Deutschland und im internationalen Vergleich

1.5.1 Ein unbekanntes Feld: Migrant_innen als Richter_innen an deutschen Gerichten

Nach Recherchen des Verfassers der vorliegenden Untersuchung gibt es keine systematische Erhebung darüber, wie hoch der Anteil an Richter_innen mit Migrationshintergrund innerhalb der deutschen Richterschaft ist. Dies liegt unter anderem auch daran, dass das soziale Merkmal Migrationshintergrund von Richter_innen innerhalb des deutschen Justizwesens nicht erfasst wird, wie Gespräche mit Feldmitgliedern im Rahmen der vorliegenden Untersuchung bestätigten.

Auf der Basis von Literaturrecherche und den Erkenntnissen aus den Gesprächen mit Feldmitgliedern, dürfte es nach Einschätzung des Autors der vorliegenden Untersuchung als gesichert gelten, dass der Migrantenanteil innerhalb der deutschen Richterschaft bei weitem unter dem Migrantenanteil in der Gesamtgesellschaft liegt, wie auch andere Forscher bestätigen. So finden sich nach einer ersten Analyse von Wittreck (2014), gerade einmal „70 Namen, die einen türkischen, arabischen oder allgemein islamischen Hintergrund nahelegen“ (S. 130), wenn man das aktuelle Handbuch der Justiz mustere, in dem ein Überblick über die personelle Besetzung der Gerichte und Staatsanwaltschaften in Deutschland enthalten ist. Auch wenn die Aussagekraft dieser Auswertung stark eingeschränkt ist, deuten die Zahlen eine Tendenz an, die sich auch in den Gesprächen mit Feldmitgliedern im Rahmen der vorliegenden Untersuchung andeutete: Der Anteil an Richter_innen mit Migrationshintergrund in Deutschland dürfte eher im Promille-, als im Prozentbereich liegen.

Die Frage, ob sich die Richterschaft in ihrer Zusammensetzung der Gesellschaft ähnelt, über die sie urteilt, begleitet die sozialwissenschaftliche Richterforschung in Deutschland schon seit mehreren Jahrzehnten, wie ich im Überblick zur Richterforschung dargelegt habe. Die Frage der Diversität der Richterschaft wurde in Deutschland bisher aber nur bezüglich der Schichtzugehörigkeit der Richter und des Anteils an Frauen analysiert.

Hinsichtlich des Verhältnisses der Geschlechter, kam es in der deutschen Richterschaft in den letzten Jahrzehnten zu einer erheblichen Veränderung. Bei den aktuell knapp über 20.000 Richter_innen, beläuft sich der Anteil von Frauen an der Richterschaft auf ca. 40 Prozent (Bundesamt für Justiz, 2016). Bezogen auf die Eingangsämter spricht Wittreck (2014) gar von einer „Verweiblichung" (S. 130) der Richterschaft, da hier der Anteil der Frauen seit Jahren erheblich über dem der Männer liege. Bezogen auf das Geschlechterverhältnis kam es also in den letzten Jahren in der deutschen Richterschaft zu einer erheblichen Erhöhung der Diversität und bezüglich dieses Aspektes spiegelt die Zusammensetzung der Richterschaft somit deutlich stärker die Gesellschaft wider, über die sie urteilt, wie dies noch zur Mitte des vorherigen Jahrhunderts der Fall war.

In Deutschland gibt es seit mehreren Jahren das politische Bestreben den Anteil an Migrant_innen im Öffentlichen Dienst zu erhöhen, wie Blicke auf den so genannten „Nationalen Integrationsplan" (Presse- und Informationsamt der Bundesregierung, 2007) sowie auf den so genannten „Nationalen Aktionsplan Integration" (Presse- und Informationsamt der Bundesregierung, 2012) verdeutlichen. Im Gegensatz zu anderen Funktionsträgern des Öffentlichen Dienstes in Deutschland, wie z. B. Lehrer_innen und Polizist_innen, gibt es aber für das Justizsystem nach Recherchen des Autors der vorliegenden Untersuchung bislang keine strategischen Überlegungen, den Migrantenanteil z. B. unter Richtern oder Staatsanwälten zu erhöhen.

2010 forderte Äygül Özkan, damalige Sozialministerin von Niedersachsen, in einem Interview mit WELT ONLINE, dass an deutschen Gerichten dringend mehr Richter_innen mit Migrationshintergrund gebraucht werden. Sie begründete ihre Forderung u. a. damit, dass Betroffene bei Richtern mit Migrationshintergrund sehen könnten, „hier entscheidet nicht eine fremde Autorität, sondern wir gehören da auch zu" (Exner, 2010). Dieser Appell führte allerdings nicht zu größeren öffentlichen Debatten oder substanziellen politischen Bemühungen, den Anteil an Richter_innen mit Migrationshintergrund an deutschen Gerichten zu erhöhen. 2018 wurde die Forderung nach mehr Richter_innen mit Migrationshintergrund vom Berliner Justizsenator Behrendt in einem Zeitungsartikel wiederholt, da die Richterbänke nach Meinung des Justizsenators die Bevölkerung widerspiegeln sollten. Deshalb sei es, so Behrendt, „gut und richtig, gezielt Menschen mit ausländischen Wurzeln in die Gerichte zu bringen, um dort eine Identifikation zu erreichen" (Bischoff, 2018). Nach Recherchen des Autors wurde diese Äußerung allerdings nicht mit konkretem gesellschaftspolitischem Handeln verbunden. Auch im deutschsprachigen Wissenschaftsbetrieb gab es bislang nach Recherchen des Untersuchers keinen tiefergehenden Diskurs bezüglich der Rolle von Migrant_innen als Funktionsträger im Justizsystem. Schwenkt man den Blick hingegen von Deutschland vor allem zu den angelsächsischen Ländern, bekommt man ein anderes Bild zu der Thematik, welche Rolle Migrant_innen im Justizsystem spielen könnten.

1.5.2 Streben nach Diversität auf der Richterbank als zentraler Impuls für Reformen des Justizsystems in Großbritannien

In Großbritannien war nach Wittreck (2014) die „*diversity* der Richterbank ein wesentliches *movens* der jüngeren Reformen der Gerichtsverwaltung" (S. 131) und unter dem Schlagwort *Diversität* der Justiz sind in Großbritannien neben Frauen, explizit Migrant_innen und ethnische Minoritäten miteinbezogen.

In Großbritannien hat sich in den letzten beiden Jahrzehnten unter den Akteuren aus Politik, Justiz und Wissenschaft zunehmend die Meinung durchgesetzt, dass der Mangel an Diversität in der personellen Zusammensetzung der Gerichte einen schädlichen Einfluss auf die Arbeit der Justiz in Großbritannien habe. Als Hauptargumente werden hierbei angeführt, dass die Gerichte unter einem immer größer werdenden Mangel an öffentlichem Vertrauen leiden, da sie überwiegend aus männlichen, weißen Richtern aus der Oberschicht bestehen. So würden sich viele Angeklagte von einer Gesellschaft verurteilt fühlen, zu der sie sich nicht zugehörig fühlen. Zudem würde die Justiz durch die Abwesenheit von qualifizierten Juristen mit nicht-traditionellem Hintergrund, viel Potential an juristischem Talent verlieren (vgl. Department of Constitutional Affairs, 2004). Manche Stimmen in Großbritannien sprechen gar davon, dass eine Erhöhung der Diversität im Justizsystem für eine Demokratie überlebenswichtig sei oder wie es Baroness Hale (2006) ausdrückte: „a diverse judiciary is an indispensable requirement for any democracy" (zitiert nach Malleson, 2009, S. 1).

Auf der Basis dieser Argumente wurden in Großbritannien seit den 1990er Jahren Strategien erprobt, um mehr Richter aus unterrepräsentierten Gruppen, wie Frauen und Migrant_innen, zu gewinnen. Nachdem über Jahrzehnte Richter in Großbritannien überwiegend gewonnen wurden, in dem erfolgreiche Rechtsanwälte vom Lord Chancellor nominiert und von der Queen ernannt wurden, sollte eine Professionalisierung des Auswahlprozesses dazu beitragen, mehr Richter aus unterrepräsentierten Gruppen zu gewinnen. Aber trotz der Einführung von neuen Rekrutierungsmaßnahmen, mit denen mehr Bewerber aus unterrepräsentierten Gruppen angesprochen werden sollten, wie dem Veröffentlichen von Stellenanzeigen und dem Durchführen von Assessment Centern, konnte bis zum Beginn der 2000er Jahre der Anteil an Frauen und Migrant_innen unter den Richtern kaum erhöht werden und die Zusammensetzung der Richterschaft blieb überwiegend so, wie sie zuvor war: weiß, männlich und alt (vgl. Malleson, 2006, 2009).

Auch weil diese moderaten Reformbemühungen nicht zu einer spürbaren Erhöhung der Diversität innerhalb der Richterschaft Großbritanniens führten, kam es 2006 mit der Schaffung der neuen *Judicial Appointments Commission* (JAC) zu einer umfassenderen, strukturellen Veränderung im Justizsystem Großbritanniens (vgl. Malleson, 2009). Die Auswahl neuer Richter_innen erfolgte damit nicht mehr, wie die Jahrhunderte zuvor, alleinig über den Lord Chancellor, sondern wurde in die Hände der neu geschaffenen Kommission gegeben. Die Erhöhung der Diversität an den Gerichten in Großbritannien wurde explizit als eine Hauptaufgabe der neuen Kommission formuliert, wie auch das folgende Zitat aus der Zeit der Gründung der Kommission auf der Homepage des Justizministeriums unterstreicht: „In partnership with the Judicial Appointments Commission and judiciary, our aim is to increase public confidence in the justice system through a judiciary which better reflects and has a greater understanding of the society it serves" (zitiert nach Malleson, 2009, S. 377).

Die JAC verpflichtete sich von Beginn an einer Diversity-Strategie. Durch das gezielte Anwerben von Anwälten aus unterrepräsentierten Gesellschaftsgruppen, einem nicht-diskriminierenden Auswahlprozess und durch die Arbeit eines Diversity-Forums sollte und soll die Richterschaft in Großbritannien zunehmend diverser werden. Um die Diversität der Richterbank weiter zu erhöhen, wurde 2013 zusätzlich die so genannte *equal merit provision* bei der Richterauswahl eingeführt. Demnach darf die Kommission nach Diversity-Kriterien entscheiden, wenn zwei Kandidaten über die gleichen Qualifikationen verfügen (vgl. Judicial Appointments Commission, Homepage abgerufen 2018).

Wenn man die Veränderungen der letzten Jahre innerhalb des Justizsystems in Großbritannien betrachtet, muss man dem zu Beginn des Kapitels angeführten Zitats von Wittreck zustimmen. Das Thema Diversifizierung der Richterschaft war und ist ein maßgebliches Antriebskriterium für umfassende Justizreformen in Großbritannien und nimmt einen prominenten Stellenwert in den Diskursen zu Justiz und Gesellschaft in Großbritannien ein.

1.5.3 Eine Latina am Obersten Gerichtshof der USA – Sonia Sotomayor und die Rolle von Herkunft und Geschlecht bei der richterlichen Arbeit

In den USA entwickelte sich vor allem rund um die Ernennung von Sonia Sotomayor zur Richterin am Obersten Gerichtshof der USA eine lebhafte öffentliche und akademische Diskussion bezüglich der Thematik Diversität und Justiz, die auch für die Einordnung der vorliegenden Studie relevant und interessant ist.

Sonia Sotomayor, deren Eltern aus Puerto Rico in die USA eingewandert waren, wurde 2009 vom damaligen US-Präsidenten Barack Obama an den Obersten Gerichtshof der Vereinigten Staaten berufen und ihre Nominierung wurde von großem öffentlichen Interesse begleitet. Dies lag vor allem daran, dass Sotomayor die erste Richterin aus der Bevölkerungsgruppe der Hispanics am Obersten Gerichtshof war und überhaupt erst die dritte Frau im höchsten Richtergremium der USA. Die Nominierung von Sotomayor wurde vor diesem Hintergrund in den USA kontrovers diskutiert. So wurde die Nominierung von Vorwürfen begleitet, Sotomayor sei besser qualifizierten Bewerbern vorgezogen worden, weil sie als Frau und Migrantin eine Vertreterin zweier unterrepräsentierter Gruppen sei. Ihre Nominierung, so die Kritiker, sei damit nur ein Produkt des so genannten „Affirmative-Action-Konzeptes", mit denen Mitglieder aus unterrepräsentierten Gruppen für öffentliche Ämter gewonnen werden sollen (vgl. Corley, 2009).

Die Nominierung von Sotomayor für den Obersten Gerichtshof wurde in den USA auch akademisch begleitet und diskutiert. So werteten beispielsweise die beiden Politologen Towner und Clawson (2016) in ihrer Untersuchung systematisch die mediale Berichterstattung zur Nominierung von Sotomayor aus und analysierten, ob sich die Berichterstattung zur Nominierung Sotomayors gegenüber den medialen Darstellungen früherer Nominierungen an den Obersten Gerichtshof unterscheidet. Towner und Clawson stellten in ihrer Untersuchung fest, dass Sotomayor die einzige Richterin in den letzten drei Jahrzehnten gewesen sei, bei deren Nominierung medial umfassend über die Rasse und das Geschlecht berichtet wurde. Insgesamt sei die Berichterstattung deutlich negativer gewesen, als dies bei den früheren Nominierungen der Fall gewesen sei. So habe die Presse die intellektuellen Fähigkeiten und die juristische Erfahrung Sotomayors` heruntergespielt, negative Aufmerksamkeit auf ihr juristisches Temperament gelegt und betont, dass Sotomayor Probleme bekommen würde, sich an ihre neue Rolle als Richterin am Obersten Gerichtshof anzupassen. Towner und Clawson analysierten die Gründe für diese negative Berichterstattung und stellten fest, dass sich Sotomayor z. B. hinsichtlich persönlicher Charakteristika (Alter, Familienstand) und fachlichen Qualifikationen nicht wesentlich von früheren Richter_innen des Obersten Gerichtshof unterschied.

Nach Meinung der Autoren waren den Journalisten vor allem die sozialen Merkmale Sotomayors als Latina und Frau salient, auch weil der Oberste Gerichtshof immer eine Domäne weißer Männer gewesen sei. Auf dieser Basis seien bei den Journalisten Stereotype bezüglich dieser beiden Bevölkerungsgruppen aktiviert worden, was schließlich maßgeblich die Berichterstattung über die Nominierung Sotomayors beeinflusst habe. Die Autoren beziehen die Ergebnisse ihrer Untersuchung auf die so genannte Intersektionalität-Theorie, die besagt, dass Personen aufgrund des Zusammenwirkens verschiedener Merkmale besonderer Diskriminierung ausgesetzt sein können. Nach Meinung der Autoren seien die Stereotype gegenüber Sotomayor deshalb so deutlich, da sie eine Frau *und* eine Latina sei. Dies zeige sich auch dadurch, dass

Berichterstattungen über weiße Richterinnen oder dunkelhäutige Richter, die eben nur ein abweichendes soziales Merkmal aufwiesen, in der Vergangenheit deutlich positiver ausgefallen seien

Zu der hohen Salienz ihrer sozialen Merkmale Geschlecht und Rasse, trug Sotomayor aber auch selbst bei, vor allem durch ihr mittlerweile berühmt gewordenes Statement zur *weisen Latina*: „I would hope that a wise Latina woman with the richness of her experiences would more often than not reach a better conclusion than a white male who hasn't lived that life" (zitiert nach Chew, 2015, S. 854). Dieses Zitat führte bei der Nominierung Sotomayors für den Obersten Gerichtshof zu erheblicher Kritik und es wurde von den Kritikern die Sorge geäußert, dass die Identität Sotomayors als Latina zu fehlerhaften und unfairen richterlichen Entscheidungen führen könnte. Chew (2015) nahm diese Kritik auf und gibt in seiner Analyse einen Überblick über Erkenntnisse bezüglich des Einflusses von Geschlecht und Rasse von Richtern für die richterliche Tätigkeit.

Nach Chew zeigen Studien, dass Geschlecht und Rasse von Richter_innen durchaus von Bedeutung sein können bei der richterlichen Entscheidungsfindung. So mache das Geschlecht des Richters einen Unterschied bei Fällen zu sexueller Diskriminierung und Belästigung, während der ethnische Hintergrund einen Unterschied mache bei der richterlichen Beurteilung von Fällen zu rassistischer Diskriminierung und Bedrohung. So steige die Erfolgswahrscheinlichkeit von Klägerinnen bei sexueller Diskriminierung, wenn die Verhandlung eine Richterin führen würde. Ähnliche Ergebnisse zeigen sich bezüglich der Rasse, so steige die Erfolgswahrscheinlichkeit von Klägern bei rassistischer Diskriminierung, wenn der Richter den gleichen ethnischen Hintergrund habe.

Diese Ergebnisse würden sich nach Chew in das so genannte *Realistische Modell der juristischen Entscheidungsfindung* einordnen lassen. Im Gegensatz zum formalistischen Modell, gehe das realistische Modell davon aus, dass Richter_innen nicht persönliche Charakteristika wie ihr Geschlecht, ihre Rasse, ihre Religion oder ihre Lebenserfahrungen zurücklassen, wenn sie die Robe anziehen und den Gerichtssaal betreten. Mit ihrer Menschlichkeit bringen die Richter_innen nach diesem Modell zwar auch Stereotype und kognitive Fehler mit in den Gerichtssaal, aber auf der anderen Seite werde dadurch ihr Denken, insbesondere über kontextuelle Zusammenhänge, maßgeblich bereichert. Chew begründet den Einfluss von Geschlecht und Rasse auf die juristische Entscheidungsfindung darüber hinaus mit der Salienz-Theorie, die besagt, dass Individuen mit unterschiedlichen sozialen Merkmalen unterschiedliche Erfahrungen machen und dass diese unterschiedlichen Erfahrungshintergründe einen Einfluss darauf haben, welche Informationen als salient wahrgenommen werden. Chew betont in seiner Studie aber auch, dass es viele juristische Themen gibt, in denen das Geschlecht und die Rasse von Richter_innen keinen Einfluss auf die richterliche Entscheidungsprozedur haben.

Chew schlussfolgert in seiner Studie, dass das richterliche Urteilen durch soziale Merkmale des Richters zwar beeinflusst werde, er widerspricht aber den Kritikern, die behaupten, dass die sozialen Merkmale Latina und Frau bei Sotomayor zwangsläufig zu fehlerhaften, unfairen und von Vorurteilen geprägten Richterurteilen führen würden. Chew plädiert dafür, die Merkmale Geschlecht und Rasse ähnlich wie andere Lebenserfahrungen der Richter_innen zu bewerten. So würden verschiedene Lebenserfahrungen den Richter_innen differenziertere Einsichten zu kontextuellen Zusammenhängen ermöglichen und somit auch Entscheidungsprozeduren beeinflussen, diese Entscheidungsprozeduren würden aber nicht zwangsläufig unfair oder unrechtmäßig ausfallen. Chew plädiert als Fazit seiner Analyse für eine divers zusammengesetzte Richterschaft und besonders bei Fällen zu sexueller und rassistischer Diskriminierung sollten sich Richter_innen mit unterschiedlichen sozialen Merkmalen gegenseitig beraten, was insgesamt zu besseren und faireren Urteilen führen würde. Erste Studien zu divers zusammengesetzten Richtergremien würden dies bestätigen. So würden männliche Richter und weiße Richter in Gremien signifikant anders urteilen, wenn mindestens eine Frau oder ein afroamerikanischer Richter mit im Gremium sitzen würde (Chew, 2015, S. 867-868).

1.5.4 Migrant_innen als Richter_innen – in Deutschland nur ein Phänomen der Paralleljustiz?

Wenn man die öffentlichen und akademischen Diskussionen um migrantische Richter_innen in den angelsächsischen Ländern betrachtet, stellt sich die Frage, warum es in Deutschland keine derartigen Diskussionen vergleichbarer Intensität gibt. Nach Meinung des Autors der vorliegenden Untersuchung könnte dies zum einen daran liegen, dass sich die angelsächsischen Länder im Gegensatz zu Deutschland traditionell stärker als Einwanderungsländer begreifen. Dies hat zur Folge, dass sich diese Länder schon länger mit den Herausforderungen von multikulturellen Gesellschaften auseinandersetzen müssen. Trotz der Tatsache, dass in Deutschland 2016 18,5 Millionen Einwohner einen Migrationshintergrund hatten (Statistisches Bundesamt, 2017), wird gesellschaftspolitisch in Deutschland immer noch kontrovers diskutiert, ob und in welchem Umfang Deutschland ein Einwanderungsland ist.

Dass die Diversität der Justiz von gesellschaftspolitischen Entwicklungen beeinflusst wird, zeigt sich bei der Entwicklung bezüglich des Anteiles an Frauen in der Justiz. Wie ich bereits dargestellt habe, war die deutsche Richterschaft nach dem Zweiten Weltkrieg fast ausschließlich männerdominiert, während es aktuell fast zu einem ausgeglichenen Geschlechterverhältnis in der deutschen Richterschaft gekommen ist. Dies dürfte auch daran liegen, dass es in den letzten Jahrzehnten infolge feministischer Bewegungen zu einer veränderten Rolle von Frauen in der deutschen Gesellschaft kam. Während Frauen in den Nachkriegsjahrzehnten noch überwiegend ihre traditionelle Rolle als Hausfrau und Mutter erfüllten, ist es heute selbstverständlicher, dass Frauen berufliche und gesellschaftspolitische Leistungsträger sind. Diese Entwicklungen spiegeln sich wider, indem sich der Anteil der Frauen in einer gesellschaftlich wichtigen Funktion wie dem Richteramt von Jahrzehnt zu Jahrzehnt erhöhte.

Wie ich bereits dargestellt habe, fokussieren sich in Großbritanniens Justizsystem die Diversity-Strategien zur Erhöhung der Vielfalt der Richterschaft explizit auf Frauen und Migrant_innen.

In der deutschen Justiz hingegen fokussierten sich die Bemühungen bezüglich einer facettenreicheren Richterschaft bisher nur auf Frauen. In Deutschland gibt es mittlerweile gesellschaftspolitische Bemühungen den Anteil an Polizist_innen mit Migrationshintergrund zu erhöhen. Ein ähnlicher Diskurs ist aktuell im deutschen Justizsystem nicht zu erkennen, wie auch Expertengespräche im Rahmen der vorliegenden Untersuchung untermauern. So äußerte beispielsweise ein Direktor eines Amtsgerichtes, der mir bei der Gewinnung von Gesprächspartnern behilflich war, dass man als Richter in Deutschland zwar häufiger mit migrantischen Angeklagten zu tun habe, aber wenig bis gar keinen Kontakt zu Richterkollegen mit Migrationshintergrund habe. Zudem gäbe es zwar Fortbildungen zum Umgang mit migrantischen Prozessbeteiligten, aber kaum Austausch mit migrantischen Kolleg_innen, die möglicherweise interkulturelle Kompetenzen aufgrund ihrer eigenen Migrationsgeschichte aufweisen.

Die intensivste öffentliche und akademische Auseinandersetzung zum Themenkomplex Migrant_innen als Richter_innen gab und gibt es in Deutschland zu dem Phänomen der so genannten *Paralleljustiz*. Dieses Thema erregt in Deutschland vor allem seit 2011 durch die Veröffentlichung des Buches „Richter ohne Gesetz" des Juristen und Journalisten Joachim Wagner breites öffentliches Interesse. Darin beschreibt Wagner das Wirken so genannter muslimischer Friedensrichter in Deutschland, die ohne staatliche Legitimation einen erheblichen Einfluss auf rechtliche Aushandlungsprozesse in Migrantenmilieus ausüben würden. Nach Wittreck (2014) werde die Institution der deutschen Justiz durch das Phänomen der Paralleljustiz zwar „ganz grundsätzlich in Frage gestellt" (S. 120), empirisch bewege sich die Rechtswissenschaft- und praxis bei diesem Thema aber „bestenfalls im Halbschatten" (S. 121).

Dies bestätigt auch eine Analyse des Bundesministeriums für Justiz (2014), die einen umfassenden Überblick über das Phänomen der Paralleljustiz in Deutschland gibt. Darin wird betont, dass es sich bei der bisherigen Diskussion überwiegend um die Darstellung von Einzelfällen handelt, die besorgniserregend seien, aber keine Rückschlüsse über den wirklichen Umfang des Phänomens zulassen würden. Die Analyse zeigt sich generell pessimistisch bezüglich der wissenschaftlichen Erfassung des Phänomens der Paralleljustiz, da es sich in abgeschotteten sozialen Gruppen abspiele, „die den Erfolg einer vertiefenden empirischen Untersuchung in Frage stellen und ein verbleibendes Dunkelfeld vermuten lassen" (S. 51).

Wittreck (2014) betont, dass das Phänomen der Paralleljustiz nicht auf Muslime beschränkt sei, sondern auch bei orientalischen Christen, Kosovaren sowie Sinti und Roma zu finden sei. Wittreck sieht den Ursprungskontext der Friedensrichter in der *Sulh*-Tradition des Nahen Ostens. *Sulh* sei demnach eine Form der informellen Schlichtung, die neben den staatlichen Gerichten und geistlicher Gerichtsbarkeit existiere und bei der es insbesondere um moderierte Aushandlungsprozesse zwischen Familienclans gehe. Für Wittreck sei das Phänomen der Paralleljustiz zunächst einmal eine „Rekonstruktion einer sozialen Praxis durch Diaspora-Gruppen" (S.122). Diese Sulh-Tradition sei ursprünglich explizit nicht religiös angedacht gewesen. Die religiöse Aufladung der Paralleljustiz in Deutschland passiere nach Wittreck sekundär, da es in den Migrantenmilieus in Deutschland an überlieferten Kenntnissen zum Sulh-Wesen sowie an lokalen Honoratioren mangele und da unterschiedliche Gewohnheitsrechte aufeinandertreffen würden. Auf Basis dieser Unsicherheiten könne beispielsweise ein Iman als Friedensrichter wirken und die Scharia als gemeinsamen Orientierungskonsens proklamieren.

Nach der Analyse des Bundesministeriums für Justiz (2014) sei außergerichtliche Konfliktlösung wie Mediation und Schlichtung nicht per se problematisch und das deutsche Recht erlaube in bestimmten Bereichen die Mitwirkung externer Streitschlichter, solange bestimmte Grenzen nicht überschritten werden. Besonders sensible Bereiche seien das Familien- und Strafrecht, wo besonders auf unzulässige Einwirkungen z. B. durch Friedensrichter geachtet werden müsse, da in diesen Bereichen kulturell geprägte Rechtsvorstellungen sich mit deutschen Rechtsnormen gravierend widersprechen könnten.

Nach der Analyse des Justizministeriums seien Rechtsänderungen zur Eindämmung einer Paralleljustiz nicht nötig. Es sei zuvorderst eine integrationspolitische Aufgabe „Offenheit für und Vertrauen in staatliche Institutionen sowie die Akzeptanz für deutsche Rechtsvorstellungen und das deutsche Rechtssystem zu schaffen" (S. 52). Hilfreiche Maßnahmen für den Umgang mit dem Phänomen der Paralleljustiz könnten rechtliche Informationen für betroffene Bevölkerungsanteile, z. B. in Form mehrsprachiger Informationsangebote, sowie die Sensibilisierung von Justizangehörigen, z. B. durch Fortbildungen und dem Schaffen von Ansprechpartnern, sein.

Interessanterweise wurden in dieser umfassenden Analyse des Justizministeriums zum Phänomen der Paralleljustiz nicht über eine mögliche Funktion von Richter_innen mit Migrationshintergrund im deutschen Justizsystem diskutiert. Dabei stellt zum Beispiel Wittreck (2014, S. 130) die Hypothese auf, ob nicht möglicherweise die niedrige Zahl an Richtern mit Migrationshintergrund mit der Zahl an Friedensrichtern korreliere.

Wenn man die, in diesem Kapitel dargestellten, gesellschaftspolitischen Diskurse in Deutschland, Großbritannien und den USA betrachtet, lässt sich zusammenfassend sagen, dass Migrant_innen als Richter_innen eine wichtige gesellschaftspolitische Funktion einnehmen können und generell einen relevanten und interessanten Untersuchungsgegenstand darstellen. In den folgenden Kapiteln möchte ich vor dem Hintergrund dieser theoretischen Bezüge, eine gegenstandsbegründete Theorie zu Richterinnen und Richter mit Migrationshintergrund an deutschen Gerichten darlegen. Nach Recherche des Autors ist die vorliegende Untersuchung die erste empirische Untersuchung zu dem Untersuchungsfeld Migrant_innen als Richter_innen an deutschen Gerichten. Im folgenden Kapitel möchte ich die methodische Vorgehensweise darlegen, mit der ich als Forscher diese gegenstandsbegründete Theorie entwickeln konnte.

2. Methodische Vorgehensweise

2.1 Die Annäherung des Forschers an die Grounded Theory-Methodik

Den Wunsch zu promovieren, hatte ich bereits während meines Psychologie-Studiums gefasst. Bei meinen ersten Überlegungen, wie ich diesen Wunsch in die Tat umsetzen könnte, habe ich mir eine Frage nie gestellt: Soll ich eine quantitative oder eine qualitative Untersuchung durchführen? Aufgrund meiner akademischen Sozialisation waren psychologische Untersuchungen für mich per se quantitative Untersuchungen. Dementsprechend war mein erster Versuch eine nebenberufliche Promotion durchzuführen, auch als quantitative Untersuchung angedacht. Dieses Promotionsvorhaben im Bereich der Flüchtlingsforschung ist aber nicht aus dem Stadium eines Exposés hinausgekommen, da es bürokratische Hindernisse und Schwierigkeiten beim Zugang zur Stichprobe gab.

Den Zugang zur qualitativen Forschungswelt eröffnete mir 2013 eine Psychologie-Studentin, die mich im Rahmen ihrer Masterarbeit an meiner damaligen Arbeitsstelle in einer Asylbewerberunterkunft besuchte. Sie war Teilnehmerin des Forschungskolloquiums von Herrn Professor Breuer und führte ihre Untersuchung mithilfe der Grounded Theory-Methodik durch, die mir in meinem bisherigen akademischen Werdegang nicht begegnet war. Ich spürte damals rasch, dass ihre Erläuterungen zur Grounded Theory bei mir auf fruchtbaren Boden fielen. Das kreative Arbeiten mit Sprache, das Aufsuchen von Gesprächspartnern im Feld, das Führen von Gesprächen – diese Aspekte der Grounded Theory-Methodik, weckten wohl auch deshalb besonders mein Interesse an dem Forschungsstil, da ich neben dem Studium als freier Journalist gearbeitet habe und mir diese journalistischen Aufgaben damals viel Freude bereitet haben. Jedenfalls war nach diesem ersten Kennenlernen, mein Interesse an der Grounded Theory-Methodik so groß, dass ich mich dazu entschied, regelmäßig am Forschungskolloquium von Herrn Professor Breuer teilzunehmen und mich weiter in diesen Forschungsansatz zu vertiefen. Nach mehrmaligen Besuchen des Forschungskolloquiums fasste ich schließlich den Entschluss, meine Promotionsstudie mithilfe der Grounded Theory-Methodik durchzuführen.

2.2 Einführung in die Grounded Theory-Methodik

Die Grounded Theory-Methodik wurde in den 1960er Jahren von den beiden Soziologen Barney Glaser und Anselm Strauss entwickelt (Glaser & Strauss, 1967), die Interaktionsprozesse in Krankenhäusern untersuchten.

Das Forschungsziel der Grounded Theory-Methodik (GTM) liege nach Strauss und Corbin (1996) in der Entwicklung einer gegenstandsverankerten Theorie, „die induktiv aus der Untersuchung des Phänomens abgeleitet wird, welches sie abbildet" (S. 7). Charakteristisch für den Grounded Theory-Forschungsstil sei nach Breuer (2010), dass die Datenerhebung in der Regel in der Umgebung des Untersuchungspartners und nicht im „Territorium des Forschers" stattfinde. Der Forschungskontakt sei durch eine „Geh-Charakteristik" gekennzeichnet, im Gegensatz zur „Komm-Charakteristik der Laborwissenschaften". Der Grounded Theory-Forscher gewinne, mithilfe interaktiver Teilnahme, Erfahrungsdaten aus alltagsweltlichen Kontexten, um daraus theoretische Konzepte und Modellierungen zu entwickeln, bis er eine Theorie eines „sozialen Weltausschnittes (…) gegenstandsgegründet" herausgearbeitet hat (S. 39).

Wissenschaftstheoretisch ordne sich die GTM nach Breuer (2010) in die Verfahren der sozialwissenschaftlichen Hermeneutik ein. Im Gegensatz zum *Erklären* des Kritischen Rationalismus, gehe es bei dieser wissenschaftlichen Wirklichkeitserschließung um das *Verstehen und Deuten.* Es gehe dabei nach Breuer (2010) zwar auch um das „Verhältnis von Einzelnem und Allgemeinen, nun jedoch weniger um zwingende logische Ableitungen, sondern um das Einordnen von Sinneinheiten (Handlungen, Gesprächsäußerungen, Texten) in einen umgreifenden Bedeutungshorizont" (S. 44). Im Gegensatz zu den Hypothesen prüfenden, quantitativen Forschungsansätzen, geht es bei der Grounded Theory-Methodik also vor allem um das Generieren von neuem theoretischem Wissen und Hypothesen.

Knapp 50 Jahre nach der Begründung der Forschungsmethodik durch Glaser und Strauss, gibt es nicht mehr die *eine* Grounded Theory-Methodik. Gerade durch Kontroversen zwischen Glaser und Strauss, hat es viele Diskussionen rund um den Forschungsstil und im Verlauf unterschiedliche Ausdifferenzierungen der Methodik gegeben (vgl. Mey & Mruck, 2011). Einig sind sich Grounded Theory-Forscher in dem Ziel, eine gegenstandsbegründete Theorie zu entwickeln. Es gibt aber unterschiedliche Ansichten darüber, welche methodischen Wege zu diesem Ziel führen.

Ich habe mich in der vorliegenden Untersuchung methodisch an dem Ansatz der Reflexiven Grounded Theory orientiert, wie er in dem Buch von Breuer (2010) dargestellt wird. Beim Kodieren der Daten gab es zudem eine Ausrichtung am Paradigmatischen Modell, wie es im Buch von Strauss und Corbin (1996) erläutert wird.

2.3 Begründung für die Wahl der Forschungsmethode

Wie zuvor bereits beschrieben, hatte ich nach dem ersten Kennenlernen des Forschungsstils, ein grundsätzliches Interesse an der Grounded Theory-Methodik gewonnen. Umso erfreulicher war es für mich als Forscher, als ich feststellte, dass die GTM gut zu dem von mir gewählten Forschungsthema passt. Auch wenn ich natürlich nicht ausschließen kann, dass die regelmäßigen Besuche im Forschungskolloquium dazu beigetragen haben, mir ein entsprechendes Thema als Forschungsgegenstand auszusuchen.

Bei meinen ersten Expertengesprächen und Recherchen zu Richter_innen mit Migrationshintergrund in Deutschland stellte ich fest, dass es kaum fundiertes Wissen über diese Gruppe gibt und dass es vermutlich nur wenige Richter_innen in Deutschland mit einem so genannten Migrationshintergrund gibt. Keine vorhandenen Hypothesen, kaum theoretisches Wissen und wenige potentielle Gesprächspartner – ich hatte es also bei migrantischen Richter_innen mit einem Forschungsgegenstand zu tun, der wie prädestiniert dafür schien, mithilfe der Grounded Theory-Methodik erforscht zu werden. Denn nach Breuer (2010) sei die Methodik „für (...) Untersuchungen subkultureller Felder, kleiner sozialer Welten und der Probleme und Sichtweisen ihrer Mitglieder (...) gut geeignet“ (S. 39).

Darüber hinaus zeigte sich die im Ansatz von Breuer (2010) geforderte Selbstreflexivität als sehr erkenntnisreich für den Umgang mit dem vorliegenden Forschungsfeld. Über verschiedene Praktiken der Selbstreflexion, die ich im Verlauf noch näher beschreiben werde, wurde mir als Forscher immer klarer, wie wichtig die Bewusstmachung eigener Präkonzepte bezüglich des Forschungsgegenstandes und die Reflexion der Forschungsinteraktionen für einen erkenntnisreichen Forschungsprozess ist. So wurde mir beispielsweise bewusst, dass ich, als in Deutschland geborener Akademiker aus der Mittelschicht, ganz bestimmte Bedeutungen mit dem Migrationshintergrund meiner Gesprächspartner verbinde und dass diese Bedeutungszuschreibungen den migrantischen Richter_innen auch in ihrem beruflichen und privaten Alltag begegnen. Wie von Breuer in seiner *Reflexiven* Grounded Theory gefordert, konnte ich also die vermeintlichen methodischen Nachteile, die in der Subjektivität meiner Person begründet liegen, in einen Erkenntnisvorteil für meinen Forschungsprozess verwandeln.

2.4 Der Forschungsprozess der vorliegenden Untersuchung

Der Forschungsprozess, wie er in der Grounded Theory-Methodik betrieben wird, war für mich als Forscher eine neue und spannende Herausforderung. Aufgrund meiner früheren akademischen Sozialisation waren mir Forschungsdesigns vertraut, bei denen vor Beginn der Untersuchung eine Fragestellung formuliert wird, gefolgt von der Datenerhebung und der anschließenden Datenauswertung. Im Gegensatz zu diesem eher linearen Ablauf von Forschungsphasen in konventionellen Forschungsdesigns, weist der Forschungsprozess der GTM nach Strauss (1991) einen „iterativ-zyklischen Charakter" (S. 46) auf. Demnach findet im Forschungsprozess einer Grounded Theory-Studie ein stetiges Hin- und Her-Pendeln zwischen Datenerhebung, Datenauswertung und Theorieentwicklung statt. Am Ende dieses spiralförmigen Arbeitsprozesses soll dann eine gegenstandsbegründete Theorie über den Forschungsgegenstand, eben eine *Grounded Theory*, entstanden sein.

Aufgrund meiner akademischen Sozialisation stellte diese Charakteristik des Forschungsprozesses Neuland für mich dar. In meinen bisherigen, quantitativ ausgerichteten Forschungsarbeiten war es für mich beispielsweise eine Selbstverständlichkeit gewesen, dass die Zusammensetzung der Stichprobe und die zu untersuchenden Fragen vor Beginn der Datenerhebung feststehen und dass die Phasen der Datenerhebung und der Datenauswertung linear aufeinanderfolgen. In der Rückschau konnte ich mich als Forscher aber gut auf den zyklischen Charakter des GTM-Forschungsprozesses einlassen. So konnte ich feststellen, dass diese methodische Herangehensweise meiner Kreativität und Produktivität als Forscher zuträglich war.

2.4.1 Thematische Fokussierung

Wie üblich bei Grounded Theory-Projekten (vgl. Breuer, 2010, S. 54) war auch das Thema der vorliegenden Untersuchung zu Beginn noch unscharf formuliert. Ich als Forscher war mir zu Beginn meines Promotionsvorhabens nur sicher, dass ich eine Forschungsarbeit zum Themenkomplex Migration machen möchte. Im Verlauf meiner Forschungsarbeit erschien es mir zunehmend notwendig, mich selbstreflexiv mit der Frage auseinanderzusetzen, warum ich eigentlich zum Themenkomplex Migration forschen wollte.

Zum einen entwickelte sich mein Interesse an der Thematik durch meine beruflichen Berührungspunkte mit den Themen Migration und Integration in der Arbeit mit Flüchtlingen und dass ich die Thematik für gesellschaftspolitisch relevant hielt. Darüber hinaus wurde mir in der selbstreflexiven Auseinandersetzung aber auch deutlich, dass mein Interesse an dem Thema präkonzeptionell gefärbt war und ich mit dem Thema Migration vor allem auch Exotik und Besonderheit verband, was viel mit meiner Positionierung zum Untersuchungsgegenstand zu tun hatte und mir deshalb den Untersuchungsgegenstand als reizvoll erscheinen ließ. Selbstreflexiv musste ich mir eingestehen, dass die thematische Fokussierung teilweise auch von Eitelkeit geprägt war, da ich hoffte, meine Arbeit mit einem exotischen Thema aufwerten zu können.

Die weitere thematische Fokussierung in Richtung *Richter_innen mit Migrationshintergrund* ergab sich durch Reflexionen im Forschungskolloquium und dem Austausch mit meinen Betreuern. Ein entscheidendes Argument für diesen Untersuchungsgegenstand war u. a. auch die Tatsache, dass dieser Untersuchungsgegenstand, zumindest im deutschsprachigen Raum, noch wenig erforscht schien.

Theoretische Sensibilität ist nach Strauss und Corbin (1996) eine wesentliche Qualifikation als Grounded Theory-Forscher. Sie beziehe sich auf „eine persönliche Fähigkeit des Forschers (...), Einsichten zu haben, den Daten Bedeutung zu verleihen, die Fähigkeit zu verstehen und das Wichtige vom Unwichtigen zu trennen". Erst die theoretische Sensibilität erlaube es, „eine gegenstandsverankerte, konzeptuell dichte und gut integrierte Theorie zu entwickeln" (S. 25). Quellen theoretischer Sensibilität stellen nach Strauss und Corbin Literatur zum Untersuchungsgegenstand sowie berufliche und persönliche Erfahrungen dar. Zudem stelle der analytische Prozess selbst eine Quelle für theoretische Sensibilität dar, da das Verständnis für den Untersuchungsgegenstand durch die fortlaufende Auseinandersetzung mit den Daten zunehmen.

Meine *theoretische Sensibilität* zu Beginn der Untersuchung bezüglich der Thematik Migration speiste sich v. a. aus meiner beruflichen Arbeit mit Flüchtlingen und der medialen Darstellung von Migrant_innen, hier zeigte ich schon vor Beginn des Promotionsprojektes ein gezieltes Interesse. Meine theoretische Sensibilität bezüglich des Richteramtes und der Justiz hatte sich v. a. durch die beiläufige Wahrnehmung von medialen Darstellungen der Thematik in Nachrichten, Zeitschriften, TV-Serien und Filmen entwickelt. Durch vertieftes Literaturstudium, selbstreflexiven Erörterungen, meinen ersten Gesprächen mit migrantischen Richter_innen und den Auseinandersetzungen mit den erhobenen Gesprächsdaten kam es bei mir zu einer fortlaufenden Erhöhung der theoretischen Sensibilität für den Forschungsbereich, was mir für die Entwicklung meiner gegenstandsbegründeten Theorie zu migrantischen Richterinnen und Richtern behilflich war.

2.4.2 Datenerhebung

Wie in den selbstreflexiven Kapiteln des Theorieteils bereits beschrieben, wies ich als Forscher zu Beginn meiner Studie eine relativ große Distanz zu meinem Untersuchungsfeld Richter_innen mit Migrationshintergrund auf. Dies bedeutete auch, dass ich keinen unmittelbaren Zugriff auf potentielle Gesprächspartner hatte, da ich in meinem privaten und beruflichen Umfeld keine Richter_innen mit Migrationshintergrund kannte.

Der Einstieg in die Phase der Datenerhebung war für mich ein Expertengespräch, das ich mit einem Direktor eines Amtsgerichtes führte. Der Kontakt wurde mir durch meine Zweitbetreuerin vermittelt. In diesem Expertengespräch bestätigte sich für mich als Forscher der Eindruck, den ich über meine Recherchearbeit im Vorfeld gewonnen hatte, dass es im deutschen Justizsystem wenig Wissen und Reflexion zu der Thematik Richter und Richterinnen mit Migrationshintergrund gibt. So berichtete mir der Amtsgerichtsdirektor, dass es zwar Fortbildungsveranstaltungen u. a. zu Interkultureller Kompetenz für Richter gäbe. Er wisse aber wenig über Richterkollegen mit Migrationshintergrund, nur einmal in seiner bisherigen Laufbahn, sei ihm ein Kollege mit einem Migrationshintergrund begegnet. Aufgrund der Erfahrungen in seiner bisherigen Berufslaufbahn schätze er, dass es nur wenige migrantische Richterkollegen gäbe. Wichtig für den formalen Rahmen der

Datenerhebung war der Rat des Gerichtsdirektors, meine Studie durch das Justizministerium des Landes Nordrhein-Westfalens genehmigen zu lassen. Ich als Forscher fürchtete zunächst eine hohe formale Hürde für meine Studie. Nach dem Zusenden einer Kurzbeschreibung meines Forschungsvorhabens an das Justizministerium, bekam ich aber zügig per E-Mail die Benachrichtigung, dass das Justizministerium mein Dissertationsvorhaben unterstützt und dass ich die E-Mail als Unterstützungsgrundlage gerne für die Gewinnung von Gesprächspartnern verwenden dürfe. Ich wurde aber darauf hingewiesen, dass die personalverantwortlichen Stellen Daten über einen Migrationshintergrund nicht systematisch erheben und dass die jeweiligen Behörden in eigenem Ermessen und auf freiwilliger Basis entscheiden, ob sie meine Studie unterstützen möchten.

In dem Gespräch mit dem Amtsgerichtsdirektor hatte ich zudem den Hinweis erhalten, mich an eine Personaldezernentin an einem Oberlandesgericht zu wenden, die mir bei der Suche von möglichen Gesprächspartnern behilflich sein könnte. Mit dieser Personaldezernentin und einem weiteren Mitarbeiter der Personalabteilung, führte ich im Anschluss mein zweites Expertengespräch. Beide Gesprächspartner hatten Erfahrungen bezüglich der Einstellungsprozedur von Richter_innen am Oberlandesgerichtsbezirk. Inhaltlich waren für mich als Forscher u. a. die Aussagen der beiden Feldexperten interessant, dass der Migrationshintergrund von Richter_innen bei der Einstellung nicht erfasst werde und dieser Aspekt im weiteren Verlauf nach der Einstellung der Richter_innen keine Rolle mehr spielen würde. Lediglich Fremdsprachenkenntnisse der Richterinnen und Richter würden erfasst werden. Am Ende des Gesprächs wurde mir Unterstützung bei der Gewinnung von Gesprächspartnern zugesagt. Zu Beginn meiner Studie bekam ich demnach auf zwei Wegen Unterstützung bei der Gewinnung von Gesprächspartnern. Zu einem wurde vom Justizministerium NRW die oben beschriebene Unterstützungsgrundlage für meine Studie an die Gerichte in Nordrhein-Westfalen geschickt. Zum anderen betrieb die Personaldezernentin am

Oberlandesgerichtsbezirk Werbung bezüglich der Teilnahme an meiner Studie.

Diese Unterstützung zeigte sich für mich als Forscher als hilfreich für die Gewinnung von Gesprächspartnern. So meldete sich zunächst ein Richter eigeninitiativ bei mir mit der Bereitschaft an meiner Studie teilzunehmen und stellte direkt Kontakt zu zwei weiteren Richter_innen mit Migrationshintergrund her. Auch meine vierte Gesprächspartnerin meldete sich eigeninitiativ und mein fünfter Gesprächspartner wurde mir über einen Personaldezernenten vermittelt, der auf meine Studie aufmerksam geworden war. Die Namen der Gesprächspartner sechs, sieben und acht wurden mir von den bereits befragten Richter_innen, von meiner Zweitbetreuerin bzw. deren Kontaktpersonen genannt. Die Kontaktaufnahme mit diesen potentiellen Gesprächspartnern und die Gewinnung für meine Untersuchung habe ich als Forscher anschließend selbst übernommen.

Die Erfahrungen, dass sich meine ersten Gesprächspartner eigeninitiativ meldeten oder mir über andere Feldmitglieder vermittelt wurden, waren auch für die weitere inhaltliche Ausrichtung meiner Studie wichtig und interessant. Nach meinen ersten Recherchen zu dem Themenkomplex und den ersten Expertengesprächen, hatte ich als Forscher phasenweise Zweifel, ob denn Richter_innen mit Migrationshintergrund im deutschen Justizsystem überhaupt ein interessanter und relevanter Untersuchungsgegenstand darstellen. Nach den ersten Rückmeldungen aus dem Feld, verstärkte sich für mich als Forscher aber der Eindruck, dass das Thema Richter_innen mit Migrationshintergrund durchaus als relevanter und interessanter Forschungsgegenstand zu werten ist, sowohl aus Sicht der migrantischen Richter_innen als auch aus Sicht anderer Feldmitglieder, wie beispielsweise Personaldezernenten an Gerichten.

Vor meinem ersten Gespräch mit einem Richter, diskutierte ich mit den anderen Teilnehmern des Forschungskolloquiums, wie eine gelungene Vorfeld-Kommunikation aussehen könnte, d. h. was konnte ich als Forscher bereits im Vorfeld der Gespräche dazu beitragen, um später erkenntnisreiche Gespräche führen zu können. Ein Ergebnis der Überlegungen war, dass ich meinen Gesprächspartnern vor den Gesprächen ein Informationsschreiben zukommen ließ, in der ich mich kurz als Person und zentrale Forschungsfragen der Untersuchung vorstelle. Dies sollte zum einen dem Zweck dienen, dass sich meine Gesprächspartner bereits vor den eigentlichen Gesprächen auf den Themenkomplex einstimmen konnten. Durch meine ersten Expertengespräche lag die Vermutung nahe, dass die Richter_innen bisher wenig Reflexionsmöglichkeiten bezüglich der Rolle ihres Migrationshintergrundes hatten. Darüber hinaus sollten die Gesprächspartner über dieses Informationsschreiben auf das besondere Setting einer qualitativen Untersuchung vorbereitet werden. Wie bei Breuer (2010, S. 63) empfohlen, wurde in dem Schreiben auch der Begriff „narratives Gespräch" verwendet, das mit den Kontaktierten geführt werden soll. Auf den Begriff *Interview* wurde verzichtet, da Gesprächspartner damit nach Breuer häufig Gespräche im Medienkontext assoziieren, mit strikten Frage-Antwort-Folgen und wenig narrativen Anteilen, wie sie in Grounded-Theory-Studien erwünscht sind.

Die Darstellung des formalen Rahmens (Genehmigung durchs Justizministerium NRW, Angaben finden nur in anonymisierter Form Eingang in Forschungsarbeit) sollte zudem zum Vertrauensaufbau im Vorfeld beitragen. Die Gesprächspartner zeigten dabei unterschiedliche Haltungen zu dem Thema Datenschutz und meines Umgangs mit den Gesprächsdaten. Konsens unter den Gesprächspartner war, dass die Gesprächsdaten nur in anonymisierter Form Eingang in meine Forschungsarbeit finden sollen, wie es auch im Informationsschreiben zu meiner Studie erläutert wurde. Auf dieser Basis kam es bei einem Teil meiner Gesprächspartner nicht zu einer tiefergehenden Thematisierung bezüglich meines Umgangs mit den Gesprächsdaten und die Gesprächspartner zeigten sich im Rahmen des Gesprächs gelassen bezüglich meiner Erläuterungen zur Aufnahme und Auswertung der Forschungsgespräche. Bei anderen Gesprächspartnern wurde stärkere Bedenken bezüglich dieser Aspekte deutlich. So ließen sich Gesprächspartner die Genehmigung durch das Justizministerium vor dem Gespräch vorlegen und im Rahmen des Forschungskontaktes wurden tiefergehende Fragen zu meinem

Umgang mit den Gesprächsdaten geäußert. Hierzu erklärte ich, dass ich die Gesprächsdaten nur dafür verwende, um bei der Darstellung meiner Ergebnisse Zitate in anonymisierter Form aufzuführen und dass keine Rückschlüsse auf meine Gesprächspartner möglich sein werden. Die geäußerten Bedenken bezüglich Datenschutzes von einem Teil meiner Gesprächspartner wirkten sich auch auf die Darstellung meiner Gesprächspartner in der hier vorliegenden Monografie aus, wie ich am Ende des Kapitels noch erläutern werde.

Ich führte alle Gespräche, ganz im Sinne der „Geh-Charakteristik" von Grounded Theory-Studien, direkt an den Gerichten, in den Büros meiner Gesprächspartner durch. Mein erstes Gespräch gestaltete ich als Forscher noch relativ offen, so bat ich zu Beginn meinen Gesprächspartner, mir zu erzählen, wie es dazu kam, dass er Richter wurde. Erst im Verlauf des Gesprächs kam es zu einer Fokussierung auf die Rolle seines Migrationshintergrundes im beruflichen Werdegang und Alltag als Richter. Nach der Analyse dieses ersten Gespräches und mit zunehmender theoretischer Sensibilität für meinen Forschungsgegenstand sowie differenzierteren modelltheoretischen Überlegungen, fokussierte ich als Forscher bei den weiteren Gesprächen stärker auf bestimmte Aspekte des beruflichen Erlebens der Richter_innen, was auch der Gesprächsleitfaden verdeutlicht, den ich ab dem zweiten Gespräch als Grundlage benutzte. Meine weiteren Gesprächspartner fragten im Vorfeld der Gespräche teilweise, welche Fragen auf sie zukommen würden. In diesen Fällen verschickte ich vorab den Gesprächsleitfaden, da ich es als Forscher nicht als hinderlich bewertete, wenn sich meine Gesprächspartner bereits vor unseren Gesprächen mit der Thematik selbstreflexiv auseinandersetzen.

Bezüglich des Führens der narrativen Gespräche war für mich als Forscher das Transkribieren meines ersten Gesprächs aufschlussreich. Bei dieser intensiven Auseinandersetzung mit dem Gespräch wurde mir deutlich, dass ich als Forscher den Erzählfluss meines Gegenübers zu wenig gefördert habe, beispielsweise durch das Verwenden von geschlossenen Fragen und durch zu schnelles Unterbrechen bzw. Nachfragen bei interessanten Gesprächspassagen. Auf Basis dieser Erkenntnisse, konnte ich meinen Gesprächsstil bei den nächsten Gesprächen dahingehend verbessern, dass ich meine Gesprächspartner stärker zum narrativen Erzählen animieren konnte.

Ein zentrales Prinzip der Grounded Theory-Methodik bezogen auf die Datenerhebung ist das so genannte *Theoretical Sampling.* Nach Breuer (2010) werden in Grounded Theory-Studien „Entscheidungen über die Stichprobenkonfiguration (...) prozessbegleitend getroffen, konsekutiv in Abhängigkeit vom jeweiligen Stand der eigenen Erkenntnis- und Theorieentwicklung" (S. 58). Im Gegensatz zu Hypothesen prüfenden Forschungsdesigns, in denen die Stichprobenzusammensetzung a priori festgelegt wird, sollen demnach die Untersuchungsobjekte in Grounded Theory-Studien nach konzeptueller Relevanz ausgewählt werden, wie es sich im Zuge der Theorieentwicklung ergebe. Die Entscheidung darüber, welcher Fall als nächstes untersucht wird, soll der Grounded Theory-Forscher im Forschungsverlauf immer wieder neu treffen. Wie mir auch die Diskussionen im Forschungskolloquium verdeutlichten, gelten dabei besonders Fälle als bereichernd, die die vorhandenen Konzepte erweitern und anreichern, in dem sie für den Forscher Unerwartetes und Konträres zu seinen eigenen Präkonzepten liefern.

In der vorliegenden Untersuchung konnte das Prinzip des *Theoretical Samplings* aber nicht angewendet werden, da die Anzahl an potentiellen Untersuchungspartnern selbst für den Maßstab einer Grounded Theory-Studie gering war. Bereits die ersten Recherchen und Expertengespräche ließen bei mir als Forscher den Eindruck stärker werden, dass ich bei der Stichprobenzusammensetzung nur geringe Variationsmöglichkeiten habe. Dieser Eindruck wurde nach den ersten narrativen Gesprächen weiter bestätigt, da meine Gesprächspartner mir nur vereinzelt Hinweise auf weitere Richter_innen mit Migrationshintergrund liefern konnten. Nachdem meine ersten fünf Gesprächspartner sich eigeninitiativ bei mir meldeten oder mir vermittelt wurden, recherchierte ich im Anschluss verstärkt selbst nach weiteren Gesprächspartnern und nahm selbst aktiv Kontakt zu potentiellen Untersuchungspartnern auf. Vor dem Hintergrund der insgesamt geringen Gesamtstichprobe, wurden die nächsten Untersuchungspartner aber weniger nach konzeptueller Relevanz ausgewählt, sondern vielmehr danach, ob sie bereit waren und Kapazitäten hatten mir als Gesprächspartner zur Verfügung zu stehen.

Am Ende des Forschungsprozesses hatte ich Gespräche mit acht Richter_innen geführt, darunter waren zwei weibliche und sechs männliche Gesprächspartner. Bezüglich der Migrationserfahrungen meiner Gesprächspartner lässt sich grob darstellen, dass sechs Richter_innen einen türkisch bzw. muslimischen Migrationshintergrund aufweisen und zwei Richter_innen aus Ländern der ehemaligen Sowjetunion abstammen. Ich habe mich dazu entschieden an dieser Stelle auf eine detailliertere Beschreibung meiner Gesprächspartner zu verzichten, um den meinen Gesprächspartnern versprochenen Schutz der Anonymität zu gewährleisten. So äußerte beispielsweise ein Gesprächspartner die Sorge, dass bereits eine detaillierte Beschreibung seines Migrationshintergrundes in Kombination mit der Auflistung der genauen Rechtsgebiete, in der meine Gesprächspartner arbeiten, möglicherweise eine Rückführung auf seine Person ermögliche, da es in Deutschland nur sehr wenige migrantische Richter_innen in diesem Rechtsgebiet gäbe. Da allen Gesprächspartner die anonyme Teilnahme an meiner Studie wichtig war und ich als Forscher die genaue Beschreibung meiner Stichprobe nicht als essentiell für das Verständnis der vorgelegten gegenstandsbegründeten Theorie halte, habe ich mich für diese Form der Darstellung meiner Stichprobe entschieden.

2.4.3 Datenauswertung: Offenes, axiales und selektives Kodieren

Die zentrale Methodik der Datenauswertung ist für den Grounded-Theory-Forscher das so genannte *Kodieren*, das als „Herzstück" (Breuer, 2010, S. 68) des Grounded Theory-Forschungsstils angesehen wird. Nach Strauss und Corbin (1996) stellt Kodieren „die Vorgehensweisen dar, durch die die Daten aufgebrochen, konzeptualisiert und auf neue Art zusammengesetzt werden" (S. 39). *Kodieren* ist somit der zentrale Prozess, durch den der Grounded-

Theory-Forscher aus dem qualitativen Datenmaterial verallgemeinernde Konzepte und Strukturen extrahiert und Theorien entwickelt. Durch die immer weitere Ausdifferenzierung des Grounded-Theory-Forschungsstils, finden sich in den Lehrbüchern viele unterschiedliche Sammlungen an Kodierprozeduren und -logiken. Nach Breuer (2010), führe die Vorstellung, es gäbe die „(einzig) richtige Vorgehensweise des Kodierens" in die Irre, auch weil sich im Laufe der individuellen GTM-Praxis bestimmte „persönlich-handwerkliche Stilvarianten" (S. 79) herausbilden würden.

Für mich als Forscher, zeigte sich der methodische Dreischritt aus *offenen, axialen* und *selektiven* Kodieren, wie er z. B. im Lehrbuch von Strauss und Corbin (1996) dargestellt wird, als hilfreiche und produktive Auswertungsheuristik, um aus meinen qualitativen Gesprächsdaten eine gegenstandsbegründete Theorie zu entwickeln.

Gemäß des iterativ-zyklischen Charakters des Forschungsprozesses, begann ich direkt nach meinem ersten Gespräch mit dem *offenen Kodieren* meines Datenmaterials. Das offene Kodieren stellt nach Strauss und Corbin (1996) „den analytischen Prozess dar, durch den Konzepte identifiziert und in Bezug auf ihre Eigenschaften und Dimensionen entwickelt werden" (S. 54). Beim offenen Kodieren werde nach Breuer (2010) versucht „Phänomenbeschreibungen aufzubrechen, in dem sie durch Oberbegriffe (Kodes) gekennzeichnet werden" (S. 80). Dieser Prozess solle offen und kreativ gehalten werden, über „assoziatives Brainstorming zu möglichen Bedeutungen (...) eines Textes" (S. 80) sollen typisierende Sprachausdrücke, Begriffe auf einem höheren Abstraktionsniveau gefunden werden. Ein grundlegendes analytisches Verfahren mit denen die abstrakteren Konzepte und Kategorien gefunden werden können, ist nach Strauss und Corbin (1996) das Anstellen von Vergleichen. So können durch das Anstellen von Vergleichen hinsichtlich Ähnlichkeiten und Unterschieden von Ereignissen in den Daten, ähnliche Ereignisse benannt und zu Kategorien gruppiert werden. Entdeckte, möglicherweise unerwartete Kontraste können zur Erweiterung des Forscherblicks beitragen und für die Eigenheiten und Dynamiken des Untersuchungsgegenstandes sensibilisieren. Ein weiteres grundlegendes analytisches Verfahren innerhalb des offenen Kodierens ist das Stellen von Fragen an die Daten. Nach Strauss und Corbin gibt es „bestimmte allgemeine Fragen, die gleichsam automatisch an die Daten gestellt werden können" (S. 58), da sie zur Entwicklung von Kategorien und deren Eigenschaften und Dimensionen beitragen. Diese Fragen lauten nach Strauss und Corbin „Wer? Wann? Wo? Was? Wie? Wieviel? Und Warum?" (S. 58).

In der Phase des offenen Kodierens konnte ich als Forscher selbst erleben, warum in den GTM-Lehrbüchern *Unsicherheitstoleranz* als wichtige Eigenschaft für jeden Grounded Theory-Forscher angesehen wird. So entdeckte ich zwar rasch übergeordnete Themen, Kodes und Kategorien-Kandidaten in der Analyse meiner ersten Gespräche, dennoch begleiteten mich stets Unsicherheiten hinsichtlich des Auflösungsniveaus meiner Analysen und der Frage der optimalen Distanz zwischen meinen Daten und den entwickelten Kodes und Kategorien. Auch fühlte ich mich als Forscher in dieser Phase häufig verloren, da die Fokussierung meiner Modellierung noch nicht feststand. In der Rückschau muss ich aber festhalten, dass diese Phasen der Unsicherheit und Orientierungslosigkeit wichtig waren, um den Forschungsprozess kreativ und produktiv zu gestalten. Zu frühe Festlegungen und damit verbundene gedankliche Eingrenzungen, hätten meine Offenheit gegenüber meinen Gesprächspartnern wohl geschmälert und die Kreativität in der Datenanalyse behindert.

Nachdem die Daten beim offenen Kodieren aufgebrochen und erste Kategorien, inklusive deren Eigenschaften und dimensionalen Ausprägungen, identifiziert wurden, geht es beim *axialen Kodieren* darum, diese Daten auf neue Art wieder zusammen zu setzen, „indem Verbindungen zwischen einer Kategorie und ihren Subkategorien ermittelt werden" (Strauss & Corbin, 1996, S. 76). In den Grounded Theory-Lehrbüchern werden verschiedene gegenstandsunabhängige Heuristiken vorgestellt, die als Systematiken und apriorische Strukturierungsvorgaben für das In-Beziehung-Setzen der herausgearbeiteten Kategorien dienen können.

Für mich als Forscher zeigte sich die Orientierung am so genannten *Paradigmatischen Modell*, wie es z. B. im Lehrbuch von Strauss und Corbin (1996) dargestellt wird, für die Entwicklung meiner gegenstandsbegründeten Theorie als sehr hilfreich. Strauss verfolgte in seiner Forschung eine interaktionale Handlungstheorie (vgl. Strauss, 1993), die zusammen mit einer epistemologischen Vorstellung der kausalen Bedingtheit von Sachverhalten den theoretischen Hintergrund bei der Entwicklung des Modells bildeten. Nach Breuer (S. 86) handelt es sich beim Paradigmatischen Modell „um eine nach Kausalitätslogik gebaute handlungstheoretische Vorstellung aus konsekutiv miteinander verketteten Komponenten". Die Komponenten des *Paradigmatischen Modells* sind nach Strauss und Corbin (1996, S. 75):

- *Ursächliche Bedingungen:* Ereignisse, Vorfälle, Geschehnisse, die zum Auftreten oder der Entwicklung eines Phänomens führen
- *Phänomen:* Die zentrale Idee, das Ereignis, Geschehnis, der Vorfall, auf den eine Reihe von Handlungen oder Interaktionen gerichtet ist, um ihn zu kontrollieren oder zu bewältigen oder zu dem die Handlungen in Beziehung stehen.
- *Kontext:* Die spezifische Reihe von Eigenschaften, die zu einem Phänomen gehören; d. h. die Lage der Ereignisse oder Vorfälle in einem dimensionalen Bereich, die sich auf ein Phänomen beziehen. Der Kontext stellt den besonderen Satz von Bedingungen dar, in dem die Handlungs- und interaktionalen Strategien stattfinden.
- *Intervenierende Bedingungen:* Die strukturellen Bedingungen, die auf die Handlungs- und interaktionalen Strategien einwirken, die sich auf ein bestimmtes Phänomen beziehen. Sie erleichtern oder hemmen die verwendeten Strategien innerhalb eines spezifischen Kontexts.
- *Handlung / Interaktion:* Strategien, die gedacht sind, um ein Phänomen unter einem spezifischen Satz wahrgenommener Bedingungen zu bewältigen, damit umzugehen, es auszuführen oder darauf zu reagieren.

- *Konsequenzen:* Ergebnisse oder Resultate von Handlung und Interaktion.

Bei der theoretischen Auseinandersetzung mit dem Paradigmatischen Modell, stellte ich als Forscher zunehmend fest, dass dieses Modell eine hilfreiche und produktive Strukturierungsmöglichkeit für meine Daten darstellt. Wie oben beschrieben, hatte ich durch das offene Kodieren meiner ersten Gespräche, zahlreiche Kodes und Kategorien-Kandidaten entwickelt. Beim axialen Kodieren mithilfe des Paradigmatischen Modells stellte ich fest, dass sich meine aus den Primärdaten extrahierten Kodes und Kategorien sehr gut den verschiedenen Komponenten des Modells zuordnen lassen. Ein derartiges Anwenden von a priori bestehenden Strukturierungsmodellen wurde u. a. von Glaser kritisiert, da dies die konzeptuelle Offenheit und die Emergenz theoretischer Strukturen durch intensive Auseinandersetzung mit den Daten behindere. Für Glaser sind Vorgaben wie sie das Paradigmatische Modell liefere „theoriebezogene Zwangsstrukturen, die den Daten übergestülpt werden" (zitiert nach Breuer, 2010, S. 85).

Für mich als Novize des Grounded-Theory-Forschungsstils stellte das Paradigmatische Modell aber eine sehr sinnvolle und inspirierende theoretische Rahmung dar, durch die ich Verbindungen zwischen den Kategorien entwickeln konnte. Ich erlebte die Vorgaben nicht als einengende Zwangsstrukturen, sondern als Basis, auf der ich kreativ und zielführend arbeiten konnte. In der selbstreflexiven Auseinandersetzung stellte ich fest, dass das axiale Kodieren nach dem Paradigmatische Modell auch deshalb bei mir auf fruchtbaren Boden fiel, da mir der handlungstheoretische Hintergrund dieses Vorgehens aufgrund meiner verhaltenstherapeutischen Psychotherapie-Ausbildung vertraut erschien.

Der methodische Dreischritt des Kodierens wird mit dem *Selektiven Kodieren* komplettiert. Nach Breuer (2010) handelt es sich dabei gewissermaßen um Axiales Kodieren „auf einem Niveau höherer Abstraktion, allgemeinerer Theoretisierungsstufe" (S. 92). Der Fokus beim Selektiven Kodieren liegt auf dem Entwickeln einer *Schlüssel- bzw. Kernkategorie,* das als konzeptuelles Zentrum der entwickelten, gegenstandsbegründeten Theorie dienen soll. Nach Strauss (1991, S. 67) sind Kriterien für eine gute Schlüsselkategorie u. a., dass sie einen Bezug hat zu möglichst vielen anderen Kategorien, dass sie häufig im Datenmaterial vorkommt und dass die Theorie sich merklich weiterentwickelt, wenn die Details der Schlüsselkategorie analytisch ausgearbeitet sind. Aus der Wahl der Kernkategorie ergebe sich nach Breuer (2010) zudem eine Entscheidung des Forschers über die so genannte *Story Line* der entwickelten Theorie, d. h. „den roten Faden (...) der zu erzählenden Geschichte, der Ergebnisdarstellung des Forschungsprojektes" (S. 92). Die Story Line und die Elaborierung der Kernkategorie der vorgelegten, gegenstandsbegründeten Theorie werde ich im Ergebnisteil genauer beschreiben.

An dieser Stelle bleibt nochmal zu betonen, dass der methodische Dreischritt des Kodierens in Grounded Theory-Studien nicht linear ablaufen sollte (vgl. Breuer, 2010, S. 93). So stellte auch ich als Forscher fest, dass es durchaus sinnvoll und produktiv sein kann nach dem axialen bzw. selektiven Kodieren, nochmals zum offenen Kodieren zurückzukehren. Auf diese Weise gelang es mir als Forscher beispielsweise bestimmte Komponenten meines Modells weiter auszudifferenzieren und sprachlich zu verfeinern. Ganz im Sinne des iterativ-zyklischen Charakters des Forschungsprozesses kann es zudem hilfreich sein, beim axialen Kodieren entwickelte theoretische Aspekte durch eine gezieltere Datenerhebung zu erweitern.

Die grobe Modellierungslogik der vorliegenden Untersuchung entwickelte sich durch den dargestellten Kodier-Dreischritt der ersten fünf Gespräche, die weiteren Gespräche dienten zur Ausdifferenzierung der Modellkomponenten. In der Rückschau auf meinen Forschungsprozess muss ich selbstkritisch festhalten, dass die Erhebung der ersten vier Gespräche zu schnell hintereinander folgte. Nach dem offenen Kodieren des ersten Gespräches und dem Erheben des zweiten Gespräches hätte ich vor dem Erheben der nächsten Gespräche mehr Zeit in das axiale Kodieren und in vertiefte Überlegungen bezüglich einer möglichen Modellierungslogik investieren sollen. Auf der Basis einer elaborierteren

Modellierungslogik hätten die Gespräche drei bis fünf eventuell noch produktiver gestaltet werden können.

2.5 Selbstreflexivität

2.5.1 Theoretische Grundlagen

In der Rückschau auf meine Untersuchung, spüre ich, dass der methodische Aspekt der Selbstreflexivität für mich als Forscher mit die spannendste und lehrreichste Erfahrung des Forschungsprozesses war. Die selbstreflexive Haltung, die ich mir im Zuge der Forschung mehr und mehr angeeignet habe, wird mich sicherlich auch über die Abgabe der Forschungsarbeit hinaus weiter nachhaltig prägen. Dabei war zu Beginn meines Forschungsprozesses die Selbstreflexivität als wichtiger Bestandteil der *Reflexiven* Grounded Theory für mich als Forscher noch wenig greifbar. Ich akzeptierte die Bedeutung der Selbstreflexivität eher auf theoretischer Ebene, da sie in dem Forschungsansatz der Reflexiven Grounded Theory (Breuer, 2010), den ich für meine Untersuchung anwenden wollte, immanent als bedeutsames methodisches Werkzeug enthalten ist.

Dem Forschungsstil der Reflexiven Grounded Theory liegt nach Breuer (2010, S. 115f.) die Auffassung zugrunde, dass der Forscher selbst als Subjekt im Kontext der sozialwissenschaftlichen Erkenntnisarbeit vorkomme. Nach der Auffassung von Breuer werden individuell-subjektive Voraussetzungen eines Forschers üblicherweise in der wissenschaftlichen Arbeit nicht explizit thematisiert, da sie mit dem Objektivitätsideal wissenschaftlichen Arbeitens scheinbar nicht im Einklang zu bringen sind. Ohne Selbstreflexion dieser Voraussetzungen eines Forschers bestehe aber nach Breuer (2010) die Gefahr, dass diese als gegenstandsbezogene Vorverständnisse unhinterfragt, quasi „hinter dem Rücken“ (S. 116) der Forschenden, in die Denkweisen und Forschungspraktiken einfließen. Da die Subjekthaftigkeit des Forschungshandelns aber unvermeidlich sei, werde diese in der Reflexiven Grounded Theory ernst genommen und methodisch berücksichtigt.

Ein hilfreicher methodischer Rahmen sei dabei eine epistemologischer Reflexionsfigur, die von Arne Raeithel (1983, 1998) entworfen wurde und die u. a. aus den Komponenten *Urzentrierung* und *Dezentrierung* bestehe. Demnach bedeute *Urzentrierung,* dass das Subjekt unmittelbar aus seiner Tätigkeit auf den Gegenstand schaue, ohne sein Verhältnis zum Gegenstand zu reflektieren. *Dezentrierung* meint hingegen den Vorgang des Distanzgewinnens zu eigenen Handlungsmustern, die Einnahme eines Metastandpunktes gegenüber der eigenen Ausgangsperspektive und damit das Reflexiv-Werdes hinsichtlich der urzentrierten subjektiven Ausgangskonzepte (vgl. Breuer, 2010, S. 116). Die epistemologische Figur der Dezentrierung führt zum methodischen Kern der *Reflexiven* Grounded Theory.

Nach Breuer sind mit Dezentrierungs- und Selbstreflexions-Techniken Verfahren gemeint, die dazu dienen, „die eigene Person des Forschers im sozialwissenschaftlichen Erkenntnisprozess zu thematisieren und im Verhältnis zum Gegenstand zu analysieren" (Breuer, 2010, S. 122-123). Auf diese Weise soll der „(Objektivitäts-) Nachteil durch die Subjektivität des Forschenden zu einem epistemologischen Vorteil" werden, in dem die „interaktive Charakteristik der Forschungssituation als potentiell ergiebiges Erkenntnisfenster" (Breuer, 2010, S. 140) genutzt werde.

Diese geforderte Thematisierung der eigenen Person im Forschungsprozess war für mich als Forscher im Rahmen von wissenschaftlichem Arbeiten neu und herausfordernd, aber auch sehr spannend und erkenntnisreich. Im Folgenden möchte ich darstellen, mit welchen Techniken der Selbstreflexion ich dem Anspruch der Dezentrierung zu entsprechen versucht habe.

2.5.2 Verfahren der Selbstreflexion

Ein zentrales Werkzeug der Selbstreflexion war für mich mein Forschungstagebuch. Inspiriert durch die anderen Teilnehmer des Forschungskolloquiums, legte ich mir zu Beginn meiner Forschungstätigkeit ein Forschungstagebuch zu. Ich selbst hatte weder biografisch Erfahrungen mit dem Führen von Tagebüchern, noch waren mir Tagebücher im Rahmen von wissenschaftlichem Arbeiten bekannt. Ich fand als GTM-Forscher aber rasch einen guten Zugang zu diesem Werkzeug. Mein Forschungstagebuch war für mich ein intimer Ort, der mir erlaubte, meine Gedanken und Erkenntnisse im Zuge des Forschungsprozesses unzensiert, frei assoziierend und ohne den Anspruch an Elaboration schriftlich festzuhalten. Da mich das Forschungstagebuch ständig begleitete, erinnerte es mich auch durch seine Existenz an sich, an die Notwendigkeit der Selbstreflexion im Forschungsprozess. Eine weitere charmante Funktion des Forschungstagebuches konnte ich besonders gegen Ende meiner Untersuchung feststellen. Durch das chronologische Aufzeichnen lässt sich über das Forschungstagebuch sehr schön die Entstehungsgeschichte der gegenstandsbegründeten Theorie rekapitulieren. Wichtige Themenbereiche meines Forschungstagebuches waren meine persönlichen Berührungspunkte und Präkonzepte zu meinem Untersuchungsgegenstand, die thematischen Fokussierungen sowie die Reflexion der Interaktionen mit meinen Gesprächspartnern.

Neben dem Führen eines Forschungstagebuches waren der regelmäßige Austausch mit meinen Betreuern und den anderen Teilnehmern des Forschungskolloquiums meine wichtigsten Plattformen der Selbstreflexion.

Mithilfe dieser Selbstreflexions-Techniken konnte ich feststellen, dass durch das stetige Pendeln zwischen Einlassung auf den Untersuchungsgegenstand und Distanz-Nehmen vom Untersuchungsgegenstand für mich als Forscher wichtige Erkenntnisse für meine Untersuchung entstanden. Meine wichtigsten selbstreflexiven Erkenntnisse habe ich an den passenden Stellen der Monografie eingeflochten.

3. Ergebnisse: Eine gegenstandsbegründete Theorie zu Richterinnen und Richtern mit Migrationshintergrund an deutschen Gerichten

Um eine gute Integration der Ergebnisse der Datenauswertung zu einer gegenstandsbegründeten Theorie zu erreichen, sei es nach Strauss und Corbin (1996) „erst einmal notwendig, sich selbst auf einen roten Faden der Geschichte festzulegen und diesen zu formulieren". Es gehe dabei um die Entwicklung einer „beschreibenden Geschichte über das zentrale Phänomen der Untersuchung" (S. 96). Die Basis für diesen analytischen Prozess sei natürlich zunächst, dass der GTM-Forscher das zentrale Phänomen in seinen Daten entdeckt und diesem einen Namen gibt.

Im Zentrum der im Folgenden dargestellten gegenstandsbegründeten Theorie zu Richter_innen mit Migrationshintergrund steht das *Salient werden des Migrationshintergrundes* der Richter_innen. Dieses *Salient werden des Migrationshintergrundes* ist das zentrale Phänomen der vorgelegten Theorie, da sich alle anderen Modell-Komponenten in Beziehung setzen lassen zu dieser Kategorie. In der Terminologie des Grounded Theory-Forschungsstils ist das *Salient werden des Migrationshintergrundes* die Kernkategorie der vorgelegten gegenstandsbegründeten Theorie. Eine ausführliche Darstellung der Elaborierung dieser Kernkategorie im Forschungsverlauf folgt in Kapitel 3.2.

Der rote Faden der vorgelegten gegenstandsbegründeten Theorie zu Richter_innen mit Migrationshintergrund an deutschen Gerichten beginnt mit der Darstellung der Bedingungen, die dazu führen, dass der Migrationshintergrund der Richter_innen salient wird. Das Salient werden des Migrationshintergrundes findet nach Analyse der empirischen Daten in Interaktionen mit migrantischen Rechtsunterworfenen und in Interaktionen mit Kolleg_innen statt, wenn der Migrationshintergrund in diesen Interaktionen direkt oder indirekt angesprochen wird. Es werden modelltheoretisch die *Welt der Rechtsunterworfenen* und die *Welt der Kolleg_innen* aufgespannt, in denen sich die migrantischen Richter_innen bewegen und in denen bestimmte Bedingungen dazu führen, dass der Migrationshintergrund der Richter_innen salient wird.

Der rote Faden führt im Folgenden zu der Darstellung, wie die migrantischen Richter_innen in den beiden sozialen Welten mit ihrem salient gewordenen Migrationshintergrund umgehen. Es werden drei unterschiedliche Haltungen dargestellt, die die migrantischen Richter_innen hinsichtlich der Beziehung zwischen ihrem Migrationshintergrund und ihrem Richteramt einnehmen und die den Umgang der Richter_innen mit ihrem salient gewordenen Migrationshintergrund beeinflussen. Auf konkreter Strategieebene werden mit Fokussierungs- und Defokussierungsstrategien zwei Strategiegruppen dargestellt, die die Richter_innen anwenden, um mit der Salienz ihres Migrationshintergrundes umzugehen. Zusätzlich werden intervenierenden Bedingungen dargelegt, die das Salient werden des Migrationshintergrundes und den Umgang der Richter_innen mit dieser Salienz beeinflussen. Der rote Faden endet mit der Darstellung der Konsequenzen, die sich aus der Anwendung die Strategien ergeben. Zusätzlich zu diesem roten Faden der vorliegenden Untersuchung, werden Aspekte des deutschen Justizsystems dargestellt, die als Kontextraum die individuellen Aushandlungen der migrantischen Richter_innen beeinflussen.

3.1 Das deutsche Justizsystem als Kontextraum für die Aushandlungsprozesse der migrantischen Richter_innen

Nach Strauss und Corbin (1996) stellt der Kontext innerhalb des paradigmatischen Modells den „besonderen Satz von Bedingungen dar, innerhalb dessen die Handlungs- und Interaktionsstrategien stattfinden, um ein spezifisches Phänomen zu bewältigen, damit umzugehen, es auszuführen und darauf zu reagieren" (S. 80-81).

Die vorliegende Untersuchung legt eine gegenstandsbegründete Theorie dazu dar, wie migrantische Richter_innen mit dem Phänomen des *Salient werdens ihres Migrationshintergrundes* in Interaktionen mit migrantischen Rechtsunterworfenen und mit Kolleg_innen umgehen. Die Analyse der Gesprächsdaten und die theoretische Beschäftigung mit dem Gegenstandsfeld zeigte, dass diese Aushandlungsprozesse der migrantischen Richter_innen maßgeblich von Kontextbedingungen beeinflusst werden, die im Zusammenhang stehen mit zentralen Charakteristika des Richteramtes in Deutschland und mit dem aktuellen Umgang des deutschen Justizsystems hinsichtlich des Migrationshintergrundes von Richter_innen.

Im Folgenden möchte ich die Kontextbedingungen näher elaborieren, die für das Verständnis der vorgelegten gegenstandsbegründeten Theorie maßgeblich sind. Als Quelle für den im Folgenden dargestellten Kontextraum diente zum einen das empirische Datenmaterial aus den Gesprächen mit den migrantischen Richter_innen und zum anderen werden theoretische Literaturquellen zur Veranschaulichung herangezogen.

Abbildung 1 veranschaulicht grafisch die Bedeutung der unterschiedlichen Kontextbedingungen und den Einfluss dieser Kontextbedingungen auf die individuellen Aushandlungsstrategien der migrantischen Richter_innen. Im äußeren Ring sind gesetzlich verankerte Grundcharakteristika des Richterberufes dargestellt, die sowohl den aktuellen Umgang des Justizsystems mit Migrationserfahrungen von Richter_innen, als auch die individuellen Aushandlungsstrategien der Richter_innen beeinflussen. Der aktuelle Umgang des Justizsystems wird nach der Logik der hier vorgestellten Theorie im mittleren Ring dargestellt, da er von den Grundcharakteristika beeinflusst wird und gleichzeitig den individuellen Umgang der Richter_innen beeinflusst. Im Zentrum stehen die individuellen Aushandlungen der migrantischen Richter_innen mit dem Salient werden ihres Migrationshintergrundes, die von den Kontextbedingungen der beiden äußeren Ringe beeinflusst werden.

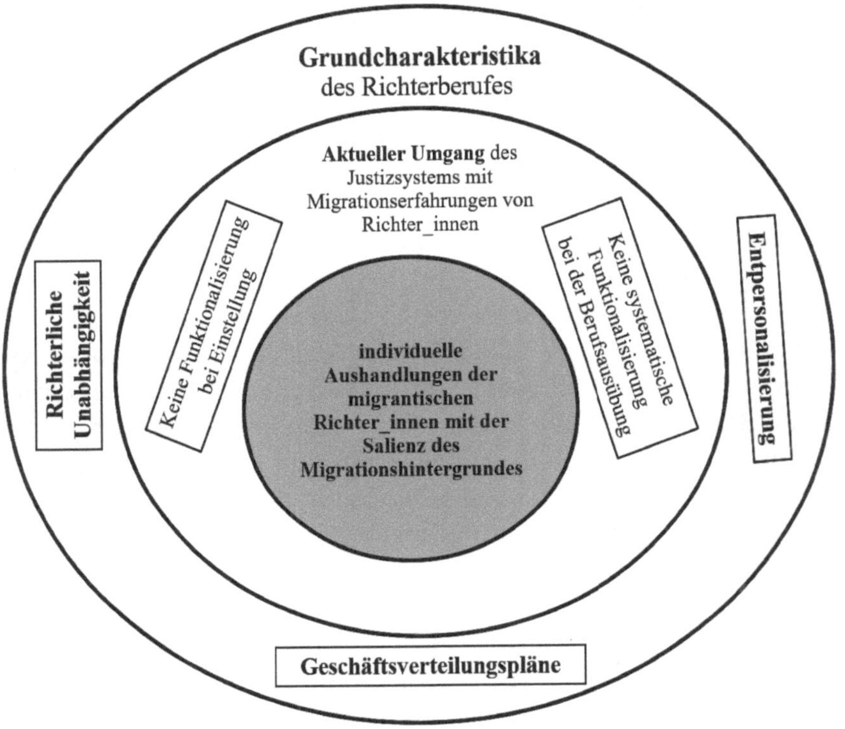

Abb. 1: Grundcharakteristika des Richterberufes und der aktuelle Umgang des deutschen Justizsystems mit Migrationserfahrungen von Richter_innen beeinflussen als Kontextbedingungen die Aushandlungsstrategien der migrantischen Richter_innen.

3.1.1 Gesetzlich verankerte Grundcharakteristika des Richteramtes in Deutschland

Für mich als Forscher war das Richteramt präkonzeptionell mit Autorität und staatstragender Ausstrahlung verbunden. Wie die Analyse der Gesprächsdaten zeigte, nehmen auch die migrantischen Richter_innen selbst wahr, dass das Richteramt an sich und dessen Ausstrahlung auf die Umwelt einen entscheidenden Faktor ihrer täglichen Berufsausübung darstellt und dass das Bekleiden des Richteramtes sie in ihrer Wahrnehmung von anderen Berufsgruppen unterscheidet.

> *„Es ist ein Amt, wo die meisten Leute ja Respekt vor haben. Wenn da ein Richter sitzt oder steht, da hat man schon ein bisschen Respekt vor (...) man merkt schon, wie die Leute teilweise dann in den Sitzungssaal kommen. Die stehen dann mit zusammengeschränkten Armen vorne. Also das würde man vor einem Polizeibeamten oder einem Lehrer nicht machen." (3.7.11-16)*

Diese grundlegende Ausstrahlung des Richteramtes auf die soziale Umwelt führt auch dazu, dass migrantische Richter_innen nach der Logik der hier vorgestellten Theorie alleine aufgrund des Amtes weniger leicht auf ihr Migrant-sein angesprochen werden, als dies möglicherweise bei anderen Berufsgruppen der Fall ist. Interessant in diesem Zusammenhang ist auch die Wahrnehmung von Gesprächspartnern, dass sie als Privatperson häufiger auf ihren Migrantenstatus angesprochen werden, als dies in ihrer Tätigkeit als Richter_in geschieht.

> *„(...) also das ist natürlich so, dass man, wenn man auf dem Richterstuhl sitzt, ist noch immer ein gewisser Respekt noch da. Und die Parteien trauen sich nicht, das zu fragen. Da ist auch kein Raum dafür, weil wir sachlich verhandeln. Also geht nicht darum, wo jemand herkommt oder so." (8.15.8-12)*

Wie im Theorieteil erläutert, kommt es auch bei migrantischen Lehrkräften, Politiker_innen und Polizist_innen zu Aushandlungsprozessen bezüglich ihres sozialen Merkmals Migrationshintergrund. Diese Aushandlungsprozesse sind jedoch in deutlich andere Kontextbedingungen eingebettet, wie dies bei migrantischen Richter_innen der Fall ist. Zum Verständnis des vorgelegten Untersuchungsgegenstandes ist es daher essenziell die Kontextbedingungen darzulegen, in denen die Aushandlungsprozesse der migrantischen Richter_innen eingebettet sind. Zunächst möchte ich die Grundcharakteristika des Richteramtes in Deutschland beschreiben, die maßgeblich als Kontextbedingungen innerhalb der vorgelegten gegenstandsbegründeten Theorie wirken.

3.1.1.1 Richterliche Unabhängigkeit

Die besondere Aura des Richterberufes ist nicht nur eine sozialkonstruktivistische Bedeutungszuschreibung, sondern sie hat auch eine faktische Grundlage, denn Richter_innen wird im politischen System der Bundesrepublik Deutschland eine bedeutende Funktion zugeschrieben. Die gesetzliche Verankerung dieser bedeutenden Funktion findet sich in Artikel 92 des Grundgesetzes (vgl. Deutscher Bundestag), in dem festgehalten ist, dass „die rechtsprechende Gewalt den Richtern anvertraut ist". Als so genannte Dritte Staatsgewalt neben der Legislative und der Exekutive, sollen Richter_innen das Prinzip der Gewaltenteilung aufrechterhalten und zu einer funktionierenden Demokratie in Deutschland beitragen.

Damit Richter_innen ihre bedeutende Funktion für die Demokratie in Deutschland ausfüllen können, wird ihnen per Grundgesetz die so genannte *Richterliche Unabhängigkeit* zugesprochen. So ist in Artikel 97 des Grundgesetzes niedergeschrieben, dass „Richter unabhängig und nur dem Gesetze unterworfen" sind. Neben dieser so genannten *sachlichen* Unabhängigkeit wird den Richtern in Artikel 97 auch die so genannte *persönliche* Unabhängigkeit garantiert, in dem die rechtlichen Hürden für eine Entlassung oder Versetzung eines Richters sehr hochgelegt werden. Inwieweit die richterliche Unabhängigkeit im beruflichen Alltag der Richter_innen tatsächlich gegeben ist, ist ein komplexes juristisches Problem (vgl. Wittreck, 2014, S. 137 f.), dessen Erörterung an dieser Stelle zu weit führen würde. Die Analyse der Gesprächsdaten zeigt, dass die Unabhängigkeit des Richterberufes für die migrantischen Richter_innen von zentraler Bedeutung für ihre berufliche Motivation und ihre Identifizierung mit dem Richteramt ist.

> *„Also das, was einen gereizt hat ist die Tatsache, dass man wirklich unabhängig entscheiden kann. Man ist im Prinzip nur dem Gesetz und seinem Gewissen unterworfen. Was mich jetzt im Nachhinein auch sehr reizt, das nimmt man von außen oder hab ich damals von außen gar nicht so wahrgenommen, ist auch die persönliche Unabhängigkeit."* (3.5.22-26)

Die richterliche Unabhängigkeit kann in der beruflichen Karriereplanung nach Analyse der Daten für migrantischen Richter_innen eine entscheidende Anziehungskraft hin zum Richteramt ausüben. So wird beispielsweise die richterliche Unabhängigkeit als entscheidender Vorteil des Richteramtes im Vergleich zu einer Tätigkeit als Anwalt gewertet.

> *„(...) also jetzt als Rechtsanwältin (...) man musste schon schauen, wie man den Mandanten bei der Stange hält, wie man ihn zufrieden stellt. (...) Und das ist so der riesige Vorteil bei der richterlichen Tätigkeit. Man kann die Wahrheit erforschen und die Sache so entscheiden, wie man denkt so war es auch. Muss nicht versuchen da rum zu lügen für den Mandanten. Das ist der riesige Vorteil."* (4.14.26-44)

Die Erkenntnis der vorliegenden Untersuchung, dass die richterliche Unabhängigkeit von zentraler Bedeutung für die berufliche Identität der migrantischen Richter_innen ist, deckt sich mit Ergebnissen anderer Studien. So zeigt die Untersuchung von Berndt (2010), in der die Selbsttypisierungen von Richterinnen und Richtern analysiert wurden, dass Unabhängigkeit das „wesentliche identitätsstiftende Kriterium in den Selbsttypisierungen der Richter" (S. 243) darstellt. Die wahrgenommene Unabhängigkeit sei bei den Richtern auch hauptverantwortlich für die hohe Motivation für und Zufriedenheit mit dem Richterberuf. Berndt spricht in seiner Analyse gar „von einem Geist der Unabhängigkeit" (S. 257), der die Selbsttypisierungen der Richter durchdringe und als grundlegendes Selbstverständnis die gesamte Richterschaft präge. Die Unabhängigkeit sei somit auch ein „wesentliches Kennzeichen der Richter in Abgrenzung zu anderen Berufen" (S. 257).

Wenn man also Aushandlungsprozesse von migrantischen Richter_innen bezüglich ihres sozialen Merkmals Migrationshintergrund mit den Aushandlungsprozessen von Migrant_innen anderer Berufsgruppen vergleicht, muss die Unabhängigkeit des Richterberufes als maßgebliche Kontextbedingung mitberücksichtigt werden. Die richterliche Unabhängigkeit gewährt den migrantischen Richter_innen deutlich mehr Freiheit in den

Aushandlungsprozessen bezüglich ihres sozialen Merkmals Migrationshintergrund als dies anderen Berufsgruppen wie Lehrer_innen oder Polizist_innen möglich ist, die in beruflichen Systemen mit stärkeren Abhängigkeiten eingebunden sind. Diese Unabhängigkeit führt dazu, dass die Aushandlungsprozesse von migrantischen Richter_innen deutlich stärker von persönlichen Haltungen geprägt sind, die Richter_innen bezüglich ihres eigenen Migrationshintergrundes einnehmen, was die weitere Ergebnisdarstellung näher erläutern wird.

3.1.1.2 Entpersonalisierung im Richteramt

Neben der Richterlichen Unabhängigkeit, ist ein weiteres prägendes Charakteristikum des Richterberufs der Anspruch an das Richteramt, dass Richter im Gerichtssaal nicht als private Individuen agieren sollen, wie auch die Gesprächspartner der vorliegenden Untersuchung bestätigen.

> *„Der Richter zieht in der mündlichen Verhandlung nicht umsonst die Robe an. Das ist das Zeichen des Amtes und soll ihn auch etwas entpersonifizieren." (2.2.42-44)*

Nach Rottleuthner (1973) ist diese „Entpersonalisierung" eine zentrale „Berufsanforderung" für Richterinnen und Richter (S. 139). Der Anspruch an Entpersonalisierung findet seinen symbolischen Ausdruck in der Richterrobe. Indem Richter_innen und Anwälte vor Gericht in Roben auftreten, soll auch durch das Äußere unterstrichen werden, dass sie vor Gericht nicht als Privatpersonen, sondern als Vertreter des Rechtssystems auftreten. Für die Richter_innen an den Gerichten in Nordrhein-Westfalen beispielsweise legt die „Anordnung über die Amtstracht bei den Gerichten" des Justizministeriums des Landes Nordrhein-Westfalens (2006) im Detail fest, wie sich die Richter_innen in den Gerichtsälen zu kleiden haben. Hier wird u. a. vorgeschrieben, dass Richter_innen am Oberlandesgericht karmesinrote, Richter_innen an ordentlichen Gerichten und Gerichten der Arbeitsgerichtsbarkeit schwarze sowie Richter_innen bei den übrigen Gerichten dunkelblaue Roben tragen müssen. Den beabsichtigten Effekt der Entpersonalisierung durch die Richterrobe nehmen auch die migrantischen Richter_innen der vorgelegten Untersuchung wahr.

> *„Weil ich primär das Gefühl habe, dass in Verhandlungen beispielsweise gar nicht so meine Person, oder mein Hintergrund eine Rolle spielt, sondern viel eher das Amt im Vordergrund steht. Also in dem Augenblick, wo ich diese Robe anhabe, werde ich glaub ich gar nicht als Mensch mit Migrationshintergrund oder als Mann oder als großer Mann oder als dunkelhaariger Mann oder was auch immer, primär zumindest, nicht wahrgenommen, sondern als dieser Amtsträger."* (5.1.24-29)

Als Kontextbedingung für die vorgelegte gegenstandsbegründete Theorie führt das Tragen einer Richterrobe dazu, dass das soziale Merkmal Migrationshintergrund der Richter_innen während den Gerichtsverhandlungen weniger salient ist. Dies wird auch dadurch unterstrichen, dass ihr Migrationshintergrund aus der Perspektive der migrantischen Richter_innen in Situationen leichter salient wird, in denen die Richter_innen keine Robe tragen, wie ich bei der Darstellung der *Welt der Rechtsunterworfenen* und der *Welt der Kolleg_innen* nähern erläutern werde.

Der Anspruch an Entpersonalisierung, der im Tragen einer Robe seinen symbolischen Ausdruck findet, ermöglicht migrantischen Richter_innen nach der Logik der hier vorgestellten Theorie per se einen selbstbestimmteren Umgang mit ihrem Migrationshintergrund, als dies beispielsweise Lehrkräften möglich ist, da in diesem Beruf der Anspruch an Entpersonalisierung deutlich geringer ausgeprägt ist. So können sich migrantische Richter_innen stets auf die Berufsanforderung der Entpersonalisierung berufen, wenn ihre eigenen Migrationserfahrungen nicht thematisiert werden sollen, was insgesamt einen selbstbestimmteren Umgang mit dem sozialen Merkmal ermöglicht.

> *„(...) ich als Mensch, spielt da, darf eigentlich keine Rollen spielen. Also wir treten ja mit Robe, weißem Hemd und Krawatte auf, weil unser Amt ja im*

Vordergrund steht. Und dass wir als Persönlichkeit, als Mensch eigentlich zurücktreten sollen. Also auch wenn ich auf dem Richterstuhl bin, bin ich ja Teil des Staates, ich übe ja hoheitliche Gewalt aus. Und stehe für den Staat und nicht für mich persönlich." (8.12.22-27)

Neben der Entpersonalisierung nach außen, symbolisiert durch das Tragen einer Robe, nehmen die Richter_innen den Anspruch an Entpersonalisierung auch bezüglich ihres Denkens und Urteilens wahr. So fördere die juristische Ausbildung, dass die eigene Persönlichkeit auch im richterlichen Denken und Urteilen ausgeklammert werden soll, es also neben der äußerlich sichtbaren, auch zu einer inneren Entpersonalisierung bei den Richter_innen kommen soll.

„Also Sie denken als Jurist schon ganz anders. Ich mein, das wird Ihnen ja eingeprügelt im Studium und dann im Referendariat noch mal. Und als Richter sowieso. Man kommt in so eine Maschinerie da rein, wo es bestimmte Art und Weise gibt, wie man denkt, wie man handelt. Also bezogen auf die Arbeit natürlich. Und da ist, der kulturelle Hintergrund spielt keine Rolle" (8.30.20-25)

Im Alltag kann die Berufsanforderung der Entpersonalisierung dennoch für Richter_innen immer wieder eine große Herausforderung darstellen, wie die Ergebnisse der vorliegenden Studie zeigen. So ist den Richter_innen auf der einen Seite der Anspruch an Entpersonalisierung stets bewusst, auf der anderen Seite nehmen sie wahr, dass ihre individuelle Persönlichkeit dennoch eine große Relevanz beim Ausführen des Richteramtes haben kann.

„Also das ist natürlich jetzt psychologisch eine gewisse Zwischenstellung. Weil einerseits muss ich in der Lage sein (...) relativ schnell auch irgendwo mal die Verhandlung zu führen und dazu gehört natürlich auch eine persönliche Interaktion, klar. Aber auf der anderen Seite, das rein Persönliche, Private bleibt außen vor." (2.2-3.44-3)

Neben der Richterlichen Unabhängigkeit, stellt also der Anspruch an Entpersonalisierung ein wichtiges Grundcharakteristikum des Richterberufes dar, da es die individuellen Aushandlungsprozesse von migrantischen Richter_innen grundlegend beeinflusst. Bei der Darstellung der *Welt der Rechtsunterworfenen* und der *Welt der Kolleg_innen* werde ich beschreiben, wie migrantische Richter_innen, trotz dieses Anspruches an Entpersonalisierung, ihre persönlichen Migrationserfahrungen in ihre Tätigkeit als Richter_in einfließen lassen.

3.1.1.3 Geschäftsverteilungspläne

Eine weitere wichtige Kontextbedingung für die vorliegende gegenstandsbegründete Theorie, stellen die so genannten *Geschäftsverteilungspläne* der Gerichte dar. Für mich als Forscher kristallisierte sich die konzeptionelle Bedeutung der Geschäftsverteilungspläne für meinen Untersuchungsgegenstand direkt in meinem ersten Gespräch heraus. Präkonzeptionell und noch mit geringer theoretischer Sensibilität ausgestattet, ging ich als Forscher vor meinem ersten Gespräch noch davon aus, dass möglicherweise innerhalb der Arbeitsabläufe im Justizsystem z. B. eine gezielte Zuteilung von migrantischen Richter_innen zu migrantischen Rechtsunterworfenen möglich sei. Aber bereits die Auswertung des ersten Gesprächs offenbarte, dass diese gezielte Zuteilung durch die Geschäftsverteilungspläne der Gerichte nicht möglich ist.

> *„I: (...) also ist das manchmal schon so, dass Sie dann so in Anführungszeichen so ein bisschen Spezialaufgaben, ok da kommt eine Familie mit Migrationshintergrund, man hat mittlerweile so gemerkt, sie können das besonders gut, passiert da so was in der Kollegenschaft? Ist das überhaupt Thema?*
> *B: Geht gar nicht. (...) ist ja im Grundgesetz verankert, jeder hat das Recht auf den gesetzlichen Richter und deswegen auch diese Geschäftsverteilungspläne. Muss also vorher feststehen, wenn ich einen Fall habe, der zu Gericht kommt, zu welchem Richter ich komme, das ist mein gesetzlicher*

Richter. Deswegen gibt es einen Geschäftsverteilungsplan, wo drinsteht, der Richter X, der bearbeitet Erbsachen" (1.33.1-11)

Ausgehend von der Auswertung des ersten Gespräches, arbeitete ich als Forscher auch über die theoretische Beschäftigung und Literaturrecherche die Bedeutung der Geschäftsverteilungspläne als Kontextbedingung für die vorgelegte gegenstandsbegründete Theorie weiter heraus. So liegt die gesetzliche Grundlage der Geschäftsverteilungspläne im §21e des Gerichtsverfassungsgesetzes, demnach muss das Präsidium eines jeden Gerichtes den Geschäftsverteilungsplan im Voraus für die Dauer eines Geschäftsjahres beschließen (vgl. Bundesministerium der Justiz und für Verbraucherschutz. Gerichtsverfassungsgesetz). Durch den Geschäftsverteilungsplan wird u. a. geregelt, wie die Geschäfte nach allgemeinen Merkmalen (z.B. Eingangszeit, Anfangsbuchstabe des Namens einer Partei, Sachgebiete) auf die einzelnen Richter_innen verteilt werden. Dadurch ist bereits beim Eingang einer Sache am Gericht festgelegt, welcher Richter zuständig ist. Die Geschäftsverteilungspläne sollen das Verfassungsgebot des gesetzlichen Richters gewährleisten (vgl. Artikel 101 Grundgesetz). Dieses Justizgrundgerecht besagt, dass bereits im Voraus für Rechtsstreitigkeiten bestimmt sein muss, welches Gericht und welcher Richter zuständig ist (vgl. Justiz-online – Justizportal des Landes Nordrhein-Westfalens). Die Geschäftsverteilungspläne sollen also verhindern, dass bestimmte Richter_innen gezielt für bestimmte Fälle oder Personen zuständig werden.

Für den vorliegenden Untersuchungsgegenstand bedeutet die Kontextbedingung *Geschäftsverteilungspläne*, dass es im deutschen Justizsystem keine gezielte Zuteilung von Richter_innen mit Migrationshintergrund zu Rechtsunterworfenen mit Migrationshintergrund gibt, da dies durch die Geschäftsverteilungspläne an den Gerichten verhindert wird. Die Ergebnisse der vorliegenden Untersuchung zeigen, dass die Geschäftsverteilungspläne maßgeblich dazu beitragen, dass das Zusammentreffen von migrantischen Richter_innen und migrantischen Rechtsunterworfenen innerhalb des deutschen Justizsystems zufällig und unsystematisch erfolgt.

„I: (…) Das war quasi, beide Parteien haben türkisch gesprochen?
B: Genau. Beides waren ältere Herrschaften. Aber das war jetzt nur ein Einzelfall, den vielleicht halt jetzt ich nur zufällig erlebt habe, weil ich halt nach dem Geschäftsverteilungsplan da zufällig der zuständige Richter war." (5.3.16-21)

Die Kontextbedingung Geschäftsverteilungspläne ist damit ein zentrales Unterscheidungsmerkmal zu den anderen, im Theorieteil beschriebenen Professionen. Dies zeigt sich zum Beispiel, wenn man migrantische Richter_innen und migrantische Polizist_innen gegenüberstellt. Im Gegensatz zu Lehrkräften und Politiker_innen tragen beide Professionen eine Uniform beim Ausüben ihres Berufes, die den Anspruch auf Entpersonalisierung symbolisieren soll. Allerdings zeigen Untersuchungen, dass migrantische Polizist_innen durchaus gezielt in der Polizeiarbeit mit migrantischem Klientel eingesetzt werden und dass ihre migrationsbezogenen Kompetenzen für die Polizeiarbeit funktionalisiert werden (vgl. Hunold et al., 2010). Die Perspektive von migrantischen Richter_innen, die zunächst als Rechtsanwälte arbeiteten, macht den Einfluss der Geschäftsverteilungspläne auf den richterlichen Alltag besonders deutlich. So kam es bei Gesprächspartnern in der Tätigkeit als Rechtsanwalt auf der Basis des Migrationshintergrundes zu einer gezielten Zuteilung zu migrantischen Mandanten, ein Umstand der an Gerichten durch die Geschäftsverteilungspläne unterbunden wird.

„Also als Rechtsanwältin, ich war in so einer kleinen Kanzlei, aber dann eben war das von Vorteil, weil wir in den russischen Zeitungen inseriert haben, „hier ist eine russisch sprechende Rechtsanwältin". Und aufgrund dessen haben wir natürlich viel mehr Mandate bekommen" (4.11.5-8)

Zusammenfassend lässt sich sagen, dass *Unabhängigkeit, Entpersonalisierung* und *Geschäftsverteilungspläne* zentrale Charakteristika des Richterberufes darstellen, was auch dadurch unterstrichen wird, dass diese Aspekte gesetzlich verankert sind. Für die vorgelegte gegenstandsbegründete Theorie zu migrantischen Richter_innen sind diese Charakteristika als Kontextbedingungen entscheidend, da sich durch diese Charakteristika Richter_innen mit Migrationshintergrund von anderen Professionen mit Migrationshintergrund bedeutsam unterscheiden lassen.

Besonders spannend für den Untersuchungsgegenstand ist auch, dass die befragten migrantischen Richter_innen teilweise aufgrund dieser Grundcharakteristika bewusst den Beruf des Richters gewählt haben, um antizipierten Schwierigkeiten bezüglich ihres Migrationshintergrundes in der Berufsausübung aus dem Weg zu gehen. Das Richteramt dient dabei als eine Art Schutzmantel gegenüber ihrem sozialen Merkmal Migrationshintergrund und lässt das Richteramt attraktiver erscheinen als eine Tätigkeit als Anwalt.

> *„Ich hatte gewisse Bedenken, auch im Bezug auf die Tätigkeit als Rechtsanwalt, die habe ich auch immer noch (…) Ok, man ist promoviert, man hat einen Doktor da stehen, aber den einen oder anderen schreckt es vielleicht auch ab, dass er sagt, ja warum soll ich denn zu einem Rechtsanwalt gehen, der einen ausländischen Namen hat, ich kann auch zu einem Rechtsanwalt, es gibt ja genug, ich kann auch zu einem Rechtsanwalt gehen, der einen deutschen Namen hat.“ (1.15.27-35)*

3.1.2 Aktueller Umgang des deutschen Justizsystems mit Migrationserfahrungen von Richter_innen

Wie ich im Theorieteil erläutert habe, zeigt der Blick auf das Justizsystem in Großbritannien, dass dort Migrationserfahrungen von Richter_innen systematisch und strukturell beabsichtigt als bedeutsam behandelt werden. In Großbritannien gibt es den politischen Willen, den Anteil an Migrant_innen innerhalb der Richterschaft zu erhöhen. Mit einem höheren Migrantenanteil wird in Großbritannien die Hoffnung verknüpft, dass die Akzeptanz der Bevölkerung gegenüber der Justiz zunimmt und dass die Qualität des richterlichen Handelns durch eine divers zusammengesetzte Richterschaft höher wird. Im Gegensatz zu Großbritannien, zeigen die Analysen der vorliegenden Untersuchung, dass es im deutschen Justizsystem aktuell kein Bestreben gibt, Migrationserfahrungen von Richter_innen systematisch als bedeutsam zu behandeln.

Wie im Methodenteil beschrieben, führte ich im Zuge der Planung meiner Datenerhebung ein Gespräch mit Personalverantwortlichen eines Oberlandesgerichtsbezirkes, um mich über Möglichkeiten der Gewinnung von Gesprächspartnern für meine Studie zu informieren. Ich nutzte dieses Expertengespräch auch, um der Frage nachzugehen, wie sich der aktuelle Umgang des deutschen Justizsystems mit Migrationserfahrungen von Richter_innen darstellt. Die befragten Personalverantwortlichen waren u. a. zuständig für die Einstellungsprozeduren von Richter_innen. Da ich dieses Gespräch nicht aufgenommen und transkribiert habe, gebe ich hier ein Gedächtnis-Memo wieder, das auf meinen Aufzeichnungen im Forschungstagebuch basiert.

Zunächst wurde von den Personalverantwortlichen betont, dass es im deutschen Justizsystem aktuell keine Bestrebungen gibt, den Anteil an migrantischen Richter_innen innerhalb der deutschen Richterschaft zu erhöhen und es somit aktuell auch keine Bestrebungen gibt, gezielt migrantische Bewerber für den Richterdienst zu gewinnen. In dem Expertengespräch wurde durch die Personalverantwortlichen zudem erläutert, dass ein Migrationshintergrund von Richter_innen bei der Einstellung nicht erfasst werde und dass dieser Aspekt im weiteren Verlauf keine Rolle spiele. Darüber hinaus wurde markiert, dass die Einstellungsvoraussetzung fürs Richteramt sei, dass der Bewerber deutscher Staatsangehöriger sei und dass an deutschen Gerichten Deutsch gesprochen werden müsse. Auch innerhalb der Assessment Centers im Rahmen des Bewerbungsverfahrens für das Richteramt würden nicht gezielt Migrationserfahrungen von Bewerbern thematisiert werden. Die einzige indirekte Berücksichtigung der Migrationserfahrungen am Oberlandesgerichtsbezirk, sei die Erfassung von Fremdsprachenkenntnissen der Richter_innen, um diese im Bedarfsfall z. B. beim Empfang von ausländischen Delegationen, nutzen zu können.

Diese von den Personalverantwortlichen im Expertengespräch dargestellten Bedingungen bzgl. des aktuellen Umgangs im deutschen Justizsystem mit Migrationserfahrungen von Richter_innen, werden auch von den migrantischen Richter_innen selbst entsprechend wahrgenommen, wie die Analyse der Gesprächsdaten zeigt. So nehmen die Gesprächspartner einen großen Unterschied hinsichtlich der Bedeutungszuschreibungen für ihren Migrationshintergrund in ihrer Tätigkeit als Richter_in im Vergleich zu einer Tätigkeit als Anwalt wahr.

> *„(...) wie ich früher Rechtsanwältin war und auch in der Rechtsabteilung einer Fima, da spielte der Migrationshintergrund eine sehr wichtige Rolle. Ich hatte auch zum Teil einige Jobs dem zu verdanken. Ich bin nicht sofort Richterin geworden, sondern war erst mal auch in der Wirtschaft tätig. (...) Anders ist es im öffentlichen Dienst. Also hier spielt der Migrationshintergrund gar keine Rolle.“ (4.1.7-13).*

Während es innerhalb der Tätigkeiten als Anwalt also durchaus zu einer systematischen Berücksichtigung und Funktionalisierung von migrationsbezogenen Kompetenzen bei Juristen mit Migrationshintergrund kommt, wird den Migrationserfahrungen von Richter_innen im deutschen Justizsystem aktuell wenig Bedeutung zugeschrieben. Die Analyse der Daten zeigt, dass es für die migrantischen Richter_innen vor dem Bewerben auf eine Richterstelle aber durchaus ein Thema sein kann, dass sie selbst einen Migrationshintergrund haben.

> *„(...) zu recherchieren, sich Gedanken zu machen, gibt es überhaupt Kollegen mit Migrationshintergrund? Da bin ich seinerzeit auf einen Zeitungsartikel gestoßen, () wo über einen Kollegen mit türkischem Migrationshintergrund berichtet worden ist (..) das hat mich schon mal in der Hinsicht positiv gestimmt (..) es gibt zu mindestens schon mal wenigstens einen“ (1.23.35-41)*

Innerhalb der Einstellungsprozedur zum Richteramt wird der Migrationshintergrund aber nach Analyse der vorliegenden Daten aktuell kaum thematisiert und insgesamt wenig Bedeutung zugeschrieben.

> *„Also, wenn es angesprochen wurde, dann nur als Randgespräch. Also es hat jetzt keine Ausmaße angenommen, wo ich mich dran hätte erinnern können. Man macht ja auch so eine Art Einzelinterview, was da über eine Stunde geht, in diesem Assessment Center. Da kann ich mich erinnern, hatte mit dem Migrationshintergrund gar nichts zu tun, wurde über die Bundeswehrzeit sehr viel gesprochen."* (3.4.23-28)

Bei der Einstellungsprozedur zum Richteramt in Deutschland, sind die Noten des Jura-Studiums immer noch das entscheidende Kriterium. Diesen Grundsatz des deutschen Justizsystems, dass überwiegend Noten entscheidend sein sollten bei der Einstellung zum Richteramt, und andere Kompetenzen, wie beispielsweise migrationsbezogene Fertigkeiten und Erfahrungen, bei der Einstellung kaum Bedeutung zugeschrieben wird, unterstützen die befragten migrantischen Richter_innen der vorgelegten Studie.

> *„Trotzdem kann das kein echtes Kriterium sein. Das mag die Polizei so machen, weil die haben anderes Anforderungsprofil. Aber bei uns kann es und darf es kein Kriterium sein. Bei uns muss unter anderem das Hauptkriterium letztlich die Note sein. Das kann ich Ihnen sehr schnell auch erklären, wenn Sie einen Prozess führen, ja und in Gerichtsaal reinkommen, wo möchten Sie dass der beste Jurist sitzt?"* (2.23.5-9)

Die Analyse der vorliegenden Gesprächsdaten zeigt also, dass bereits bei Einstellung ins Richteramt, dem sozialen Marker Migrationshintergrund wenig Bedeutung zugeschrieben wird. Auch im weiteren beruflichen Werdegang wird nach den vorliegenden Ergebnissen dem Migrationshintergrund der Richter_innen durch das Justizsystem systematisch kaum Bedeutung zugeschrieben.

> *„(...) und Proberichter ist, dass man dann vielleicht ein bisschen guckt, wo könnte der hinpassen. Eine Kammer zum Beispiel, wenn man jetzt Urheberrecht früher als Anwalt gemacht hat, dass der dann so reinpasst.*

Okay, aber ich glaube so jetzt mit Migrationshintergrund gar nicht. (…) Ich glaub bei der Polizei habe ich das schon mal gehört, dass da doch gerne welche genommen werden, die auch dann aus dem Kulturkreis kommen und die Sprache sprechen. (…)
I: Bei Ihnen war es jetzt kein Vorteil, kein Nachteil.
B: Nein gar nicht. Also so habe ich es empfunden.“ (7.14.33-47)

Insgesamt erleben die migrantischen Richter_innen also keine systematische Funktionalisierung ihres Migrationshintergrundes durch das deutsche Justizsystem. Nach den vorliegenden Daten, werden migrationsbezogene Kompetenzen lediglich durch das Führen einer Liste mit Fremdsprachenkenntnissen systematisch funktionalisiert, um diese Fremdsprachenkenntnisse beim Empfang von ausländischen Delegationen nutzen zu können. Diese Funktionalisierung bezieht sich also auf einen Sonderfall und nicht auf den richterlichen Alltag.

I: Es wurde aber versucht zum Beispiel die Sprachfertigkeiten von den Richtern zu sammeln, weil mal eine Rolle spielen könnte?
B: Ja man hat irgendwann mal versucht, das zu erfassen, beim Oberlandesgericht, ja.
(…) Ich glaube so eine Liste wird da noch geführt, ja. Ganz ehrlich gesagt, ich weiß nicht mal ob ich auch eingetragen habe. (2.14-15.39-2)

3.1.3 Zusammenfassende Schlussfolgerungen zu den Kontextbedingungen der gegenstandsbegründeten Theorie zu Richterinnen und Richter mit Migrationshintergrund an deutschen Gerichten

Zusammenfassend lässt sich nach den Ergebnissen der vorliegenden Untersuchung feststellen, dass es bei migrantischen Richter_innen in Deutschland im Gegensatz z. B. zu migrantischen Lehrkräften und Polizist_innen keine systematische Berücksichtigung und Funktionalisierung von migrationsbezogenen Erfahrungen und Kompetenzen gibt. Nach der Analyse der vorliegenden Daten liegt dies zum einen an Grundcharakteristika des Richteramtes, das den Richterberuf essenziell von anderen Professionen unterscheidet. Zum anderen gibt es aktuell in Deutschland kein gesellschaftspolitisches Bestreben, Migrationserfahrungen von Richter_innen Bedeutungen zuzuschreiben, wie dies beispielsweise im Justizsystem Großbritanniens der Fall ist. Dies bedeutet, dass der Migrationshintergrund von Richter_innen durch das Justizsystem nicht systematisch salient gemacht wird.

Nach den Ergebnissen der vorliegenden Untersuchung bedeuten diese Zusammenhänge aber nicht, dass das soziale Merkmal Migrationshintergrund im beruflichen Alltag von migrantischen Richter_innen bedeutungslos ist. Wie ich im Verlauf des Ergebnisteils weiter darstellen werde, wird der eigene Migrationshintergrund der Richter_innen insbesondere in der Interaktion mit migrantischen Rechtsunterworfenen und mit Kolleg_innen relevant.

Die dargestellten Grundcharakteristika des Richteramtes und der aktuelle Umgang des Justizsystems mit dem sozialen Merkmal Migrationshintergrund, fungieren in der hier dargestellten gegenstandsbegründeten Theorie als Kontextbedingungen. Diese Kontextbedingungen führen dazu, dass es bei den migrantischen Richter_innen zu einem unsystematischen und situativ-bedingten Salient werden ihres Migrationshintergrundes kommt, nach den Ergebnissen der vorliegenden Untersuchung insbesondere in Interaktionen mit migrantischen Rechtsunterworfenen und mit Kolleg_innen. Die Kontextbedingungen ermöglichen den Richter_innen eine selbstbestimmtere Aushandlung mit dieser Salienz ihres Migrationshintergrundes, als dies anderen Berufsgruppen möglich ist. Auf der anderen Seite zeigen die Ergebnisse, dass diese Möglichkeiten einer freieren Aushandlung, auch mit erheblichen Unsicherheiten für die migrantischen Richter_innen verbunden sind, da durch das Justizsystem kein Orientierungsrahmen vorgegeben wird, wie migrantische Richter_innen mit ihren Migrationserfahrungen im richterlichen Alltag umgehen sollen.

Die migrantischen Richter_innen können und müssen also einen individuellen Umgang damit entwickeln, wie sie mit ihrem sozialen Merkmal Migrationshintergrund in ihrem Alltag als

Richter_in umgehen. Diese individuellen Aushandlungsprozesse von migrantischen Richterinnen und Richtern möchte ich für zwei Welten detailliert erläutern, in der sich die Richter bewegen: Die *Welt der Rechtsunterworfenen* und die *Welt der Kolleg_innen*. Bevor ich zur Darstellung der beiden Welten komme, möchte ich zunächst im folgenden Kapitel die Elaborierung der Kernkategorie der vorgelegten Theorie im Forschungsverlauf erläutern.

3.2 Salient werden des Migrationshintergrundes: Die Kernkategorie der gegenstandsbegründeten Theorie zu Richterinnen und Richtern mit Migrationshintergrund an deutschen Gerichten

Wie bereits im Methodenteil erläutert, geht es beim Selektiven Kodieren im Rahmen der GTM-Datenauswertung um den Prozess des Auswählens einer Kernkategorie und um das systematische In-Beziehung-Setzen dieser Kernkategorie mit den anderen, bisher in der Datenauswertung emergierten Kategorien. Nach Strauss (1991, S. 67) eigne sich eine Kategorie als gute Kernkategorie, wenn sie zentral sei, d. h. wenn sie einen Bezug hat zu möglichst vielen anderen Kategorien, wenn sie sich mühelos in Beziehung setzen lasse zu den anderen Kategorien und wenn sie häufig im Datenmaterial vorkomme. Zudem entwickele sich die Theorie merklich weiter, sobald die Details dieser zentralen Kategorie analytisch ausgearbeitet seien. Gemäß des GTM-Forschungsstiles stellte ich mir als Forscher während des iterativ-zyklischen Prozesses der Datenauswertung die Frage, was denn mein Zentralkonzept für meine gegenstandsbegründete Theorie sein könnte, d. h. welche Kategorie könnte sich als Kernkategorie eignen, auf die sich die anderen Kategorien beziehen lassen?

Im Folgenden möchte ich darstellen, wie sich die Elaborierung der Kernkategorie meiner gegenstandsbegründeten Theorie zu Richter_innen mit Migrationshintergrund im Verlauf des Forschungsprozesses entwickelte und warum ich mich für die Kategorie *Salient werden des Migrationshintergrundes* als Kernkategorie meiner Theorie entschied.

Wie bereits im Methodenteil beschrieben, gestaltete ich mein erstes Gespräch hinsichtlich der Forschungsfokussierung noch relativ offen. Ich bat meinen Gesprächspartner mir zu erzählen, wie es dazu kam, dass er Richter wurde. Im Verlauf des Gespräches und während der anschließenden Datenauswertung, spürte ich als Forscher, dass ich besonders die Situationen im beruflichen Alltag des Richters spannend finde, in denen der soziale Marker Migrationshintergrund in der Wahrnehmung des Richters relevant wird. Nach Reflexionen mit meinen Betreuern und den Teilnehmern des Forschungskolloquiums entschied ich mich deshalb dazu, ab dem zweiten Gespräch direkt stärker darauf zu fokussieren, welche Rolle der Migrationshintergrund im beruflichen Alltag als Richter_in spielt. In der reflexiven Betrachtung meines Forschungsprozesses stelle ich fest, dass ich durch dieses Gesprächsverhalten und mein Forschungsinteresse als Forscher aktiv dazu beigetragen habe, dass mir Richter_innen Situationen schilderten, in denen ihr Migrationshintergrund relevant wird. Ich möchte mit diesen Erläuterungen selbstreflexiv festhalten, dass ich als Forscher die Richtung der Modellierung und auch die Elaborierung der Kernkategorie bereits durch mein Gesprächsverhalten angestoßen habe.

Die meisten Gesprächspartner meiner Studie betonten, dass sie im überwiegenden Teil ihres Richteralltags nicht wahrnehmen, dass ihr Migrationshintergrund eine Rolle spiele. Angestoßen durch meine Fragen, berichteten aber alle Gesprächspartner, dass es durchaus Situationen gibt, in denen sie wahrnehmen, dass ihr sozialer Marker in ihrem Alltag als Richter_in von Bedeutung wird. Durch diese Analysen stellte ich zunehmend dieses *bedeutsam werden des Migrationshintergrundes* der Richter_innen in das Zentrum meiner Modellüberlegungen. Ich spürte, dass es für meine Theorie spannend sein könnte zu analysieren, was denn dazu führt, dass der Migrationshintergrund der Richter_innen bedeutsam wird und wie die Richter_innen damit umgehen. Anhand dieser Überlegungen wurde früh im Forschungsverlauf deutlich, dass hier ein Zentralkonzept emergieren könnte, auf das sich andere Kategorien gut beziehen lassen.

Parallel zur Datenauswertung erhöhte sich bei mir als Forscher durch Literaturstudium meine theoretische Sensibilität für den Untersuchungsgegenstand. So lernte ich, wie ich bereits im Theorieteil beschrieben haben, die sozialkonstruktivistische Forschungsperspektive auf den Untersuchungsgegenstand Migrant_innen kennen. Nach dieser sozialkonstruktivistischen Perspektive werden Differenzen durch Zuschreibungsprozesse und Differenzmarkierungen hergestellt und Untersuchungen zu Migrant_innen nach dieser Forschungsperspektive fokussieren sich auf Interaktion, in denen der Migrationshintergrund als Merkmal in den Vordergrund gerückt wird. Zudem wurde ich bezüglich der Relevanz dieser Forschungsperspektive durch Reflexionen mit meiner Zweitbetreuerin bekräftigt. So bestätigte sie mir aufgrund ihrer eigenen Erfahrungen als Migrantin, dem Austausch mit anderen Migrant_innen und ihren eigenen Forschungen, wie zentral Zuschreibungsprozesse seien, wenn man sich Interaktionen zwischen Migrant_innen und der Mehrheitsgesellschaft ohne Migrationshintergrund betrachte. Ich als Forscher stellte auf jeden Fall fest, dass diese sozialkonstruktivistische Forschungsperspektive fruchtbar für die Auswertung meiner Daten ist und dieser Fokus zeigte sich auch bei der Elaborierung meiner Kernkategorie im Verlauf der Datenauswertung als hilfreich.

In meinen ersten Modellierungsversuchen stellte ich die Kategorien-Kandidaten *Konstruktion von Bedeutung für den Migrationshintergrund der Richter* bzw. *Bedeutungsaufladungen des Migrationshintergrundes* in den Mittelpunkt meiner Überlegungen. In den Daten zeigte sich, dass mit dem Migrationshintergrund sozusagen die soziale Hülle der Richter_innen in spezifischen Situationen thematisiert wird und dass diese Hülle durch Zuschreibungen der Umwelt mit bestimmten Bedeutungen versehen wird. Diese Bedeutungszuschreibungen wurde als mögliche Eigenschaften der Kategorie angedacht und umfassten Bedeutungen wie Interkulturelle Kompetenz, Exot und Vorbildmigrant. Durch das Führen weiterer Gespräche und der Erhöhung meiner theoretischen

Sensibilität, u. a. durch das Kennenlernen des Stigma-Konzepts nach Goffman, verfestigte sich bei mir die Erkenntnis, dass diese Bedeutungsaufladungen für den Migrationshintergrund der Richter_innen im Zentrum meiner gegenstandsbegründeten Theorie stehen könnten.

Wie ich im Methodenteil bereits beschrieben habe, zeigte sich das sogenannte Paradigmatische Modell nach Strauss & Corbin (1996) passend zu meinen Daten, da ich mit dieser Heuristik gut analysieren konnte, welche Bedingungen dazu führen, dass der Migrationshintergrund der Richter_innen bedeutsam wird und wie die Richter_innen damit umgehen. Diese Phase der Datenauswertung bekräftigte mich nochmal darin, dass es sich bei dem noch vagen Kategorien-Kandidaten *Bedeutungsaufladungen des Migrationshintergrundes* um einen Kandidaten für eine Kernkategorie handeln könnte, da sich die bisher bereits emergierten anderen Kategorien gut darauf beziehen lassen. Im weiteren Verlauf kam es zu einer weiteren sprachlichen Elaborierung der Kategorie, die ich im Folgenden darstellen möchte.

So bezeichnete ich die Kategorie im weiteren Verlauf mit *Aktivierung des Migranten unter der Richterrobe.* Dies sollte auf die Spezifika des Richterberufes abzielen. So stand dahinter die Überlegung, dass die Richter_innen über ihre Robe quasi alle gleich uniformiert und damit entpersonalisiert werden und dass durch bestimmte Interaktionen sozusagen der Migrant, als Besonderheit und als Teil der Privatperson, unter dieser Richteruniform zum Vorschein kommt. Diese Bezeichnung wurde aber wieder verworfen, da die Datenauswertung zeigte, dass der Migrationshintergrund auch in Interaktionen bedeutsam wird, in denen die Richterrobe nicht präsent ist. Im weiteren Verlauf wurde die Kategorie bezeichnet als *Migrationshintergrund der Richter tritt in den Vordergrund.* Dieser Kategorienname war auch als charmantes Wortspiel gedacht, indem es sprachlich den Migrations*hintergrund* buchstäblich in den *Vordergrund* rückt, wenn in Interaktionen das soziale Merkmal der Richter_innen bedeutsam wird.

Durch Reflexionen im Forschungskolloquium und mit meinen Betreuern entschied ich mich schließlich für die Bezeichnung *Sa-*

lient werden des Migrationshintergrundes der Richter_innen als Kernkategorie meiner gegenstandsbegründeten Theorie. Der Begriff *Salienz* ist natürlich kein von mir entwickelter Begriff. Ich stellte aber fest, dass die Definitionen des Begriffes gut zur beabsichtigten Bedeutung der Kernkategorie passen. Nach dem Duden bedeutet *Salienz* „das Hervortreten, Herausstechen eines Reizes; Auffälligkeit eines Ereignisses, einer Sache oder Person", nach dem Dorsch Lexikon der Psychologie wird *Salienz* u. a. als „Bedeutsamkeit, das Hervortreten, z. B. von Merkmalen bei einer Person" definiert. Mit diesen Definitionen passt der Begriff Salienz gut zur Kernkategorie der vorgelegten Untersuchung, da es um Interaktion und Situationen geht, in denen das soziale Merkmal Migrationshintergrund der Richter_innen auffällt, bedeutsam wird, hervortritt und damit eben *salient* wird.

Die verschiedenen Bedeutungen, die dem sozialen Merkmal Migrationshintergrund zugeschrieben werden, modellierte ich als Eigenschaften der Kernkategorie *Salient werden des Migrationshintergrundes der Richter_innen*. In dem ich diese Details meiner Kernkategorie zunehmend feiner ausarbeitete, entwickelte sich auch meine Theorie merklich weiter, was nach Strauss (1991) für eine gute Kernkategorie spricht. Die verschiedenen möglichen Bedeutungszuschreibungen für den salient gewordenen Migrationshintergrund werde ich bei den nun folgenden Darstellungen zur *Welt der Rechtsunterworfenen* und zur *Welt der Kolleg_innen* detailliert beschreiben.

3.3 Richter_innen mit Migrationshintergrund und die Welt der Rechtsunterworfenen

Die vorgelegte gegenstandsbegründete Theorie spezifiziert Aushandlungsprozesse von migrantischen Richter_innen bezüglich ihres sozialen Merkmals Migrationshintergrund in zwei sozialen Welten, in denen sich die Richter_innen bewegen – die *Welt* der *Kolleg_innen* und die *Welt* der *Rechtsunterworfenen*.

Bevor ich zur Darstellung der Welt der Rechtsunterworfenen komme, möchte ich zunächst die Verwendung des Begriffes der *Welt* in der vorgelegten, gegenstandsbegründeten Theorie erläutern. Bei der iterativ-zyklischen Datenauswertung und Modellentwicklung konnte ich zunehmend herausarbeiten, dass sich bedeutsame Aushandlungsprozesse der migrantischen Richter_innen bezüglich zwei Gruppen an Interaktionspartnern zeigen: Kolleg_innen und Rechtsunterworfene. Bei der Modellentwicklung entschied ich mich dazu, mit der Darstellung einer *Welt der Rechtsunterworfenen* und einer *Welt der Kolleg_innen* Aushandlungsprozesse in zwei verschiedenen sozialen Welten zu modellieren.

Die Verwendung des Begriffes *Welt* erschien mir zum einen passend, dass sich die migrantischen Richter_innen bei den Interaktionen buchstäblich in verschiedenen sozialen Welten bewegen, so finden Interaktionen mit Rechtsunterworfenen beispielsweise im Gerichtssaal und Interaktionen mit Kolleg_innen in der Gerichtskantine statt. Zum anderen erschien es mir wichtig die beiden sozialen Welten zu unterschieden, da die Richter_innen in den beiden Welten unterschiedliche Rollen einnehmen. Während sie in der Welt der Rechtsunterworfenen auf Interaktionspartner treffen, über die sie Macht ausüben und urteilen, geht es in der Welt der Kolleg_innen um Aushandlungsprozesse unter kollegialen Interaktionspartnern, die sich auf der Basis eines deutlich geringer ausgeprägten Abhängigkeitsverhältnisses begegnen. Mit erhöhter theoretischer Sensibilität wurde mir bewusst, dass der Begriff der *sozialen Welt* bereits innerhalb der Grounded-Theory-Methodik durch Strauss geprägt wurde (vgl. Strübing, 2007). Eine Bezugnahme der vorliegenden gegenstandsbegründeten Theorie zum Begriff der sozialen Welt nach Strauss folgt im Diskussionsteil.

In diesem Kapitel möchte ich die Aushandlungsprozesse der migrantischen Richter_innen in der *Welt der Rechtsunterworfenen* darstellen. Hierbei ist wichtig zu unterstreichen, dass die Analyse der Gesprächsdaten substanzielles Datenmaterial nur für eine bestimmte Untergruppe an Rechtsunterworfenen ergab, nämlich für die Gruppe der *migrantischen* Rechtsunterworfenen. Bevor ich diesen Aspekt und die einzelnen Modellbestandteile näher elaborieren werde, möchte ich zunächst den hier verwendeten Begriff der Rechtsunterworfenen erläutern.

Mit *Rechtsunterworfene* sind alle Menschen gemeint, über die Richter_innen Recht sprechen. Ich als Forscher hatte im Forschungsverlauf wiederkehrende Unsicherheiten, wie ich die Menschen, über die Richter_innen Recht sprechen, für meine Theorie am passendsten begrifflich fassen könnte, da ich mit erhöhter theoretischer Sensibilität feststellte, dass Begriffe wie Angeklagte oder Kläger für meine Theorie zu kurz greifen. Wie meinem Gesprächsleitfaden zu entnehmen ist, verwendete ich in meiner Erzählaufforderung den Begriff *Klienten*. Ich stellte aber in den Gesprächen und bei der Theorieentwicklung zunehmend fest, dass der Begriff Klient nicht zu meinem Untersuchungsgegenstand passt, was mir auch meine Gesprächspartner zurückmeldeten, da der Begriff Klient nicht adäquat die hierarchischen Unterschiede zwischen Richter_innen und den Menschen darstellt, über die die Richter_innen Recht sprechen.

Die Gesprächspartner selbst verwendeten häufiger den Begriff der *Prozessbeteiligten*. Dieser Begriff zeigte sich aber auch nicht passend für meine Modellierung, da die Richter_innen unter dem Begriff der Prozessbeteiligten auch beispielsweise Anwälte fassten. Die Interaktionen zwischen Anwälten und migrantischen Richter_innen werden aber in meiner Theorie innerhalb der Kollegenwelt modelliert. Zudem zeigen die empirischen Daten, dass wichtige Aushandlungsprozesse auch außerhalb von Prozessen, zum Beispiel im Rahmen von Betreuungsverfahren, stattfinden, was auch gegen die Verwendung des Begriffes Prozessbeteiligte sprach.

Auch durch den Austausch mit einem Gesprächspartner gegen Ende der Datenerhebung, legte ich mich schließlich auf den Begriff der *Rechtsunterworfenen* fest. Dieser Begriff symbolisiert sprachlich auch gut einen zentralen Unterschied zwischen der *Welt der Kolleg_innen* und der *Welt der Rechtsunterworfenen.* In der Welt der Rechts*unterworfenen,* sind die Interaktionspartner den migrantischen Richter_innen aufgrund des Machtgefälles hierarchisch niedriger gestellt, da sie der rechtssprechenden Macht der Richter_innen unterworfen sind.

Bezüglich der Erzählaufforderungen gab es a priori durch mich als Forscher keine Fokussierung auf eine bestimmte Gruppe an Rechtsunterworfenen. Die Analyse der narrativen Gespräche zeigte, dass die migrantischen Richter_innen vor allem dann merken, dass ihr Migrationshintergrund in der Interaktion mit Rechtsunterworfenen eine Rolle spielt, wenn auch diese einen Migrationshintergrund haben.

> *„Aber jetzt wo Sie es sagen ist das richtig, dass MEIN Migrationshintergrund fällt MIR eher auf, wenn ich Parteien habe, die auch Migrationshintergrund haben. Bei Deutschen merke ich jetzt nicht, „oh ich habe jetzt Migrationshintergrund, ich bin anders", das gar nicht."* (7.10.9-13)

Präkonzeptionell nahm ich als Forscher an, dass der Migrationshintergrund auch sehr bedeutsam werden kann, wenn migrantische Richter_innen in Interaktionen treten mit nicht-migrantischen Rechtsunterworfenen, vor allem wenn man an Prozessbeteiligte mit Vorbehalten gegenüber Migrant_innen denkt. Dieses Präkonzept teilten auch Teilnehmer des Forschungskolloquiums, wie Diskussionen im Forschungsverlauf zeigten. Wie auch der obige Gesprächsausschnitt veranschaulicht, nehmen die migrantischen Richter_innen nach Analyse der empirischen Daten der vorgelegten Untersuchung aber keine substanziellen Bedeutungskonstruktionen für ihren Migrationshintergrund wahr, wenn sie in Interaktionen treten mit Rechtsunterworfenen ohne Migrationshintergrund. Über mögliche Gründe für diesen Prozess, reflektiere ich im Diskussionsteil der vorgelegten Untersuchung.

Abbildung 2 zeigt das Übersichtsmodell zur Welt der Rechtsunterworfenen. Im Folgenden werde ich die einzelnen Modellbestandteile Schritt für Schritt näher darstellen. Zunächst möchte ich die intervenierenden Bedingungen näher beschreiben, die ich grafisch im Übersichtsmodell rechts neben der umgreifenden Klammer dargestellt habe, da die diese Bedingungen den gesamten Aushandlungsprozess beeinflussen.

3.3.1 Intervenierende Bedingungen, die den gesamten Aushandlungsprozess beeinflussen

3.3.1.1 Ausmaß an Nähe zwischen dem Migrationshintergrund der Richter_innen und dem Migrationshintergrund der Rechtsunterworfenen

Das Ausmaß an Nähe zwischen dem Migrationshintergrund der Richter_innen und dem Migrationshintergrund der Rechtsunterworfenen, beeinflusst sowohl das Salient werden des sozialen Merkmals der Richter_innen, als auch den Umgang mit dieser Salienz. Zwar zeigen die Gesprächsdaten, dass der Migrationshintergrund der Richter in Interaktionen mit migrantischen Rechtsunterworfenen auch angesprochen werden kann, wenn es zwischen den Migrationshintergründen keine Überschneidungen gibt. Das soziale Merkmal wird in diesem Fall alleine deshalb als bedeutungsvoll wahrgenommen, da über das Teilen des gemeinsamen sozialen Merkmals eine allgemeine, geteilte Erfahrungswelt als Migrant_in angenommen wird.

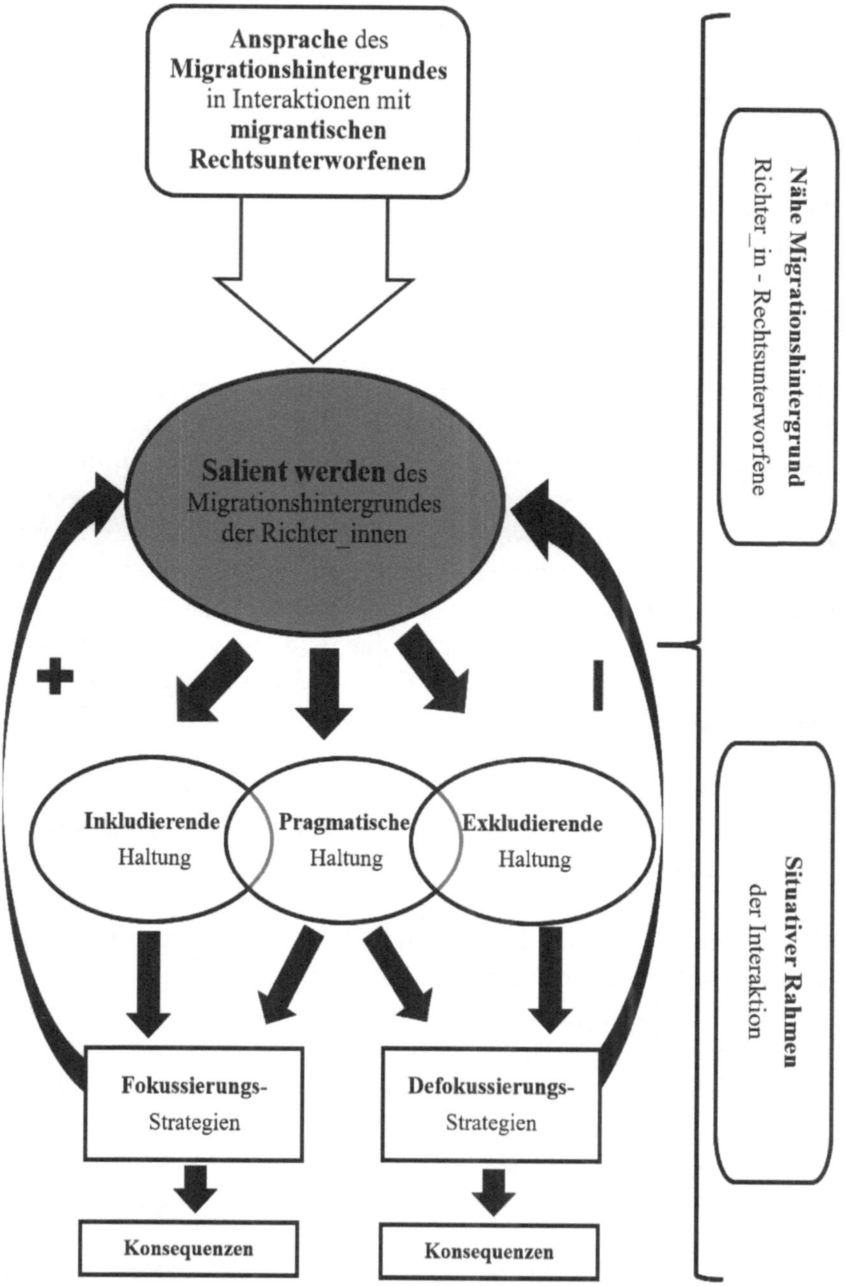

Abb. 2: Übersichtsmodell zur Welt der Rechtsunterworfenen

Die genauere Analyse der Gesprächsdaten zeigt aber, dass der Migrationshintergrund der Richter_innen umso wahrscheinlicher angesprochen und damit salient wird, je größer die Nähe zwischen dem Migrationshintergrund der Richter_innen und dem Migrationshintergrund der Rechtsunterworfenen ist. Die Nähe zwischen den Migrationshintergründen wird zum einen dadurch bestimmt, ob Rechtsunterworfene und Richter_innen eine gemeinsame Sprache außer dem Deutschen sprechen. Besteht diese Möglichkeit des Sprechens einer gemeinsamen Fremdsprache, ist es nach der Logik des hier vorgestellten Modells, wahrscheinlicher, dass der Migrationshintergrund der Richter_innen angesprochen wird, als wenn diese Möglichkeit nicht besteht. Zudem kann sich dieser Aspekt auf den Umgang der migrantischen Richter_innen mit der Salienz ihres Migrationshintergrundes auswirken. Sprechen sie mit den Rechtsunterworfenen eine weitere gemeinsame Sprache außer dem Deutschen, so können die Richter_innen im Aushandlungsprozess leichter mit einer *Fokussierungsstrategie* auf die Salienz ihres Migrationshintergrundes reagieren, indem sie diese Kommunikationsmöglichkeit in der Interaktion anwenden. Auf der anderen Seite kann die Anwendung von *Defokussierungsstrategien*, wie z. B. das Hinzuziehen eines Dolmetschers, erschwert werden, wenn diese Möglichkeit des Sprechens in einer Fremdsprache per se besteht. Ich werde im Verlauf noch genauer die Begriffe Fokussierungs- und Defokussierungsstrategien erläutern.

Die Nähe zwischen den Migrationshintergründen wird aber nicht alleine durch das Teilen einer gemeinsamen Sprache außer dem Deutschen bestimmt. Neben einer gemeinsamen Muttersprache, wird die Nähe zum Migrationshintergrund der Rechtsunterworfenen auch dadurch bestimmt, ob die Richter_innen aus einem ähnlichen Kulturkreis oder einer ähnlichen Region stammen.

> *„Also wo ich es merke, ist wohl in Verfahren wo eben auch Beteiligte sind, die aus einem (..) Kulturkreis aus dem ich komme beteiligt sind.“* (7.1.6-7)

Ein gemeinsamer Kulturkreis ist schwieriger zu definieren, als das Teilen einer gemeinsamen Sprache. Die Nähe zwischen dem Kulturkreis, aus dem die Richter_innen stammen und dem Kulturkreis der migrantischen Rechtsunterworfenen, hängt von soziokulturellen Parametern ab, wie z.B., dass die Kulturkreise ähnlich religiös geprägt sind.

> *„In dem Bereich kommt es oft zu vielen Haftbefehlen, die man erlässt und verkündet. Das ist auch wieder ein Bereich, wo ich weniger mit türkisch stämmigen, mehr mit ja nordafrikanisch stämmigen Muslimen zu tun habe. Die mich dann aber auch natürlich schon irgendwo als Muslim wahrnehmen. (…) Und das ist auch wieder so ein Aspekt oder ein Bereich, wo auch der Migrationshintergrund zum Tragen kommt."* (6.6.24-30)

Zusammenfassend lässt sich sagen, dass der Migrationshintergrund der Richter_innen je wahrscheinlicher in der Interaktion mit migrantischen Rechtsunterworfenen bedeutend wird, je größer die Überschneidung zwischen den Migrationshintergründen ist. Da sich das Ausmaß an Nähe zwischen den Migrationshintergründen der Richter_innen und der Rechtsunterworfenen auch auf die Strategienanwendung der migrantischen Richter_innen auswirkt, fungiert dieser Aspekt als intervenierende Bedingung für den gesamten Aushandlungsprozess.

3.3.1.2 Situativer Rahmen der Interaktion

Neben der Nähe der Migrationshintergründe, zeigt die Analyse der Daten, dass der situative Rahmen, in denen die Interaktionen zwischen migrantischen Richter_innen und migrantischen Rechtsunterworfenen eingebettet sind, Einfluss auf das Salient werden des Migrationshintergrundes der Richter_innen und den Umgang mit dieser Salienz ausüben. So zeigt die Analyse der Gesprächsdaten, dass der Migrationshintergrund der Richter_innen je leichter salient wird, je weniger formalisiert der Rahmen ist, indem die Interaktion zwischen Richter_in und Rechtsunterworfenen stattfindet. Der am stärksten formalisierte Interaktionsrahmen stellt eine Hauptverhandlung im Gerichtssaal dar. So berichten die migrantischen Richter_innen, dass ihr Migrationshintergrund leichter salient wird, wenn sie in Interaktionen zu Rechtsunterworfenen außerhalb von Hauptverhandlungen treten.

So zeigt die Analyse der Daten, dass der Migrationshintergrund der Richter_innen innerhalb von *Güteterminen* leichter salient wird. Durch Gütetermine besteht für die Parteien die Möglichkeit über Vergleichsverhandlungen gütliche Lösungen zu finden und so eine Hauptverhandlung zu verhindern. Der Migrationshintergrund wird deshalb leichter salient, da die Richter_innen bei diesen Güteterminen einen direkteren Kontakt zu den Parteien haben, als dies im Rahmen von Hauptverhandlungen möglich ist und es dadurch leichter zu einer Ansprache des Migrationshintergrundes kommt. Der direktere Kontakt wird u. a. dadurch ermöglicht, dass die Richter_innen bei Güteterminen alleine mit den Parteien verhandeln können.

> *„Dass ich einen Gütetermin, wo ich halt eben alleine bin, ohne ehrenamtlichen Richter, türkischstämmige Parteien habe, plus türkische Anwälte. Da ist es so, dass man dann zum Teil das auf Türkisch dann laufen lässt.“ (8.12-13.48-1)*

Der weniger formalisierte Rahmen von Güteterminen ermöglicht es den Richter_innen auch, dass sie nicht nur als Amtsträger, sondern auch stärker mit ihrer Privatpersönlichkeit mit den Rechtsunterworfenen in Kontakt treten.

> *„(...) man beginnt ja so eine Verhandlung mit einem Gütetermin (...) Und da ist es natürlich wichtig, dass man auf jede Art und Weise auch Vertrauensbasen schafft. Das kann (...) Migrationshintergrund sein, das kann über sonstige Gemeinsamkeiten sein, die man mit den Parteien hat“ (6.4.22-27)*

Eine weitere Konstellation, die einen direkteren Kontakt zwischen Richter_innen und Parteien bedingt und den Migrationshintergrund der Richter leichter salient werden lässt, sind Interaktionen im Rahmen von *Haftbefehlverkündigungen*.

„Haftbefehle zum Beispiel ist wieder auch so ein Bereich, wo man dann wieder den direkten Kontakt hat. Wo man sozusagen wieder nicht einem Saal aber in einem Raum gegenübersitzt, und dem Täter gegenüber dem Haftbefehl verkündet. (…) Das ist auch wieder ein Bereich, wo ich weniger mit türkisch stämmigen, mehr mit ja nordafrikanisch stämmigen Muslimen zu tun habe. Die mich dann aber auch natürlich schon irgendwo als Muslim wahrnehmen. (…) Und das ist auch wieder so ein Aspekt oder ein Bereich, wo auch der Migrationshintergrund zum Tragen kommt." (6.6.13-30)

Auch bei Interaktionen zu migrantischen Rechtsunterworfenen im Rahmen von *Verkündigungsterminen* wird der Migrationshintergrund der Richter_innen leichter salient. Im Rahmen der Verkündigungstermine werden von den Richter_innen die bereits feststehenden Urteile den Prozessbeteiligten verkündigt. Die Verkündigungstermine sind zwar öffentlich, aber in der Wahrnehmung der Gesprächspartner sind diese Termine ebenfalls weniger formalisiert als die Hauptverhandlungen.

„Wo es hier mal passiert ist, ist eher auch von Leuten mit Migrationshintergrund, zum Beispiel die zum Verkündungstermin gekommen sind. Und da natürlich noch mal offener mit einem sprechen." (7.23.37-40)

Im Rahmen von *Betreuungsangelegenheiten* treten die Richter_innen häufig in wenig formalisierte Interaktionen außerhalb des Gerichtsgebäudes zu Rechtsunterworfenen, da die Richter_innen teilweise die Betroffenen auch zu Hause oder in Kliniken aufsuchen. Deshalb berichten migrantische Richter_innen auch, dass besonders in Betreuungsangelegenheiten ihr Migrationshintergrund häufig salient wird.

„Bei den Strafsachen halt weniger, weil ich dann ja auch mit den Angeklagten so nichts zu tun habe. Ich habe ja keine persönlichen Gespräche, die ich mit denen führe, sondern wenn dann eher mit den Verteidigern. (…) Aber jetzt bei den Betroffenen in Betreuungssachen, mit denen habe ich ja auch oft persönlichen Kontakt. Weil sie ja zu den Anhörungsterminen kommen,

da muss ich ja persönlich Gespräche mit ihnen führen. Und da merk ich dann schon oft, dass sie dann so mehr Verständnis erwarten." (4.2.6-13)

Der im Vergleich zu Hauptverhandlungen weniger formalisierte und direktere Kontakt zwischen Richter_innen und Rechtsunterworfenen, wie er z. B. bei Verkündigungen, Güteterminen und Betreuungsangelegenheiten stattfindet, führt also nach Analyse der vorliegenden Daten dazu, dass die Privatpersönlichkeit der Richter_innen und damit auch ihr Migrationshintergrund stärker in den Vordergrund rücken. Zudem scheinen diese informelleren Interaktionen zu bedingen, dass Rechtsunterworfene leichter den Migrationshintergrund der Richter_innen aktiv ansprechen und somit das soziale Merkmal salient werden lassen. Zudem zeigen die Daten, dass ein weniger formalisierter Rahmen stärker das Anwenden von Fokussierungsstrategien von Seiten der migrantischen Richter_innen begünstigt, als dies in einem stark formalisierten Rahmen einer Gerichtsverhandlung möglich ist. Innerhalb des formalisierten Rahmens einer Gerichtsverhandlung, scheint in der Perspektive der Richter_innen ihr Migrationshintergrund weniger leicht salient zu werden als im direkten Kontakt, da hier das Amt stärker im Vordergrund steht und so das Ansprechen des Migrationshintergrundes stärker gehemmt wird.

„Weil ich primär das Gefühl habe, dass in Verhandlungen beispielsweise gar nicht so meine Person, oder mein Hintergrund eine Rolle spielt, sondern viel eher das Amt im Vordergrund steht. Also in dem Augenblick, wo ich diese Robe anhabe, werde ich glaub ich gar nicht als Mensch mit Migrationshintergrund oder als Mann oder als großer Mann oder als dunkelhaariger Mann oder was auch immer, primär zumindest, nicht wahrgenommen, sondern als dieser Amtsträger." (5.1.24-29)

Es bleibt aber wichtig zu betonen, dass die Gesprächsdaten zeigen, dass der Migrationshintergrund der Richter_innen auch in Hauptverhandlungen salient werden kann. Modelltheoretisch ist das Salient werden des Migrationshintergrundes der Richter_innen aber wahrscheinlicher und häufiger zu erwarten in Interaktionen außerhalb von formalisierten Verfahren im Gerichtsaal. Da der situative Rahmen auch auf die Strategienanwendung der migrantischen Richter_innen Einfluss ausübt, fungiert er als intervenierende Bedingung für den gesamten Aushandlungsprozess.

3.3.2 Ansprache des Migrationshintergrundes in Interaktionen mit migrantischen Rechtsunterworfenen

In der Logik des hier vorgestellten Modells, führt das Vorliegen eines Migrationshintergrundes bei einem Rechtsunterworfenen nicht automatisch dazu, dass der Migrationshintergrund von migrantischen Richter_innen salient wird. Damit das soziale Merkmal der Richter_innen salient wird, muss es in den Interaktionen mit migrantischen Rechtsunterworfenen angesprochen werden, da die Analyse der vorliegenden Gesprächsdaten zeigt, dass es Interaktionen zwischen migrantischen Richter_innen und Rechtsunterworfenen gibt, in denen das soziale Merkmal der Richter_innen keine Bedeutung hat. Gemäß der Logik des Paradigmatischen Modells konnte die Bedingung *Ansprache des Migrationshintergrundes in Interaktionen mit migrantischen Rechtsunterworfenen* modelliert werden, die zum Auftreten des zentralen Geschehnis *Salient werden des Migrationshintergrundes der Richter_innen* führt (siehe Abbildung 3).

Die Analyse der Gesprächsdaten zeigt, dass die Ansprache des sozialen Merkmals der Richter_innen auf zwei verschiedene Arten erfolgen kann, nämlich *direkt* oder *indirekt*. Wenn der Migrationshintergrund der Richter_innen von Rechtsunterworfenen direkt angesprochen wird, geschieht dies nach Analyse der Gesprächsdaten häufig über, von außen wahrnehmbare, Attribute des Migrant-seins, wie ein ausländisch klingender Name oder ein Akzent.

> *„Also, wenn die Betroffenen mich fragen, wo ich herkomme, ich mein ist ja auch aufgrund meines Akzentes halt nicht zu überhören, dass ich nicht*

in Deutschland geboren worden bin, dann sag ich das auch ganz offen" (4.4.14-16)

Das direkte Ansprechen des Migrationshintergrundes der Richter_innen führt zu einer unmittelbaren und offensichtlichen Salienz des sozialen Merkmals, da es in der Interaktion offen thematisiert wird und die Richter_innen dadurch gezwungen werden, unmittelbar in der Situation auf diese Salienz zu reagieren.

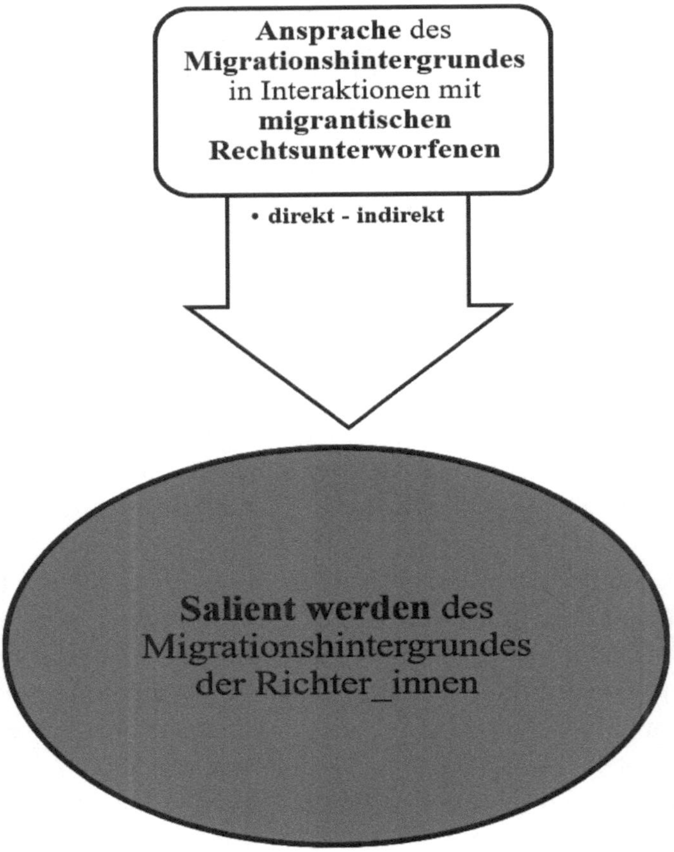

Abb. 3: Direkte und indirekte Ansprache des Migrationshintergrundes in Interaktionen mit migrantischen Rechtsunterworfenen führt zu einem Salient werden des sozialen Merkmals bei migrantischen Richter_innen

Die Daten zeigen darüber hinaus, dass der Migrationshintergrund der Richter_innen in Interaktionen mit Migrant_innen auch salient wird, wenn er nicht direkt angesprochen wird. So berichteten die untersuchten Richter_innen, dass sie wahrnehmen, dass ihr Migrationshintergrund in ihrem Alltag als Richter_in eine Rolle spielt, wenn sie in Interaktionen mit migrantischen Rechtsunterworfenen treten. Wie zuvor bereits erläutert, kann dabei der Migrationshintergrund der Richter_innen auch salient werden, wenn er nicht direkt angesprochen wird. Beispielsweise kann den Richter_innen ihre eigene Migrationserfahrung innerlich gewahr werden, wenn sie den Migrationshintergrund von Rechtsunterworfenen wahrnehmen, mit denen sie gerade interagieren. Auch kann das Verstehen einer anderen Sprache außer dem Deutschen als Stimulus für das Salient werden des eigenen Migrationshintergrundes dienen.

> *„Also, wo es mir dann immer wieder mal auffällt, mir selbst, ist natürlich in Sitzungen (…) Da hat man dann türkischstämmige Leute dasitzen, oder Leute, die der türkischen Sprache mächtig sind, die ich hier und da so ein bisschen verstehe."* (3.1.6-9)

Dieses *indirekte* Ansprechen des Migrationshintergrundes geschieht also als innerlicher Prozess bei den migrantischen Richter_innen. Wenn das soziale Merkmal von anderen Interaktionspartnern nicht direkt angesprochen wird, haben die Richter_innen allerdings die Möglichkeit einen selbstbestimmteren Umgang mit der Salienz zu finden, z. B. ob und wie sie ihren eigenen Migrationshintergrund in die Interaktion miteinbringen möchten.

3.3.3 Salient werden des Migrationshintergrundes der Richter_innen

Wie bereits in Kapitel 3.2 erläutert, ist das *Salient werden des Migrationshintergrundes der Richter_innen* das zentrale Geschehnis, die Kernkategorie der vorgelegten, gegenstandsbegründeten Theorie. Das *Salient werden des Migrationshintergrundes* eignete sich auch deshalb als Kernkategorie, da sich diese Kategorie gut in Verbindung setzen lässt zu den anderen, bei der Datenauswertung, emergierten Kategorien. So habe ich in den vorangegangenen Kapiteln dargelegt, welche Bedingungen dazu führen, dass der Migrationshintergrund der Richter_innen salient wird. In den folgenden Kapiteln werde ich erläutern, wie die Richter_innen mit dieser Salienz umgehen.

Wie bereits erläutert, leitete mich bei der Modellierung meiner Daten und der Entwicklung der Kernkategorie meiner gegenstandsbegründeten Theorie eine sozialkonstruktivistische Perspektive. Dieser folgend, analysierte ich, welche Bedeutungszuschreibungen für den Migrationshintergrund der Richter_innen in den Interaktionen mit migrantischen Rechtsunterworfenen konstruiert werden (siehe Abbildung 4).

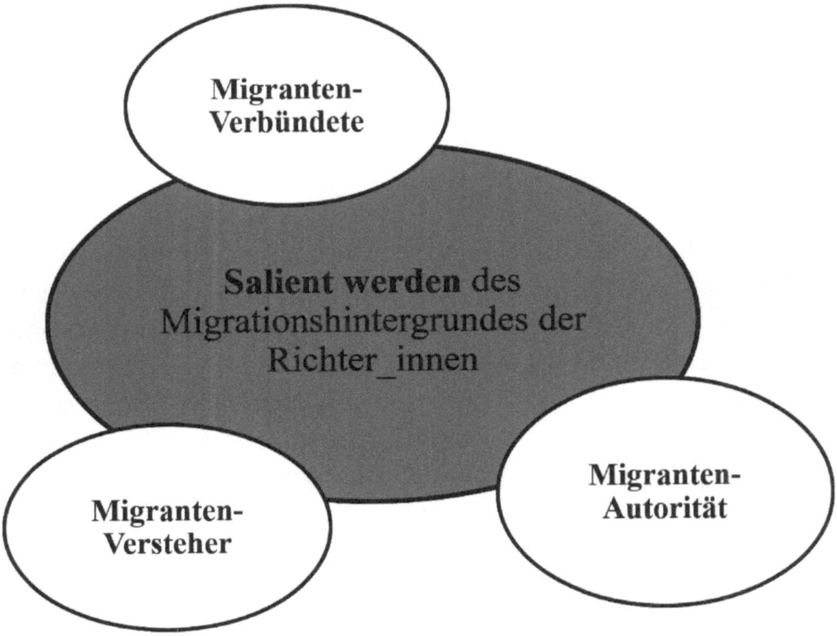

Abb. 4: Bedeutungskonstruktionen bezüglich des Migrationshintergrundes der Richter_innen in Interaktionen mit migrantischen Rechtsunterworfenen

Hierbei ist wichtig zu betonen, dass diese Bedeutungskonstruktionen von den Rechtsunterworfenen, also von außen durch die soziale Umwelt, aber auch von den Richter_innen selbst getätigt werden. Bei den Richter_innen selbst passieren diese Bedeutungskonstruktionen für ihren Migrationshintergrund als innerliche Prozesse und werden in der Interaktion mit Migrant_innen nach der Analyse der Gesprächsdaten in der Regel nicht offen thematisiert.

3.3.3.1 Die Richter_innen als Migrantenverbündete

Eine Bedeutung, die von migrantischen Rechtsunterworfenen bezüglich des Migrationshintergrundes der Richter_innen konstruiert wird, ist, dass sich migrantische Richter_innen mit der Gruppe der Migrant_innen in Deutschland verbunden fühlen. Ohne die Privatpersönlichkeit der Richter_innen zu kennen, gehen sie davon aus, dass Richter_innen, die mit ihnen das soziale Merkmal Migrationshintergrund teilen, sich über das Richteramt hinaus, als Teil der gemeinsamen Gruppe der Migrant_innen fühlen. Mit dieser Bedeutungszuschreibung sind spezifische Erwartungen an die Richter_innen geknüpft, z. B. dass das Vorhandensein des sozialen Merkmals Einfluss auf die Urteilsfindung haben könnte.

> *„Also, dass ich häufig bei den Betreuten, die halt Ausländer sind, dass ich das Gefühl habe, dass sie da so ein bisschen mehr Solidarität erwarten und uns beide halt so als eine Einheit sehen. Wenn sie Schwierigkeiten mit den Behörden haben, dass sie sagen, „ja, Sie verstehen das doch, die Deutschen, die machen uns das Leben schwer", so dann auch erwarten, dass ich mich mit ihnen solidarisiere."* (4.1.35-40)

Diese Bedeutungskonstruktion für den Migrationshintergrund der Richter_innen kann von anderen Prozessbeteiligten wie z. B. Anwälten noch verstärkt werden, wie der folgende Gesprächsausschnitt verdeutlicht:

„Weil im Vorfeld dann hat der Verteidiger so kommuniziert, „die Richterin kommt aus Russland, Sie kommen ja auch aus Russland, dann können Sie vielleicht so ein bisschen Milde erwarten". Und nachher sagt dann der Verteidiger zu mir, „ja da war die Angeklagte halt enttäuscht, dass das doch jetzt keine Bewährungsstrafe, sondern Freiheitsstrafe ohne Bewährung bekommen hatte." (4.1.19-24)

Die migrantischen Richter_innen als *Migrantenverbündete*, diese Bedeutungskonstruktion wird auch von Richter_innen selbst vorgenommen. In Interaktionen mit Migrant_innen wird der eigene Migrationshintergrund von den Richter_innen als Symbol dafür gesehen, dass sie über das Richteramt hinaus mit der Gruppe der Migrant_innen verbunden seien und dass diese Verbundenheit bedeutend für das richterliche Handeln sei.

„(...) man weiß ja vorher auch, von während der Schulzeit schon immer, dass sie dann gesagt haben, ah ich kann bei Gericht eh sagen, was ich will, von Bekannten die irgendeine Verhandlung hatten, mir glaubt ja sowieso keiner bei Gericht. Dass sie vielleicht dieses Misstrauen bei einem Richter mit Migrationshintergrund nicht ohne Weiteres haben." (1.28.18-22)

Die migrantischen Richter_innen betonen aber, dass es trotz der Verbundenheit zu Migrant_innen nicht um eine Beeinflussung der Urteile gehe, wie es teilweise von Prozessbeteiligten erwartet wird. Ihr Migrationshintergrund könne vielmehr die Basis bieten, dass es in Verfahren gegenüber migrantischen Prozessbeteiligten nur um Recht und Gesetze an sich gehe. Migrant_innen können und sollen vor Gericht nach dieser Perspektive nicht per se aufgrund ihres Migrantenstatus davon ausgehen, dass sie benachteiligt werden, da sie ja von einem Migranten als Richter_innen verurteilt werden.

„Und was dann vielleicht auch das Gefühl, man ist da nicht ein bloßes Objekt des Verfahrens, was vielleicht stärker vertreten ist bei Leuten auch die diese Benachteiligungsidee haben, sondern man ist ernstgenommenes Subjekt dieses Verfahrens.“ (6.9.34-37)

Wie zuvor bereits angedeutet, geschieht diese Bedeutungskonstruktion, die von den Richter_innen selbst getätigt wird, als innerlicher Prozess bei den Richter_innen, d. h. die migrantischen Richter_innen thematisieren die Verbundenheit mit Migrant_innen nicht offen in Interaktionen mit migrantischen Rechtsunterworfenen. Nach Analyse der vorliegenden Daten entscheiden die Richter_innen situativ und abhängig von persönlichen Haltungen, ob sie ihre Verbundenheit mit Migrant_innen offen in die Interaktionen einbringen. Eine offene Thematisierung ordne ich in der Logik des hier vorgestellten Modells, als Fokussierungsstrategie ein, wie ich im Verlauf noch genauer erläutern werde.

3.3.3.2 Die Richter_innen als Migrantenversteher

Eine weitere Bedeutungskonstruktion für den Migrationshintergrund der Richter_innen ist, dass das soziale Merkmal die Richter_innen zu *Migrantenversteher* mache. Zunächst ist dies natürlich nicht nur eine Bedeutungskonstruktion, sondern aufgrund der Sprachkompetenzen der migrantischen Richter_innen faktisch gegeben, dass sie Migrant_innen buchstäblich besser verstehen als Richter_innen ohne Migrationshintergrund.

„Was auch hilfreich ist, in zum Beispiel Sitzungen. Wenn man da die Parteien hat, die vielleicht auch die Sprache sprechen, die ich spreche, als Muttersprache, dass man dann auch ein bisschen mitkriegt, was da vielleicht hinter den Kulissen passiert. Was man als vielleicht nur rein deutschsprechender Richter nicht hätte.“ (7.1.12-16).

Im weiter gefassten Sinne, wird dem Migrationshintergrund zusätzlich die Bedeutung zugeschrieben, dass migrantische Richter_innen Migrant_innen grundsätzlich besser verstehen können als Richter_innen ohne Migrationshintergrund. Aufgrund des geteilten sozialen Merkmals, wird davon ausgegangen, dass Richter_innen mit Migrationshintergrund sich besser in Migrant_innen und deren Lebenswelt eindenken und einfühlen können. Diese Bedeutungskonstruktion des Migrantenverstehers wird auch von den migrantischen Richter_innen selbst vorgenommen.

> *„Ich denke schon, weiß besser, wie die ticken. Wo vielleicht auch Konflikte ihre Ursache haben, die hier rechtlich ausgetragen werden. Weil nicht jeder Konflikt der rechtlich ausgetragen wird, ist ein Konflikt über das Recht (…) Und ich denke schon, dass ich in vielen Fällen, wenn zum Beispiel auch Familienangehörige über Dinge miteinander streiten schon weiß wie die ticken. Wie das Familiengefüge ist und vielleicht an welcher Stelle die Konflikte aufgetreten sind.“* (6.13.17-27)

Über das Teilen des gemeinsamen sozialen Merkmals, gehen die migrantischen Richter_innen davon aus, dass sie migrantische Rechtsunterworfene über die Sprache hinaus besser verstehen und einschätzen können als Richter_innen ohne Migrationshintergrund.

> *„Und ich denke da hat man schon, glaube ich ein anderes Verständnis auch dafür, warum bestimmte Sachen, in einer Art und Weise gemacht werden oder gedacht werden oder gefordert werden, die man vielleicht jetzt als rein deutscher oder rein christlicher Richter vielleicht nicht hätte.“* (7.1.19-23)

Die Daten zeigen, dass dieses bessere Verstehen von Migrant_innen über die Sprache hinaus teilweise schwierig zu konkretisieren ist.

> *„Und man hat eine Partei dabei, und die sind beide aus dem gleichen Kulturkreis, aus dem ich auch komme, dass man dann vielleicht, wenn es jetzt Brüder sind vielleicht so ein bisschen zwischen den Zeilen lesen kann. Ich kann jetzt gar nicht so konkret sagen was es ist.“* (7.3.36-39)

Dies unterstreicht, dass das bessere Verstehen von Migrant_innen zunächst mal eine Bedeutungskonstruktion ist. Wie bei der Bedeutungskonstruktion *Migrantenverbündeter* betonen die migrantischen Richter_innen auch in diesem Zusammenhang, dass ein besseres Verstehen von Migrant_innen keine zwangsläufigen Folgen für ihr richterliches Denken und Handeln habe.

> *„Und da kann es meiner Meinung nach schon eine gute Hintergrundinformation sein, für einen selber, wenn man weiß, wie die Leute ticken. Einfach kulturell ticken. (...). Ohne daraus jetzt unbedingt rechtlich was zu folgern." (7.4.25-31)*

Dies bedeutet, dass migrantische Richter_innen zwar innerlich die Bedeutung konstruieren können, dass sie aufgrund ihres eigenen Migrationshintergrundes Migrant_innen besser verstehen können. Die migrantischen Richter_innen entscheiden aber auch hier situativ und abhängig von persönlichen Haltungen, ob das Verstehen von Migrant_innen in konkretes richterliches Handeln übersetzt wird.

3.3.3.3 Die Richter_innen als Migrantenautorität

Eine weitere Bedeutungskonstruktion für den Migrationshintergrund der Richter_innen ist, dass dieser die Richter_innen zu einer besonderen Autoritätsperson für migrantische Rechtsunterworfene mache.

> *„Genau und vor allen Dingen auch was der Kollege seinerzeit so im Interview gesagt hat, die Aussagen, kann ich grad wiedergeben und die teile ich auch. Zum Beispiel hat er gesagt, die Akzeptanz bei Menschen mit Migrationshintergrund, wenn die bei ihm in der Verhandlung sitzen, die ist höher, wenn sie sehen, ach da sitzt ja einer, der hat auch einen türkischstämmigen Namen." (1.24.25-29)*

Die Bedeutungskonstruktion als *Migrantenautorität* wird auf der Basis der vorliegenden Daten von den Richter_innen selbst vorgenommen.

> *„Aber man hat natürlich zum Beispiel in der Zivilverhandlung, wenn man dann mit denen spricht, hat ich ja auch schon, bei so einem Migrationshintergrund gegeneinander, dass die einen dann schon eher zuhören und wenn man denen dann einen Vorschlag macht, dass man sagt, hier überlege doch mal, dass die dann darauf eher eingehen, denke ich mal, als wenn das jemand denen sagt, der keinen Migrationshintergrund hat. Da merke ich so die Akzeptanz."* (1.28.6-11)

Die vorliegenden Daten liefern kein empirisches Material dafür, dass migrantische Rechtsunterworfene in Interaktionen mit den migrantischen Richter_innen thematisieren, dass diese Richter_innen mit Migrationshintergrund als besondere Autoritätspersonen wahrnehmen. Dies müssen zukünftige Studien näher untersuchen, in denen z. B. auch die migrantischen Rechtsunterworfenen selbst befragt werden.

3.3.4 Umgang der Richter_innen mit der Salienz des eigenen Migrationshintergrundes: Situationsübergreifende Haltungen beeinflussen die Strategienanwendung der migrantischen Richter_innen

In den Kapiteln zuvor habe ich dargelegt, welche Bedingungskonstellationen in der Welt der Rechtsunterworfenen Einfluss auf das Salient werden des Migrationshintergrundes der Richter_innen ausüben und welche Bedeutungskonstruktionen für das soziale Merkmal in den Interaktionen zwischen migrantischen Richter_innen und migrantischen Rechtsunterworfenen salient werden. In den folgenden Kapiteln möchte ich daran anknüpfend beschreiben, wie die migrantischen Richter_innen mit der Salienz ihres sozialen Merkmals umgehen. Abbildung 5 zeigt die grafische Übersicht, wie migrantische Richter_innen in der Logik der hier vorgestellten, gegenstandsbegründeten Theorie mit der Salienz ihres Migrationshintergrundes umgehen.

Bei der Kodierung der Gespräche hinsichtlich möglicher Handlungs- und interaktionaler Strategien konnte ich zunehmend herausarbeiten, dass neben expliziten, potentiell beobachtbaren Strategien auch innerliche Prozesse bei den migrantischen Richter_innen bedeutsam sind und die Aushandlungsprozesse bezüglich ihres salient gewordenen Migrationshintergrundes mitbestimmen. Im Rahmen der Modellierungsarbeit beschrieb ich diese innerlichen Prozesse zunächst als *innerliche* Strategien. Durch weitere Modellierungsarbeit und inspiriert durch den Austausch im Forschungskolloquium und mit meinen Betreuern emergierte im Zuge der weiteren Datenanalyse aber immer stärker ein situationsübergreifender Charakter dieser innerlichen Prozesse. Es zeigte sich bei der weiteren Datenauswertung, dass es sich bei diesen innerlichen Prozessen nicht um innerliche Strategien handelt, die die migrantischen Richter_innen situativ anwenden, um mit der Salienz ihres Migrationshintergrundes umzugehen. Sondern es emergierten vielmehr situationsübergreifende Haltungen, die die Richter_innen grundsätzlich bezüglich der Beziehung zwischen ihrem Migrationshintergrund und ihrem Richteramt einnehmen können.

Im Rahmen der Kodierarbeit konnte ich drei grundsätzliche Haltungen herausarbeiten, die der Strategienauswahl- und anwendung in der Logik des hier dargestellten Modells vorgeschaltet sind, wie es auch in der Abbildung 5 grafisch veranschaulicht ist. Wie in der Abbildung ebenfalls dargestellt, gibt es Überschneidungen und fließende Übergänge zwischen den drei Haltungen *exkludierend*, *pragmatisch* und *inkludierend*. Damit soll unterstrichen werden, dass die Haltungen nicht als kategoriale Schubladen zu verstehen sind, die klar voneinander abgegrenzt und in die die einzelnen migrantischen Richter_innen eindeutig einsortierbar sind. Die Analyse der Daten zeigt, dass die einzelnen Richter_innen zwar tendenziell zu einer der drei grundsätzlichen Haltungen neigen, es aber in der Realität auch der Fall sein kann, dass Richter_innen Mischformen der Haltungen aufweisen.

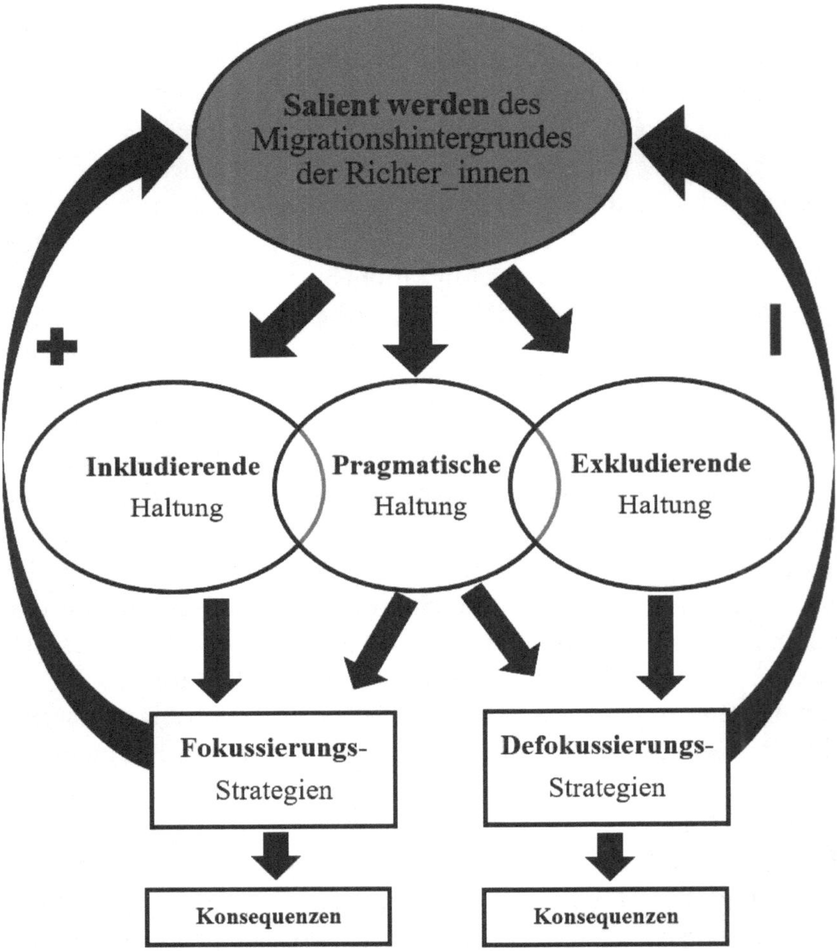

Abb. 5: Umgang der migrantischen Richter_innen mit der Salienz ihres Migrationshintergrundes

Wie einzelne Gesprächspassagen der befragten migrantischen Richter_innen zeigen, beeinflussen sehr wahrscheinlich biografische Erfahrungen als Migrant, familiäre Prägungen und das angestrebte Assimilationsniveau, welche Haltungen die Richter_innen bezüglich ihres Migrationshintergrundes einnehmen. Ich habe mich dazu entschieden diese Einflussfaktoren nicht innerhalb meiner Theorie zu modellieren, da der Fokus meiner Gespräche auf dem richterlichen Alltag lag und nicht den Anspruch hatten, den biografischen Sozialisationsprozess der Richter_innen in Gänze zu erfassen. Zudem wollte ich zur Rezipierbarkeit der Modellierung, die Komplexität der vorgelegten gegenstandsbegründeten Theorie nicht noch weiter erhöhen. Im Folgenden möchte ich die drei Haltungen vorstellen, die die Richter_innen grundsätzlich bezüglich der Beziehung zwischen ihrem Migrationshintergrund und ihrem Richteramt einnehmen können.

3.3.4.1 Exkludierende Haltung: Der Migrationshintergrund wird aus dem Richteramt ausgeklammert

Migrantische Richter_innen mit einer exkludierenden Haltung nehmen die Ansicht ein, dass beim Ausfüllen der beruflichen Rolle als Richter_in das eigene Migrant-sein keine Rolle spielt bzw. spielen sollte. Der eigene Migrationshintergrund wird der Privatpersönlichkeit zugeordnet, aus dem Richteramt soll die eigene Migrationserfahrung *exkludiert* werden. Für Richter_innen mit einer *exkludierenden Haltung* ist der eigene Migrationshintergrund keine Bereicherung für das Richteramt, sondern wird tendenziell sogar als störend für die richterliche Tätigkeit bewertet.

> *„I: Und wenn ich Sie jetzt wiederum richtig verstehe, Sie meinen so was wie eine persönliche Lebensgeschichte, so was wie Migrationserfahrung, das wäre so was Persönliches quasi, das wäre so der Privatmensch?*
> *B: Ja das ist in der Privatsphäre zugeordnet und im Regelfall hilft das bei der Entscheidung eines Falles nicht. Und sehen Sie, bei den Juristen gibt es einen Grundsatz, was überflüssig ist, ist falsch. Und das ist was Überflüssiges, weil es nichts, weil es nicht weiterbringt“* (2.3.23-30)

Diese exkludierende Haltung wird auch mit der Natur des Richteramtes begründet. Richter_innen mit einer exkludierenden Haltung werten den eigenen Migrationshintergrund als nicht gut vereinbar mit dem Ausführen des Richteramtes.

„Ich will ja in der mündlichen Verhandlung mit Leuten kein persönliches Gespräch anfangen, sondern es soll bei der Sache bleiben. Ich will mit denen weder Freund noch Feind werden. Ich bin einfach der Richter. Und deswegen also halte ich da auch das Privatleben raus." (2.2.24-27)

Der eigene Migrationshintergrund wird nicht als zusätzliche Ressource gewertet, die sie gegenüber Richter_innen ohne Migrationshintergrund bevorteilt. Für Richter_innen mit einer exkludierenden Haltung ist der eigene Migrationshintergrund vielmehr eine Störvariable für den richterlichen Beruf und deshalb sind sie darum bemüht, dass diese Störvariable keinen Einfluss auf das richterliche Handeln ausübt. Die Richter_innen berufen sich beim Exkludieren des Migrant-seins aus dem Richterberuf auf ein vermeintliches, normatives Richterbild, das den Richter als neutrales Funktionswesen eines Rechtsstaates zeichnet.

„Eine der Rechtstaatsprinzipien ist, dass Recht und Rechtsanwendung voraussehbar sein sollte. Und ob sie voraussehbar ist in dem vorliegenden Fall, muss sie generell einheitlich erfolgen. Und dieses Einheitliche lernen heißt, es wird so ein bisschen das Individuelle rausgetrieben. Du sollst nach bestimmten Schemata vorgehen und bestimmte Denkabläufe anwenden und in diesem hat dann naturgemäß das Persönliche relativ wenig Raum." (2.3.16-21)

Migrantische Richter_innen mit einer exkludierenden Haltung sehen sich in der beruflichen Rolle als Richter_in als entpersonalisiertes, rechtsstaatliches Funktionswesen und bemühen sich deshalb das eigene Migrant-sein aus der richterlichen Tätigkeit auszuklammern.

„Also gerade der richterliche Beruf, glaube ich, ist einer, wo man also die Persönlichkeit, wo die also nicht im Vordergrund stehen sollte." (2.3.6-8)

Wie im Kontextmodell dargestellt, ist der Anspruch an Entpersonalisierung ein zentrales Charakteristikum des Richterberufes, das symbolisch durch die Richterrobe untermalt werden soll. Migrantische Richter_innen mit einer exkludierenden Haltung erfüllen mit dem Bestreben die private Migrationserfahrung aus dem Richteramt auszuklammern damit diesen Anspruch an Entpersonalisierung. Als Migrant sehen sich Richter_innen mit einer exkludierenden Haltung höchstens, wenn sie das Gerichtsgebäude verlassen und die Rolle als Privatperson einnehmen. Im Gerichtsgebäude möchten sie vor allem als Mitglied der Justiz und nicht als Mitglied der Gruppe der Migrant_innen wahrgenommen werden.

3.3.4.2 Pragmatische Haltung: Nutzt oder schadet mir mein Migrationshintergrund bei der richterlichen Tätigkeit?

Migrantische Richter_innen mit einer *pragmatischen Haltung* haben einen nüchtern-abwägenden Blick auf die Beziehung zwischen ihrem Migrationshintergrund und ihrer Tätigkeit als Richter_in. Sie haben weder die grundsätzliche Haltung ihr Migrant-sein aus dem Richteramt auszuklammern, noch ist für sie der eigene Migrationshintergrund ein selbstverständlicher Teil der beruflichen Rolle als Richter_in. Die migrantischen Richter_innen mit einer pragmatischen Haltung entscheiden situativ und prozess-orientiert, ob ihnen ihre Migrationserfahrung bei der Bewältigung der richterlichen Aufgaben nützlich erscheint oder ob sie ihren Migrationshintergrund eher als störend für das Ausüben des Richteramtes bewerten.

> *„(...) mich stört das ja auch nicht, wenn ich angesprochen werde. Also was dann jetzt so ein bisschen unangenehm ist, sind eben dann diese Verbrüderungsversuche. Das empfinde ich so ein bisschen als lästig halt“* (4.17.13-15)

Auf Basis dieser Abwägungen, treffen sie die Entscheidung, ob sie die eigene Migrationserfahrung sowie die daran verknüpften Kompetenzen aktiv in ihre Tätigkeit als Richter_in einbringen oder ob sie ihr Migrant-sein aus dem Richteramt ausklammern.

> *„Aber solange das primär keine Rolle spielt, glaube ich hilft es viel mehr, den Leuten deutlich zu machen, dass man selber sich nur als Amtsträger*

sieht. Und nicht als Amtsträger mit Migrationshintergrund. Es sei denn es bringt Vorteile mit sich. Dann kann man vielleicht halt (...) das Angebot machen „ich kann euch helfen, ich habe diesen Hintergrund, ich weiß ungefähr, was ihr meint" (5.8.14-19)

Die Richter_innen haben also eine *pragmatische* Sicht auf ihren Migrationshintergrund. Richter_innen mit einer pragmatischen Haltung bringen ihren eigenen Migrationshintergrund in die richterliche Tätigkeit ein, wenn dieser ihnen nach ihrer Bewertung bei der Bewältigung der richterlichen Aufgaben nützt. Verursacht der Migrationshintergrund nach ihrer Ansicht aber mehr Kosten, als dass er nutzt, so streben sie danach, ihren eigenen Migrationshintergrund aus dem Richteramt auszuklammern. Nach dieser pragmatischen Haltung ist der eigene Migrationshintergrund ein potentielles Werkzeug, dass die migrantischen Richter_innen situativ einsetzen können, wenn es bei der Ausführung der richterlichen Aufgaben nützt.

Richter_innen mit dieser pragmatischen Haltung sind auf die Bewältigung der richterlichen Aufgaben fokussiert, sie machen sich in geringerem Maße grundsätzliche Gedanken über die Beziehung zwischen ihrem Migrantenstatus und ihrer Rolle als Richterin, als dies Richter_innen mit einer exkludierenden oder einer inkludierenden Haltung machen. Die Richter_innen möchten effektiv ihre Aufgaben erfüllen und wenn der eigene Migrationshintergrund und die damit verknüpften Kompetenzen dabei hilfreich sein kann, so agieren Richter_innen mit einer pragmatischen Haltung nicht nur im privaten Umfeld als Migrant, sondern auch in ihrer beruflichen Rolle als Richter_in. Treffen die Richter_innen jedoch für sich die Abwägung, dass der eigene Migrationshintergrund nicht hilfreich für das richterliche Handeln ist, so besinnen sie sich wie die Richter_innen mit einer exkludierenden Haltung auf ein normatives Richterbild und sind bestrebt die eigene Migrationserfahrung aus dem Richteramt auszuklammern.

3.3.4.3 Inkludierende Haltung: Der Migrationshintergrund als selbstverständlicher Teil der richterlichen Identität

Im Gegensatz zu Richter_innen mit einer exkludierenden Haltung, sind für migrantische Richter_innen mit einer *inkludierenden Haltung* das eigene Migrant-sein und das Richteramt gut vereinbar. Sie haben nicht das grundsätzliche Bestreben ihren Migrationshintergrund aus ihrer beruflichen Tätigkeit zu exkludieren. Sie inkludieren ihr Migrant-sein in die Ausübung des Richteramtes, auch weil ihr Migrationshintergrund aus ihrer Sicht ihre beruflichen Kompetenzen als Richter_in erweitert.

> *„Also ich denke es ist auf jeden Fall eine Bereicherung. Ja, ich denke es ist eine Bereicherung für mich selber, weil mir sozusagen dieses zusätzliche Mittel zur Verfügung steht. Aber es ist auch eine Bereicherung für die Parteien, aufgrund der, ich sag mal gewisser Negativerfahrungen, die gar nicht erst entstehen können."* (6.10.14-17)

Nach dieser *inkludierenden Haltung* ist der eigene Migrationshintergrund ein selbstverständlicher Teil der beruflichen Rolle als Richter_in und der Migrationshintergrund wird im Gegensatz zur exkludierenden Haltung nicht nur mit der Privatpersönlichkeit assoziiert. Richter_innen mit einer inkludierenden Haltung machen für sich keine Trennung zwischen der beruflichen Rolle als Richter_in und der privaten Rolle als Migrant_in, sondern sie sehen sich eben als Richter_in *mit* Migrationshintergrund und bewerten ihren Migrationshintergrund als Teil der beruflichen Ressourcen. Sie bewerten ihren Migrationshintergrund als einen Faktor, der ihn gegenüber Kolleg_innen ohne Migrationshintergrund bevorteilt.

> *„(...) ansonsten kenne ich eigentlich so die Familienstreitigkeiten nur aus den Erbstreitigkeiten, da kommt das natürlich häufig vor. Aber der Blickwinkel ist mit Sicherheit, wenn es jetzt eine Familie mit Migrationshintergrund ist, anders als jemand, der keinen Migrationshintergrund hat, würde ich schon sagen."* (1.31.23-27)

Passend zu dieser grundsätzlichen Haltung der Vereinbarkeit von Richteramt und Migrant-sein, werden bei migrantischen Richter_innen mit einer inkludierenden Haltung auch Irritationen ausgelöst, wenn beispielsweise bei der Einstellungsprozedur zum Richteramt der Migrationshintergrund nicht thematisiert wird.

> *„Im Assessment Center hat das interessanterweise gar keine Rolle gespielt. (...) Es ist keine einzige Frage in der Richtung gestellt worden. (...) Vielleicht ist es ein Tabuthema, ich weiß es nicht. Also die haben jetzt nicht irgendwie gesagt, können Sie Ihre Kultur oder so einbringen, können Sie uns da irgendwie weiterhelfen, wir als Richterin, die Sie einstellen. (Pause). Nein, das hat keine Rolle gespielt."* (1.25.2-13)

Im Gegensatz zur exkludierenden Haltung, hat diese inkludierende Haltung nach der Analyse der vorliegenden Daten einen selbstverständlicheren Charakter. Während Richter_innen mit einer exkludierenden Haltung bewusster und gezielter die Entscheidung treffen ihren Migrationshintergrund aus dem Richteramt auszuklammern, ist es für migrantische Richter_innen mit einer inkludierenden Haltung ohne eine bewusste Entscheidungsprozedur selbstverständlich, dass sie ihr Migrant-sein in ihre richterliche Tätigkeit einbringen. Sie streben nicht danach außerhalb des Gerichtsgebäudes als Migrant und im Gerichtssaal als entpersonalisierter Amtsträger zu agieren, sondern sie agieren selbstverständlich als Richter_innen *mit* Migrationshintergrund.

Wie zuvor bereits erläutert, ist es zusammenfassend nochmal wichtig zu betonen, dass es nach der Logik des hier vorgestellten Modells fließende Übergänge zwischen den grundsätzlichen Haltungen *exkludierend, pragmatisch* und *inkludierend* gibt. Wie die vorliegenden Gesprächsdaten bereits andeuten, werden migrantische Richter_innen in der Realität häufig nicht eindeutig genau eine der drei Haltungen aufweisen, sondern es werden häufig Mischformen zu finden sein, beispielsweise *pragmatisch-exkludierend* oder *pragmatisch-inkludierend.* Dennoch zeigen die Daten, dass es für das Verständnis des Untersuchungsgegenstandes von erheblicher Aussagekraft ist, ob migrantische Richter_innen tendenziell eher eine exkludierende, pragmatische oder eine inkludierende Haltung aufweist.

3.3.5 Handlungs- und interaktionale Strategien: Fokussierung und Defokussierung des Migrationshintergrundes

Wie im vorherigen Kapitel dargestellt, unterscheiden sich migrantische Richter_innen in ihren grundsätzlichen Haltungen bezüglich der Beziehung zwischen ihrem Migrationshintergrund und ihrem Richteramt. Diese Haltungen beeinflussen, welche Handlungs- und interaktionalen Strategien die Richter_innen auswählen und anwenden, um mit ihrem salient gewordenen sozialen Merkmal Migrationshintergrund umzugehen. Im folgenden Abschnitt gebe ich eine Darstellung darüber, welche Strategien die Richter_innen in der Interaktion mit migrantischen Rechtsunterworfenen anwenden, um mit der Salienz ihres Migrationshintergrundes umzugehen. Bei der Analyse der Gesprächsdaten, emergierten zwei übergeordnete Hauptkategorien an Strategien, die sich in der grundsätzlichen strategischen Zielsetzung unterscheiden. Zur Veranschaulichung habe ich Abbildung 5 nochmal angeführt.

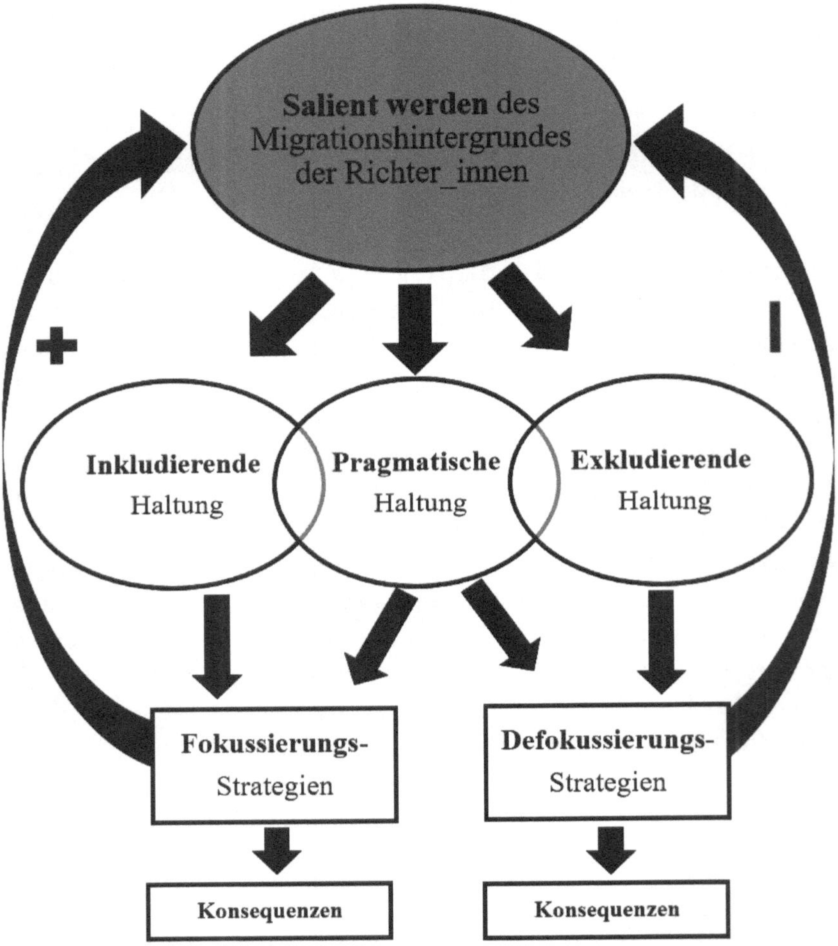

Abb. 5: Umgang der migrantischen Richter_innen mit der Salienz ihres Migrationshintergrundes

Wenn ihr Migrationshintergrund in der Interaktion mit migrantischen Rechtsunterworfenen salient wird, gibt es nach der Logik der hier vorgestellten Theorie für die migrantischen Richter_innen grundsätzlich zwei Wege, um mit dieser Salienz umzugehen. Sie können sich dafür entscheiden, die Salienz ihres Migrationshintergrundes aufrechtzuerhalten bzw. zu verstärken oder sie können sich dafür entscheiden, die Salienz ihres sozialen Merkmals in der Interaktion wieder zu reduzieren. Auf der Ebene der Handlungs- und interaktionalen Strategien modellierte ich deshalb als übergeordnete Strategiekategorien *Fokussierungstrategien* und *Defokussierungsstrategien*.

Mithilfe von *Fokussierungsstrategien* nutzen die Richter_innen ihr salient gewordenes soziales Merkmal und die damit verbundenen Attribute in der Interaktion mit migrantischen Rechtsunterworfenen. Sie *fokussieren* also auf ihren eigenen Migrationshintergrund und sorgen so für eine Aufrechterhaltung bzw. Verstärkung der Salienz ihres Migrationshintergrundes. Mit *Defokussierungsstrategien* versuchen sie die Salienz ihres Migrationshintergrundes in der Interaktion mit migrantischen Rechtsunterworfenen hingegen wieder zu reduzieren. Sie *defokussieren* von ihrem auffällig gewordenen sozialen Merkmal.

An dieser Stelle ist es nochmal wichtig zu betonen, dass die Anwendung der einzelnen Strategien maßgeblich von den grundsätzlichen Haltungen abhängt, die die Richter_innen bezüglich der Beziehung zwischen ihrem Migrationshintergrund und ihrem Richteramt einnehmen. Dementsprechend ist die Anwendung der Strategien nicht immer als bewusste, reflektierte und strategische Entscheidung der migrantischen Richter_innen zu verstehen. Häufig ist die Strategienanwendung auch eine unreflektierte, quasi fast automatische Entscheidung der Richter_innen, die sich häufig aus den Haltungen gegenüber ihrem Migrationshintergrund ergibt.

In der Logik des hier vorgestellten Modells sind die Zusammenhänge zwischen den Haltungen und der Strategienanwendung folgendermaßen zu verstehen, wie ich auch in Abbildung 5 grafisch veranschaulicht habe: Je deutlicher migrantische Richter_innen der *inkludierenden Haltung* zuzuordnen sind, desto stärker neigen sie dazu *Fokussierungsstrategien* anzuwenden, wenn ihr Migrationshintergrund salient wird. Umgekehrt tendieren migrantische Richter_innen umso stärker zu *Defokussierungsstrategien*, je deutlicher sie eine *exkludierende Haltung* aufweisen. Richter_innen mit einer *pragmatischen Haltung* neigen dazu alternierend *Fokussierungs-* und *Defokussierungsstrategien* anzuwenden, je nach situativer

Abwägung. Im Folgenden werde ich die einzelnen *Fokussierungs-* und *Defokussierungsstrategien* genauer erläutern, die im Zuge der Datenauswertung herausgearbeitet werden konnten. Abbildung 6 zeigt eine Übersicht der Strategien, die die Richter_innen in der Interaktion mit migrantischen Rechtsunterworfenen anwenden, um mit ihrem salient gewordenen Migrationshintergrund umzugehen und die Konsequenzen, die sich aus der Anwendung der Strategien ergeben.

Fokussierungsstrategien	**Defokussierungsstrategien**
- Gemeinsame Muttersprache nutzen - Eigenen Migrationshintergrund in der Interaktion markieren	- Unterlassen von Fokussierungsstrategien - Auf Deutsch als Interaktionssprache bestehen - Fragen zu Migrationserfahrungen und zur Privatpersönlichkeit abwehren
Konsequenzen der Fokussierungsstrategien	**Konsequenzen der Defokussierungsstrategien**
- Migrationshintergrund bleibt salient bzw. wird salienter - Privatpersönlichkeit der Richter_innen wird salienter - Nähe zu Migrant_innen wird größer	- Migrationshintergrund wird weniger salient - Richteramt wird salienter - Distanz zu Migrant_innen wird größer

Abb. 6: Fokussierungsstrategien und Defokussierungsstrategien der migrantischen Richter_innen in Interaktionen mit migrantischen Rechtsunterworfenen und die aus der Strategienanwendung resultierenden Konsequenzen

3.3.5.1 Fokussierungsstrategie: Gemeinsame Muttersprache nutzen

Um ein Jurastudium so erfolgreich zu bewältigen, damit man Richter_in an einem deutschen Gericht werden und diese Tätigkeit erfolgreich ausführen kann, sind natürlich exzellente Kenntnisse der deutschen Sprache nötig. Daher ist davon auszugehen, dass migrantische Richter_innen, die an deutschen Gerichten arbeiten, über ausgezeichnete Deutschkenntnisse verfügen, was auch die Gesprächspartner der vorliegenden Untersuchung bestätigen. Folgt man den Daten der vorliegenden Untersuchung, ist zudem davon auszugehen, dass Richter_innen mit Migrationshintergrund in der Regel noch eine zweite Sprache fließend sprechen, die sich aus ihrem Migrationshintergrund ergibt und häufig die Muttersprache der Richter_innen ist. Stellt sich die Frage, inwieweit diese Kompetenz im richterlichen Beruf zum Tragen kommt, wenn gesetzlich a priori festgelegt ist, dass die Gerichtssprache Deutsch ist (§184, Gerichtsverfassungsgesetz). Natürlich muss als Ausgangsbedingung erst mal gegeben sein, dass die migrantischen Richter_innen in Interaktion mit Rechtsunterworfenen treten, mit denen sie eine gemeinsame Sprache außer dem Deutschen teilen.

Die Analyse der Gesprächsdaten zeigt, dass Richter_innen mit Migrationshintergrund ihre Fremdsprachenkenntnisse vor allem strategisch einsetzen, um über das Sprechen einer gemeinsamen Muttersprache ein Vertrauensverhältnis zu Rechtsunterworfenen mit Migrationshintergrund aufzubauen und um auf der Basis dieses Vertrauensverhältnisses ihre Aufgaben und Ziele als Richter_in besser erreichen zu können.

> *„Wir haben uns auf Russisch unterhalten, dass sie auch schnell Vertrauen zu mir fassen und wissen, ja dass sie da keine Angst davor haben müssen, jetzt vor der Betreuung, dass ich ihnen das auch erkläre. Weil viele sind dann ja auch allein schon mit dem Begriff Betreuung total überfordert, weil sie wissen jetzt nicht, werden sie total entmündigt, was jetzt alles passiert, werden sie geschlossen untergebracht? Aber dann, dadurch dass ich das ihnen auf Russisch halt alles erkläre, dass diesem Pärchen speziell auch die*

Angst genommen worden ist, vor dem ganzen unbekannten Wesen Betreuung." (4.7.1-8)

Wie der Gesprächsausschnitt zeigt, wird die Muttersprache auch eingesetzt, um rechtliche Angelegenheiten zu erklären und Missverständnisse auszuräumen, die aufgrund der mangelnden Deutschkenntnisse der Rechtsunterworfenen entstehen könnten. Wie die Gesprächspartner bestätigen, können Richter_innen bei mangelnden Deutschkenntnissen der Rechtsunterworfenen Dolmetscher hinzuziehen. Neben pragmatischen Gründen, verzichten migrantische Richter_innen aber auch bewusst auf den Einsatz eines Dolmetschers, da durch das unmittelbare Sprechen einer gemeinsamen Muttersprache in der Perspektive der migrantischen Richter_innen ein anderes Verhältnis zu den Rechtsunterworfenen entstehe und so bestimmte Ziele effizienter erreicht werden können.

„Es ist auch schon mal vorgekommen, dass während der Verhandlung ich Anwälte darum gebeten habe, die Verhandlung zu unterbrechen, weil auf beiden Seiten türkischstämmige Parteien waren und ich dann mit den älteren Herrschaften einfacher in deren Muttersprache gesprochen habe, um die dann von einer bestimmten Lösung, die mir vorgeschwebt hat, zu überzeugen. Und dadurch, dass die Anwälte eingewilligt hatten, und ich die Anwälte auch danach über den Gesprächsinhalt informiert habe und wir beispielsweise in dem konkreten Verfahren auch eine sehr gute und einvernehmliche Lösung erreicht haben, waren alle damit relativ zufrieden." (5.1.15-23)

Wie der Gesprächsausschnitt verdeutlicht, können Richter_innen also auch im Rahmen von Hauptverhandlungen durchaus ihre Fremdsprachenkenntnisse einsetzen. Die Analyse der vorliegenden Gesprächsdaten zeigt aber, dass das Anwenden dieser Strategie wahrscheinlicher in Situationen außerhalb des formalisierten Rahmens von Gerichtsverhandlungen zum Tragen kommt.

Neben Interaktionen im Rahmen von Betreuungsangelegenheiten, wenden migrantische Richter_innen beispielsweise bei Verkündigungsterminen ihre Fremdsprachenkenntnisse an. Auch hier erhoffen sich die Richter_innen über das Sprechen in einer gemeinsamen Muttersprache, ein besseres Verständnis bei den migrantischen Rechtsunterworfenen für ihre rechtlichen Entscheidungen.

> *„(...) nur während des Verfahrens muss es halt in bestimmten Grenzen ablaufen. Und transparent sein. Und danach, dass ich denen das noch mal erkläre. Dann mache ich es auch auf Türkisch, wenn wir nur zu zweit sind. Die Verkündung ist öffentlich und sonst ist niemand da. Da kann ich natürlich auch noch mal erklären, was ich jetzt gerade gesagt habe. Ob auf Deutsch oder auf Türkisch, es steht ja schwarz auf weiß im Urteil drinnen." (7.6.31-36)*

Manche Richter_innen wenden die Strategie des Sprechens einer gemeinsamen Muttersprache indirekter an. So sprechen die Richter_innen migrantische Rechtsunterworfene nicht direkt mit deren Muttersprache an, lassen aber Gespräche teilweise ohne Dolmetscher ablaufen, wenn alle Beteiligten die gleiche Sprache sprechen.

> *„Ich selber spreche nie auf Türkisch, ja das mache ich nicht. Ausnahme nur wenn man Parteien zum Beispiel anhört und alle verstehen das. Da kann dann mal ausnahmsweise auf eine Übersetzung verzichten." (8.14.12-14)*

Wie bereits zuvor beschrieben, wird der Migrationshintergrund der Richter_innen salient, wenn sie in Interaktion treten mit Rechtsunterworfenen, mit denen sie eine gemeinsame Muttersprache teilen. Eine Möglichkeit mit der Salienz des eigenen Migrationshintergrundes in diesem Fall umzugehen, besteht darin, die Möglichkeit des Sprechens einer gemeinsamen Muttersprache für die richterliche Tätigkeit zu nutzen. Die migrantischen Richter_innen verwenden diese Strategie, um über das Sprechen einer gemeinsamen Muttersprache Vertrauen aufzubauen, Missverständnisse zu verhindern und über deutsches Recht aufzuklären.

3.3.5.2 Fokussierungsstrategie: Eigenen Migrationshintergrund in der Interaktion markieren

Neben dem Einsetzen der Muttersprache, besteht eine weitere Fokussierungsstrategie darin, dass die Richter_innen ihren eigenen Migrationshintergrund in der Interaktion mit migrantischen Rechtsunterworfenen markieren. Diese Strategie wenden die migrantischen Richter_innen generell bei Rechtsunterworfenen mit Migrationshintergrund an, auch wenn sie mit den Rechtsunterworfenen keine gemeinsame Muttersprache teilen. Die Richter_innen wenden diese Strategie an, um zu migrantischen Rechtsunterworfenen ein besseres Vertrauensverhältnis aufzubauen. Dieses Vertrauensverhältnis soll dadurch entstehen, in dem die Richter_innen auf eine angenommene, geteilte Lebens- und Erfahrungswelt als Migrant_innen abzielen, um darüber Nähe und Vertrauen zu migrantischen Rechtsunterworfenen aufzubauen.

> *„Was ich dann auch schon mal frage, „wo kommen Sie denn her?" und wenn sie sagen aus Kasachstan, dann sag ich dann auch schon mal, also bei diesem Pärchen, das war aus Kasachstan, „meine Eltern kommen auch aus Kasachstan. Und wo haben Sie denn da gewohnt?". Habe ich das Gefühl, dass sie dann auch mehr mir vertrauen und mehr erzählen, als wenn sie das jemand anderen gegenüber, mehr dann von sich Preis geben." (4.6.40-45)*

Durch das Markieren des eigenen Migrationshintergrundes sollen zudem mögliche Diskriminierungserwartungen auf Seiten der migrantischen Rechtsunterworfenen reduziert werden.

> *„Ich glaube schon, dass da vielleicht ein bisschen mehr Akzeptanz vielleicht geschaffen werden kann. Und was man sagen kann, das ist eben, auf Grundlage des Rechtes und nicht auf Grundlage irgendwelcher vielleicht Vorurteile die man hat. Was man jetzt mir dann zum Beispiel in Bezug auf Migration nicht vorwerfen könnte, weil ich den gleichen Hintergrund habe." (7.6-7.47-3)*

Neben dem Herstellen von Nähe und dem Entgegnen von Diskriminierungsvorbehalten, markieren die Richter_innen ihren Migrationshintergrund, um eine Vermittlerfunktion zwischen verschiedenen Kulturen einnehmen zu können. Die migrantischen Richter_innen signalisieren so Verständnis für ein abweichendes, kulturelles Verständnis. Auf der Basis dieses signalisierten Verständnisses, versuchen sie dann die rechtlichen Argumente zu transportieren.

> *„(...) dadurch, dass ich vielleicht auch beide Kulturen kenne, die deutsche und die türkische, dass man vielleicht sagen kann, „okay aber in Deutschland ist es halt anders". Dass man vielleicht auch da ein bisschen, vielleicht Überzeugungsarbeit oder Erklärungsarbeit leisten kann. Auch gegenüber den Mandanten, wenn die sagen, „ich denke aber ich bin im Recht". So „ja das ist aber nicht recht. Hier ist das Recht so"* (7.11.12-17)

Wie beim Einsatz der Muttersprache nutzen die migrantischen Richter_innen die Strategie des Markierens des eigenen Migrationshintergrundes vor allem dafür, um ihre Ziele, die sich aus dem Richteramt ergeben, effizienter erreichen zu können. Die Richter_innen, die diese Strategie anwenden, betonen, dass sie teilweise erst auf der Basis einer etablierten Vertrauensbeziehung, gut und effektiv auf der rechtlichen Ebene arbeiten können. So würden die rechtlichen Argumente besser erklärt und angenommen werden können, wenn Vertrauen aufgebaut und z. B. Diskriminierungserwartungen auf Seiten der migrantischen Rechtsunterworfenen reduziert seien.

> *„Und versucht manchmal auch gütliche Lösungen auch hinzubekommen. Und da ist es natürlich wichtig, dass man auf jede Art und Weise auch Vertrauensbasen schafft. Das kann bei den einen Migrationshintergrund sein, (...) In dem man einfach vielleicht Vorbehalte schon beseitigt, und in dem dann die rechtlichen Argumente, und das ist letztlich ja nur das Ziel, in dem die rechtlichen Argumente einfach besser durchdringen und besser aufgenommen werden."* (6.4.24-40)

Zusammenfassend lässt sich festhalten, dass die migrantischen Richter_innen die *Fokussierungsstrategien* anwenden, um ein besonderes Verhältnis zu migrantischen Rechtsunterworfenen aufzubauen. Dieses Vertrauensverhältnis nutzen die migrantischen Richter_innen, um ihre Aufgaben zielführend und effektiv erfüllen zu können. Die migrantischen Richter_innen versuchen also mit den Fokussierungsstrategien eine Beziehungsebene zu migrantischen Rechtsunterworfenen herzustellen, um anschließend mit ihnen auf der juristischen Sachebene arbeiten zu können.

3.3.5.3 Konsequenzen der Fokussierungsstrategien

Wie Abbildung 5 grafisch veranschaulicht, bleibt der Migrationshintergrund der Richter_innen durch das Anwenden der Fokussierungsstrategien in der Interaktion mit migrantischen Rechtsunterworfenen nach der Logik der hier vorgelegten Theorie salient bzw. wird noch salienter. Zudem wird die Privatpersönlichkeit der Richter_innen salienter und die Nähe der Richter_innen zu den migrantischen Rechtsunterworfenen wird größer. Die Fokussierungsstrategien führen also bildlich gesprochen dazu, dass der Migrant unter der Richterrobe stärker zum Vorschein kommt.

Wichtig zu erwähnen ist aber auch, dass die migrantischen Richter_innen teilweise wahrnehmen, dass das Anwenden von Fokussierungsstrategien das Potential mit sich trägt, migrantische Rechtsunterworfene besonders zu enttäuschen. Da für die migrantischen Rechtsunterworfenen durch die Fokussierungsstrategien die Bedeutungskonstruktion des Migrantenverbündeten sehr salient wird, können diese umso enttäuschter sein, wenn sich das nicht im richterlichen Urteilen niederschlägt.

> *„Weil sie denken, jetzt haben sie so von sich schon so viel Preis gegeben und auch mich quasi so gesehen, dass ich so die Gute bin, die nicht mit den deutschen Behörden oder mit den Nazis zusammenarbeitet. Und dann ist dann doch so eine Enttäuschung, dass ich dann nicht so entscheide wie sie das gerne hätten."* (4.6.19-23)

3.3.5.4 Defokussierung: Unterlassen von Fokussierungsstrategien

Wie bereits erläutert, versuchen die migrantischen Richter_innen durch das Anwenden von *Defokussierungsstrategien* die Salienz ihres Migrationshintergrundes in der Interaktion mit migrantischen Rechtsunterworfenen zu reduzieren.

Die Defokussierung besteht zum einen darin, dass migrantische Richter_innen die zuvor erläuterten Fokussierungsstrategien in Interaktionen mit migrantischen Rechtsunterworfenen *nicht* anwenden. Die Analyse der Gesprächsdaten zeigt, dass die migrantischen Richter_innen es teilweise ganz bewusst unterlassen, eine gemeinsame Muttersprache zu sprechen oder die eigene Migrationserfahrung zu markieren.

> *„I: Aber Sie setzen es nicht selber bewusst ein, dass Sie sagen, dass Sie, um irgendetwas zu erreichen selber türkisch sprechen. Sondern nur, wenn es Ihnen passt.*
> *B: Nein, nein nur passiv, nur passiv. Genau also ich erzähle den Parteien auch nie wo ich her komme. Wo mein kultureller biographischer Hintergrund ist. Dass spielt gar keine Rolle, ja. Also da verzichte ich bewusst darauf näher darauf ein zu gehen."* (8.14.19-25)

Beim Unterlassen von Fokussierungsstrategien hilft es den migrantischen Richter_innen, dass sie ein offizielles Amt innehaben. Bildlich gesprochen dient ihnen das Richteramt als Schutzmantel, unter dem Attribute des Migrant-seins verdeckt gehalten werden können.

> *„Nein, also ich, wenn ich da hin gehe und eine Entscheidung treffen muss, (…) ich bin dann wirklich die Richterin X. Und dann spielt für mich überhaupt keine Rolle, wo ich herkomme und wo der Angeklagte her kommt. Dass ist völlig unwichtig."* (4.21.9-12)

3.3.5.5 Defokussierungsstrategie: Auf Deutsch als Interaktionssprache bestehen

Eine aktiv eingesetzte Defokussierungsstrategie der migrantischen Richter_innen besteht darin, in der Interaktion mit migrantischen Rechtsunterworfenen auf eine Kommunikation in deutscher Sprache zu bestehen, auch wenn ein Austausch in einer gemeinsamen Muttersprache potentiell möglich wäre.

> *„Manchmal ist es so, dass sie versuchen dann auf türkisch zum Beispiel zu reden (…) Also das passiert ja meistens in der Sitzung, da stelle ich freundlich, höflich klar, dass die Amtssprache deutsch ist. (…) Und wenn sie sich dann eben auf Deutsch nicht artikulieren können, dann müssen wir halt vertagen und einen neuen Termin machen, dann geht es halt nicht anders." (7.4-5.43-10)*

Daran anknüpfend beinhaltet diese Strategie, dass die migrantischen Richter_innen für die Interaktion mit migrantischen Rechtsunterworfenen einen Dolmetscher hinzuziehen, obwohl sie mit ihnen eine gemeinsame Muttersprache sprechen könnten. Diese Strategie wird von den Richter_innen bewusst angewendet, um die Salienz des eigenen Migrationshintergrundes zu reduzieren und um im Gegenzug die Salienz des Richteramtes in der Interaktion zu erhöhen.

> *„Ja, das heißt ich zieh immer einen Dolmetscher heran, weil ich denke, die Aufgaben und Funktionen im Saal müssen klar abgegrenzt sein. Dolmetscher ist Dolmetscher, Richter ist Richter" (6.1.21-24)*

Das Hinzuziehen eines Dolmetschers wird auch mit der Natur des Richteramtes begründet. Die Richter_innen befürchten, dass ihre unabhängige Urteilsfindung von der Umwelt angezweifelt werden könnte, wenn sie mit Rechtsunterworfenen in einer gemeinsamen Muttersprache interagieren.

„I: Und auch quasi, wenn Sie sich mit dem Mandanten oder mit den Prozessbeteiligten unterhalten könnten, da bestehen Sie immer darauf, dass trotzdem ein Dolmetscher da ist?
B: Ja, es kommt drauf an. (…) Wenn jetzt eine von diesen Beteiligten, nicht der Sprache mächtig ist, dann kriegen natürlich nicht mit. Und ich möchte mich natürlich dem Vorwurf verwahren, dass irgendwas gemauschelt oder ich irgendwie beeinflusst werde, gerade in diesen Fällen." (7.5.13-22)

Interessant in diesem Zusammenhang ist, dass der Migrationshintergrund und die damit assoziierten Sprachkompetenzen die Interaktion der migrantischen Richter_innen mit den Dolmetschern beeinflussen. Migrantische Richter_innen können gegenüber den Dolmetschern eine besondere Autoritäts- und Kontrollposition einnehmen, was die Richter_innen als förderlich für ihre Verhandlungsführung wahrnehmen.

„Aber ich versteh natürlich sowohl das gesagte, als auch das Übersetzte und da merkt man natürlich auch den Migrationshintergrund, weil der Dolmetscher das auch weiß, dass ich verstehe, was gerade gesagt worden ist. Und er ist dann natürlich besonders bemüht das korrekt und gut wieder zu geben." (6.1.25-29)

Indem die migrantischen Richter_innen auf Deutsch als Interaktionssprache mit migrantischen Rechtsunterworfenen bestehen, versuchen sie die Aufmerksamkeit für ihren Migrationshintergrund zu reduzieren und die Bedeutung ihres Richteramtes zu erhöhen.

3.3.5.6 Defokussierungsstrategie: Fragen zu Migrationserfahrungen und zur Privatpersönlichkeit abwehren

Aufgrund auffallender Attribute ihres Migrationshintergrundes, wie ein ausländisch klingender Name, fremdländisches Aussehen oder einem Akzent, werden Richter_innen mit Migrationshintergrund teilweise in Interaktionen mit migrantischen Rechtsunterworfenen auf ihren Status als Migrant angesprochen. Eine aktive Defokussierungsstrategie der Richter_innen besteht darin, dass sie Fragen zu ihrer Migrationserfahrung und damit zu ihrer Privatpersönlichkeit nur oberflächlich beantworten und keine Gespräche auf einer persönlichen Ebene zulassen.

> *„Also, wenn die Betroffenen mich fragen, wo ich herkomme, ich mein ist ja auch aufgrund meines Akzentes halt nicht zu überhören, dass ich nicht in Deutschland geboren worden bin, dann sag ich das auch ganz offen (...) Möchte, dass jetzt auch nicht vertiefen halt, um nicht dies auch persönliche Beziehung noch mehr auf- und auszubauen. Weil (...) zu viel von sich Preis gibt, dann denken womöglich die Leute, dass sie jetzt doch nicht in der Klinik bleiben müssen und ich dann mehr Verständnis für ihre Situation habe. Und dass sie dann doch entgegen des ärztlichen Rates entlassen würden Und um das alles halt zu vermeiden, versuche ich das alles auf diesem oberflächlichen Niveau beizubehalten."* (4.4.14-25)

Die Richter_innen wenden diese Strategie an, da sie befürchten, dass bildlich gesprochen der Migrant unter der Richterrobe in der Interaktion zu salient wird und dadurch ihr Handeln als Richter_in negativ beeinflusst werden könnte. Sie vermeiden die Herstellung einer vermeintlich persönlichen Ebene zwischen ihnen und den Rechtsunterworfenen, um weiter aus der Funktion des Richteramtes agieren zu können. Die migrantischen Richter_innen, die diese Defokussierungsstrategie anwenden, assoziieren Fragen zu ihrem Migrant-sein mit ihrer Privatpersönlichkeit und wehren Fragen in diese Richtung ab, um vom Gegenüber nur als Träger eines Amtes wahrgenommen zu werden. Die Richter_innen möchten sozusagen bei der Sache bleiben und nur über die juristische Situation sprechen.

> *„Also beispielsweise bei diesem türkischen Mann, da hatte ich schon das Gefühl, oh ja wir sind jetzt quasi Nachbarn, unsere Völker (...) Und dann versuch ich das natürlich abzublocken, damit das Gegenüber nicht das Gefühl hat, dass ich das auch so empfinde, als wären wir quasi verwandt und damit er auch keine falschen Hoffnungen halt daran knüpft, (...) Sondern*

ich versuch das schon so auf dieser dienstlichen, neutralen Ebene so zu belassen." (4.4.30-36)

Die Richter_innen möchten über die Anwendung dieser Defokussierungsstrategie die zugeschriebene Position z. B. als potentieller Migrantenverbündeter abwehren, da sie befürchten, dass sonst die Ausübung der richterlichen Tätigkeit gestört werden könnte.

„Und die fing dann auch an, fragt mich, wo ich herkäme und so. Und hat das auch ganz gut eingeschätzt und dann habe ich ihr das auch gesagt. Und damit war die Geschichte zu Ende. Damit war die persönliche Unterhaltung an der Stelle zu Ende, die musste auch an der Stelle zu Ende sein (...) deswegen also haben persönliche Unterhaltungen an der Stelle keinen Sinn. Die führen einfach nur von der Sache weg. Und helfen keinem, weder ihr noch mir." (2.6.16-28)

3.3.5.7 Konsequenzen der Defokussierungsstrategien

Die Hauptkonsequenz der *Defokussierungsstrategien* besteht nach der Logik der hier vorgelegten Theorie darin, dass das soziale Merkmal Migrationshintergrund weniger salient wird, wie auch Abbildung 5 grafisch veranschaulicht. Im Gegenzug soll über das Anwenden der Defokussierungsstrategien das Richteramt wieder salienter werden und die Distanz zu Migrant_innen erhöht werden. Dieses Distanzherstellen ist nach Analyse der Daten häufig mit enttäuschten Erwartungen auf Seiten der migrantischen Rechtsunterworfenen verbunden, wie auch das folgende Zitat zeigt:

„Einige sehen mich dann eben als die Repräsentantin von Deutschen, die den Türken nicht mag. Der andere wieder sahen mich als die Repräsentantin von Russen, die den Türken nicht mag. Aber für mich persönlich spielt es überhaupt keine Rolle." (4.21.2-4)

3.4 Richter_innen mit Migrationshintergrund und die Welt der Kolleg_innen

Beim offenen Kodieren der Gespräche zeigte sich, dass die befragten migrantischen Richter_innen außerhalb des Kontaktes zu migrantischen Rechtsunterworfenen, insbesondere im Kontakt mit Kolleg_innen wahrnehmen, dass der eigene Migrationshintergrund bedeutsam werden kann.

> *„I: Sie hatten ja auch von Ihren Kollegen schon mal gesprochen (...) Wie ist es denn auf dieser Ebene, spielt da der Migrationshintergrund eine Rolle (...) wird das mal thematisiert?*
> *B: Ständig. Das spielt eine große Rolle. Weil auch die Kollegen hier, sind ja einfach auch glaube ich, der Großteil ist einfach der Querschnitt der Gesellschaft.“* (5.16.12-20)

Ab dem zweiten Gespräch wurden die Richter_innen mit der Erzählaufforderung „Erzählen Sie mir, welche Rolle ihr Migrationshintergrund im Umgang mit Kollegen spielt“ gezielt hinsichtlich der Interaktionen mit Kolleg_innen befragt. Die Gespräche lieferten substanzielles Datenmaterial und es konnte modelltheoretisch, neben der zuvor dargestellten Welt der Rechtsunterworfenen, mit der *Welt der Kolleg_innen* eine zweite Modellebene aufgespannt werden.

Unter dem Begriff *Kolleg_in* werden im hier dargestellten Modell zum einen die Richterkolleg_innen und Vorgesetzten der befragten migrantischen Richter_innen und zum anderen die Anwälte gefasst, mit denen die Richter_innen in ihrem beruflichen Alltag in Interaktion treten.

Innerhalb der Welt der Rechtsunterworfenen habe ich nur die Interaktionen mit migrantischen Rechtsunterworfenen modelliert, da die Gespräche kein substanzielles Datenmaterial zu Interaktionen mit nicht-migrantischen Rechtsunterworfenen lieferten. Innerhalb der *Welt der Kolleg_innen* ist nach Analyse der Gesprächsdaten die Fokussierung auf eine bestimmte Kollegengruppe nicht möglich. Modelltheoretisch bedeutsam sind Interaktionen, in denen der Migrationshintergrund der Richter_innen angesprochen wird. Dies ist prinzipiell in Interaktionen mit allen Kolleg_innen möglich, auch wenn es nach Analyse der vorliegenden Gesprächsdaten zahlreiche Interaktionen zwischen migrantischen Richter_innen und Kolleg_innen gibt, in denen der Migrationshintergrund der befragten Richter_innen keine Rolle spielt.

Abbildung 7 zeigt das Übersichtsmodell zur *Welt der Kolleg_innen*. Im Folgenden werde ich die einzelnen Modellbestandteile Schritt für Schritt näher darstellen. Zunächst möchte ich die intervenierenden Bedingungen beschreiben, die ich grafisch im Übersichtsmodell rechts neben der umgreifenden Klammer dargestellt habe, da diese Bedingungen sowohl das Salient werden des Migrationshintergrundes als auch die Strategienanwendung beeinflussen.

3.4.1 Intervenierende Bedingungen, die den gesamten Aushandlungsprozess beeinflussen

3.4.1.1 Hierarchische Beziehung zwischen migrantischen Richter_innen und Kolleg_innen

Wenn der Migrationshintergrund der Richter_innen in kollegialen Interaktionen salient wird, ist es wichtig zu unterscheiden, in welcher hierarchischen Beziehung Kollege und Richter_in zueinanderstehen.

Ich modellierte die hierarchische Beziehung als intervenierende Bedingung, da die Analyse der Daten zeigte, dass das hierarchische Verhältnis u. a. Einfluss darauf ausüben kann, welche Bedeutungen für das soziale Merkmal konstruiert werden und welche Strategien die Richter_innen im Verlauf der Interaktionen wählen, um mit ihrem salient gewordenen sozialen Merkmal umzugehen.

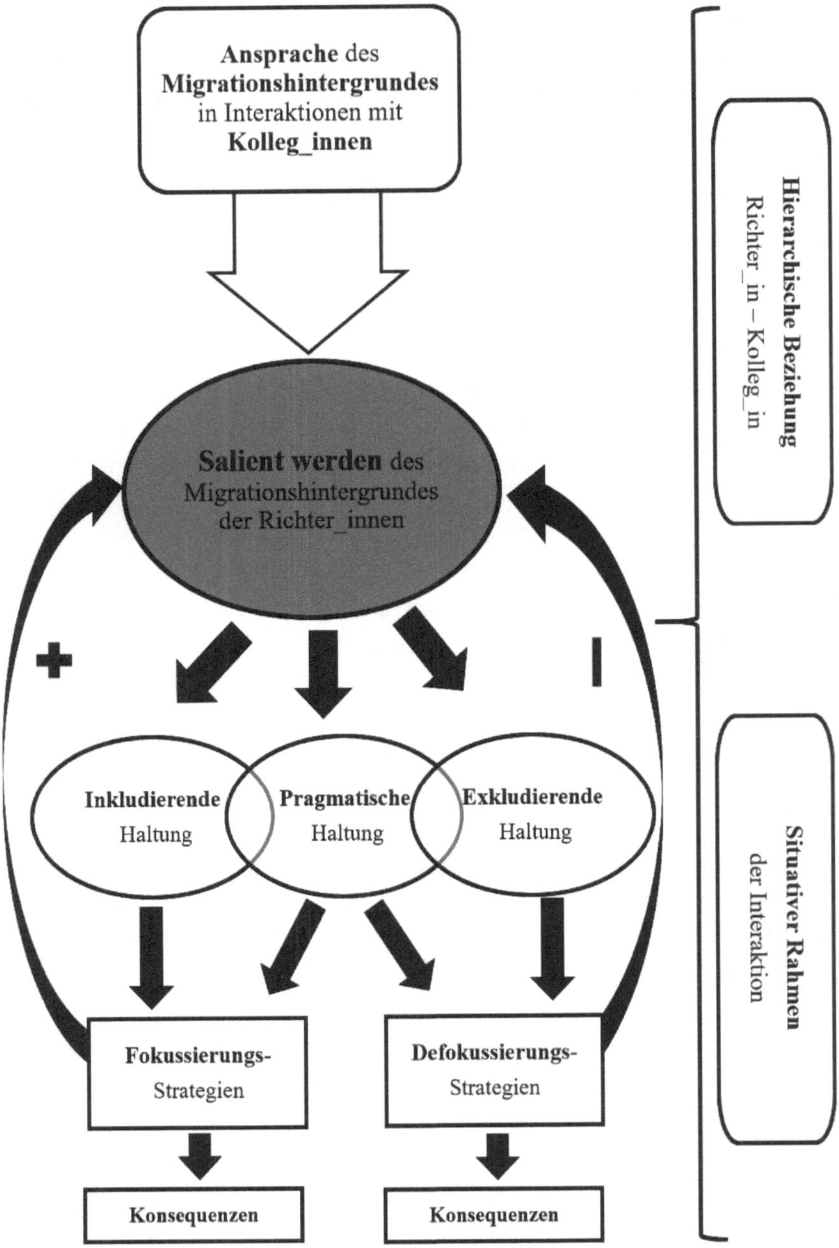

Abb. 7: Übersichtsmodell zur Welt der Kolleg_innen

Erfolgt die Ansprache des Migrationshintergrundes in der Interaktion mit einem *Anwalt*, können die migrantischen Richter_innen, ähnlich wie in der Welt der Rechtsunterworfenen, noch stärker mit der Unabhängigkeit und der Autorität des Richteramtes agieren und auf dieser Basis selbstbestimmter mit der Salienz ihres sozialen Merkmals umgehen.

> *„Also bei den Strafsachen habe ich die Erfahrung gemacht, dass mir dann die Verteidiger gesagt haben, ja also sie hätten ja dem Angeklagten oder der Angeklagten, die eben halt aus Russland kommen, „ach die Richterin kommt ja auch aus Russland", so dass sie sie irgendwie beruhigt hätten. Was natürlich auf das Urteil jetzt keine Auswirkungen hatte."* (4.1.13-17)

Wird der Migrationshintergrund hingegen von Richterkolleg_innen auf gleicher hierarchischer Ebene markiert, agieren die migrantischen Richter_innen nicht mehr in der Rolle als Amtsträger. Die Interaktionspartner begegnen sich sozusagen auf Augenhöhe, da es zwischen ihnen kein Machtgefälle gibt. In diesen Interaktionen auf Augenhöhe werden in der Logik des hier vorgestellten Modells bestimmte Bedeutungskonstruktionen für den Migrationshintergrund der Richter_innen leichter salient, als dies in Interaktionen mit Anwälten passiert. Beispielsweise wird die Bedeutungskonstruktion der *exotischen* Richterkolleg_innen (nähere Erläuterungen zu den Bedeutungskonstruktionen folgt in Kapitel 3.4.3) bei Kolleg_innen leichter salient, da Anwälte diese Bedeutungskonstruktion aufgrund des Machtgefälles, tendenziell unterlassen.

> *„Und die private Interaktion, dann hat man natürlich auch nicht den Schutz des Amtes vielleicht. Und dann wird man auch von Menschen ja auch praktisch dann kontaktiert, die vom beruflichen ja nichts anderes machen. Also man nicht einen bestimmten Wissensvorsprung hat, wo es dann um den Job alleine geht. Sondern es geht einfach nur um ihre Person, um ihre Gedankengänge, um ihre Überzeugungen"* (5.16.41-45)

Die geringste Entscheidungs- und Handlungsfreiheit haben die migrantischen Richter_innen, wenn ihr Migrationshintergrund durch *Vorgesetzte* markiert wird. Im Vergleich zu Anwälten und Richterkolleg_innen, sind die migrantischen Richter_innen gegenüber ihren Vorgesetzten hierarchisch niedriger gestellt. Dementsprechend sind sie eingeschränkter bezüglich des Umgangs mit dem Salient gewordenen sozialen Merkmal, da sie trotz ihrer richterlichen Unabhängigkeit in Abhängigkeitsverhältnissen zu ihren Vorgesetzten stehen.

Ein Beispiel hierfür ist, wenn migrantische Richter_innen von Vorgesetzten angefragt werden, ob sie Fortbildungen zu interkulturellen und migrantenbezogenen Thematiken durchführen würden. Die migrantischen Richter_innen werden nach Analyse der Daten vor allem deshalb von Vorgesetzten in diesem Zusammenhang angesprochen, da sie aufgrund ihres Migrationshintergrundes als besonders geeignet für entsprechende Fortbildungen gehalten werden. Neben der eigenen Haltung zu ihrem Migrationshintergrund spielen in der Interaktion mit den Vorgesetzten auch hierarchiebezogene Abwägungen eine Rolle, wenn die migrantischen Richter_innen entscheiden, wie sie mit derartigen Anfragen umgehen, die ihren Migrationshintergrund salient werden lassen.

> *„(...) wenn einen der LAG-Präsident fragt, ob man das machen kann, dann sagt man nicht so unbedingt nein. (…). Hab mich auch lange gewehrt, ob ich es überhaupt machen soll, (…), weil ich das eben nicht wollte, ich wollte halt eben nicht in diese Schublade reingeschickt werden. Aber andererseits dachte ich eben auch, dass ist eher positiv was er vorhat."* (8.7.25-30)

3.4.1.2 Situativer Rahmen der Interaktion

Neben der hierarchischen Beziehung zwischen Richter_in und Kolleg_in, zeigt die Analyse der Daten, dass der *situative Rahmen,* in den die Interaktionen mit Kolleg_innen eingebettet sind, Einfluss darauf ausüben kann, welche Bedeutungszuschreibungen für den Migrationshintergrund konstruiert werden und wie die migrantischen Richter_innen mit der Salienz ihres sozialen Merkmals umgehen können. So zeigen sich Unterschiede, ob die Interaktionen in *dienstlich-formale* Abläufe eingebettet sind, oder ob die Interaktionen in *halbprivaten* Situationen, wie z. B. beim gemeinsamen Essen in der Kantine, stattfinden.

Wird der Migrationshintergrund der Richter_innen in *dienstlich-formalen* Interaktionen angesprochen, geht es häufig darum, dass den migrantischen Richter_innen besondere Fähigkeiten zugeschrieben werden und dass die Kolleg_innen diese Fähigkeiten für ihre eigene richterliche Tätigkeit nutzen wollen. In diesen Interaktionen steht besonders die Bedeutungskonstruktion im Mittelpunkt, dass Richter_innen mit Migrationshintergrund eine erhöhte interkulturelle Kompetenz aufweisen.

> *„Einmal bin ich gefragt worden, ja. Die Frage konnte ich aber auch nicht sicher beantworten. Da ging es um eine türkische Hochzeit, um die Auseinandersetzung der Geldgeschenke, wie die verteilt werden, im Rahmen einer türkischen Hochzeit."* (3.21.20-22)

Wird der Migrationshintergrund der Richter_innen von Kolleg_innen in dienstlich-formalen Abläufen markiert, steht meist das dienstliche Ziel der Kolleg_innen im Mittelpunkt, Hilfe für ihre gerichtlichen Arbeitsabläufe zu bekommen.

> *„Und dass die Kollegen dann halt mich manchmal anrufen, ob ich nicht kurz in den Sitzungssaal runterkommen kann, weil sie jetzt eben gerade einen Angeklagten haben, der versteht kein Deutsch. Ob ich nicht kurz übersetzen kann"* (4.16.33-35)

Neben diesen dienstlich-formalen Interaktionen, wird der Migrationshintergrund der Richter_innen durch Kolleg_innen in *halbprivaten* Situationen thematisiert. Eine prototypische halbprivate Interaktion ist das gemeinsame Essen mit Kolleg_innen in der Kantine. Kennzeichnend für diese halbprivaten Interaktionen ist es, dass die Kolleg_innen mit dem Markieren des Migrationshintergrundes meist kein dienstliches Ziel verfolgen, sondern dass der Rahmen der Interaktion eher als Small-Talk gekennzeichnet werden kann. Der Migrationshintergrund der Richter_innen kann in diesem Fall als Gesprächsaufhänger dienen.

> *„(...) also diese typische Frage, „wie ist das bei euch"? (...) also, wenn das jetzt ältere Herrschaften machen, spielt das für mich jetzt keine große Rolle, weil ich meistens merke, dass ist einfach unbedarft. Aber manchmal merkt man schon auch unter Kollegen, das muss man offen mal ansprechen, es ist schon so, dass das gezielt vielleicht auch dazu genutzt wird, um ins Gespräch zu kommen."* (5.17.2-11)

Im Gegensatz zu den dienstlich-formalen Interaktionen, wird in den halbprivaten Interaktionen die Salienz des Migrationshintergrundes als Symbol für Differenz und Exotenstatus dominanter.

> *„Die meisten Probleme habe ich in der Kantine. (...) Die Fastenzeiten werden bei uns ein bisschen anders gehandhabt als jetzt bei den Katholiken (...) also, wenn die dann sehen, die wissen ja wie gerne ich Fleisch esse, und Schnitzel ist immer gut, wenn ich mir dann in der Kantine ein Salat bestelle, kommt dann wieder „na wieder eine Fastenzeit".* (3.20-21.26-10)

Nach der Beschreibung der intervenierenden Bedingungen, die Einfluss auf den gesamten Aushandlungsprozess der migrantischen Richter_innen nehmen, möchte ich nun zur Darstellung des eigentlichen Aushandlungsprozesses kommen.

3.4.2 Ansprache des Migrationshintergrundes in Interaktionen mit Kolleg_innen

Wie in der Welt der Rechtsunterworfenen, so zeigt die Analyse der Daten, dass der Migrationshintergrund der Richter_innen auch in kollegialen Interaktionen *direkt* oder *indirekt* angesprochen werden kann. In der Logik des Paradigmatischen Modells konnte die Bedingung *Ansprache des Migrationshintergrundes in Interaktionen mit Kolleg_innen* modelliert werden, die zum Auftreten des zentralen Geschehnis *Salient werden des Migrationshintergrundes der Richter_innen* führt (siehe Abbildung 8).

Wird der Migrationshintergrund *direkt* von Kolleg_innen angesprochen, so wird das soziale Merkmal in der Interaktion unmittelbar und offensichtlich salient und die migrantischen Richter_innen werden unmittelbar dazu gezwungen auf diese Salienz zu reagieren. Zudem wird durch die Ansprache der Kolleg_innen meist unmittelbar mitbestimmt, welche Bedeutungskonstruktion des sozialen Merkmals salient wird. Wie zuvor bereits beschrieben erfolgte das direkte Ansprechen in der Welt der Kolleg_innen häufig über die Migrantenfassade der Richter_innen, wie ein ausländisch klingender Name, sowie dadurch, dass die Kolleg_innen Hilfestellungen erbeten zu migrantenbezogenen Fragestellungen.

Ähnlich wie in der Welt der Rechtsunterworfenen, zeigen die Daten, dass der Migrationshintergrund aber auch salient werden kann, wenn er in der kollegialen Interaktion nicht direkt angesprochen wird. Beispielsweise kann es ins Bewusstsein der Richter_innen rücken, dass sie selbst einen Migrationshintergrund haben, wenn in kollegialen Gesprächen migrantenspezifische Themen diskutiert werden, ohne dass offen thematisiert wird, dass die Richter_innen einen Migrationshintergrund haben. Weitere indirekte Ansprachen des Migrationshintergrundes, können durch kulturelle Traditionen ausgelöst werden. Beispielsweise berichten migrantische Richter_innen, dass ihr Migrationshintergrund in kollegialen Interaktionen salienter wird, wenn z. B. kulturell-religiös bedingte Fastenzeiten eintreten, die mit ihrem Migrationshintergrund in Verbindung stehen.

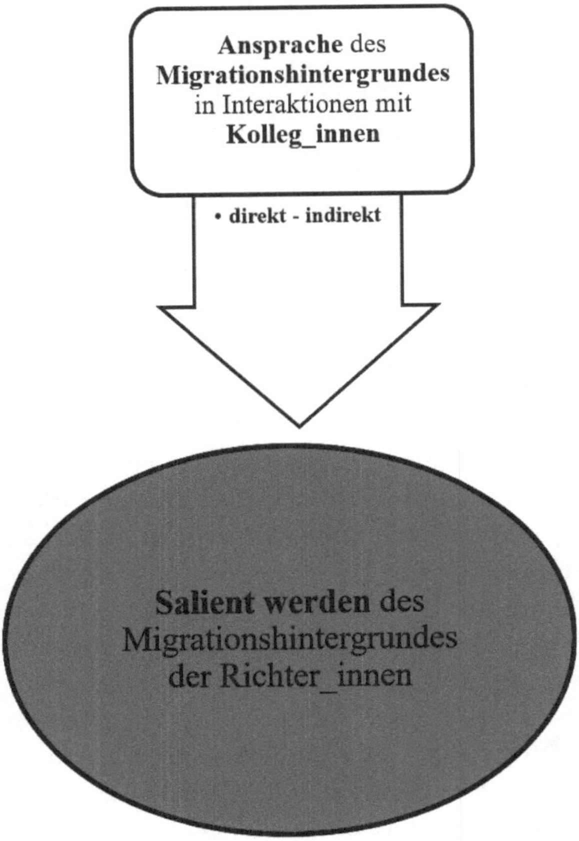

Abb. 8: Direkte und indirekte Ansprache des Migrationshintergrundes in Interaktionen mit Kolleg_innen *führt zu einem Salient werden des sozialen Merkmals bei migrantischen* Richter_innen

Wenn das soziale Merkmal auf diese Weise *indirekt* angesprochen wird, führt dies bei den migrantischen Richter_innen zunächst einmal zu einem inneren Salient werden ihres Migrationshintergrundes. Im Vergleich zur direkten Ansprache des sozialen Merkmals durch Kolleg_innen, haben die migrantischen Richter_innen bei der *indirekten* Ansprache die Möglichkeit eines selbstbestimmteren Umgangs mit der Salienz ihres sozialen Merkmals. So können die migrantischen Richter_innen bei der indirekten Ansprache z. B. im Verlauf selbst entscheiden, ob sie ihre eigene Migrationserfahrung in die Interaktion einbringen wollen und sie haben größere Einflussmöglichkeiten darauf, welche Bedeutungskonstruktionen für ihr soziales Merkmal salient werden. Aufgrund dieser Unterschiede ist es für die Logik der hier vorgestellten Theorie wichtig zwischen einer *direkten* und einer *indirekten* Ansprache des Migrationshintergrundes zu unterschieden.

An dieser Stelle ist es wichtig zu betonen, dass die Analyse der Gesprächsdaten zeigt, dass der eigene Migrationshintergrund bei manchen Richter_innen innerlich durchgängig salient sein kann. Er wird zwar in bestimmten Interaktionen und Situationen nochmals besonders salient, kann aber innerlich bei manchen migrantischen Richter_innen durchgängig bedeutsam sein. Dieses durchgängige innerliche salient sein, führt bei manchen Richter_innen, wie ich im Verlauf noch näher beschreiben werde, u. a. dazu, dass sie fachliches Überengagement als situationsübergreifende Strategie anwenden, um von ihrem Status als Migrant abzulenken. Da die Analyse der Gesprächsdaten zeigte, dass migrantische Richter_innen aber in vielen kollegialen Interaktionen keine bedeutsame Salienz ihres sozialen Merkmals wahrnehmen, beschreibt die hier vorgelegte Theorie die Aushandlungsprozesse, die durch eine situativ-bedingte Ansprache des Migrationshintergrundes angestoßen werden.

3.4.3 Salient werden des Migrationshintergrundes der Richter_innen

Wie in Kapitel 3.2 erläutert, ist das *Salient werden des Migrationshintergrundes der Richter_innen* das zentrale Geschehnis, die Kernkategorie der vorgelegten, gegenstandsbegründeten Theorie. Auch in der *Welt der Kolleg_innen* lassen sich die anderen, im Verlauf der Datenauswertung emergierten Kategorien gut mit der Kategorie *Salient werden des Migrationshintergrundes* in Verbindung setzen, was die Eignung dieser Kategorie als Kernkategorie unterstreicht. Wie ich bereits beschrieben habe, leitete mich bei der Ausarbeitung der Kernkategorie eine sozialkonstruktivistische Perspektive. Im Folgenden möchte ich darstellen, welche Bedeutungskonstruktionen dem Migrationshintergrund der Richter_innen zugeschrieben werden, wenn die migrantischen Richter_innen in Interaktionen mit Kolleg_innen treten (siehe Abbildung 9). Wichtig hierbei ist nochmal zu betonen, dass diese Bedeutungskonstruktionen von den Interaktionspartnern, aber auch von den migrantischen Richter_innen selbst getätigt werden können.

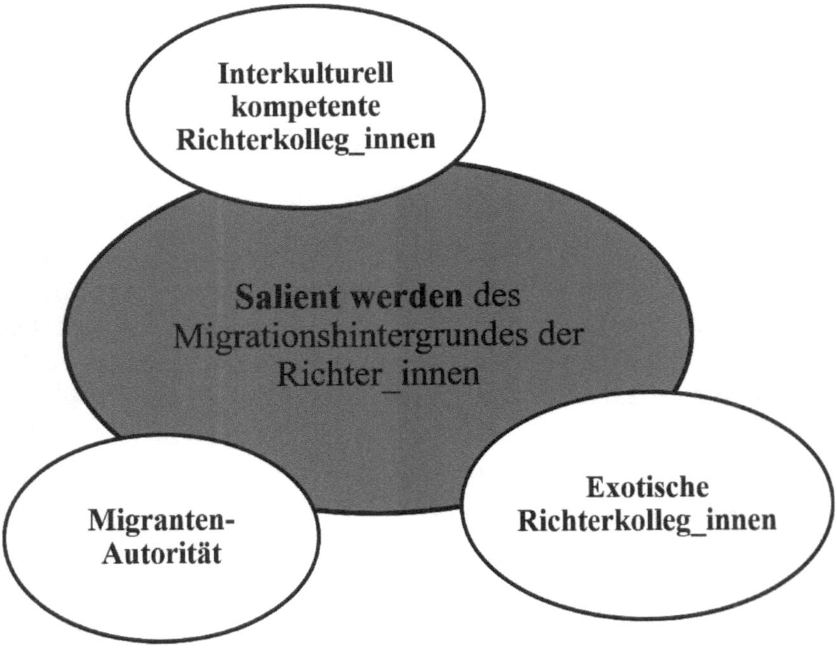

Abb. 9: Bedeutungskonstruktionen bezüglich des Migrationshintergrundes der Richter_innen in Interaktionen mit Kolleg_innen

3.4.3.1 Interkulturell kompetente Richterkolleg_innen

Wie bereits zuvor angedeutet, werden den migrantischen Richter_innen durch Kolleg_innen Fähigkeiten hinsichtlich interkultureller Kompetenz zugeschrieben, die bei Kolleg_innen ohne Migrationshintergrund nicht vermutet werden. So werden den migrantischen Richter_innen von den Kolleg_innen besondere

Kenntnisse zu kulturellen Zusammenhängen und Besonderheiten zugeschrieben. Die Analyse der Gesprächsdaten zeigt, dass diese Zuschreibungen teilweise nur auf der Basis des Vorhandenseins eines Migrationshintergrundes vorgenommen werden, da die Kolleg_innen kaum differenziertes Wissen über die Migrationsgeschichte der migrantischen Kolleg_innen haben.

> *„(...) also wir haben natürlich auch da wieder, dass ich da aufs Klischee festgesetzt wurde (...) Da haben wir auch dann eine Tagung veranstaltet (...) Da war ich dann in einem Workshop als Referent und Sachverständiger da tätig." (8.26.28-33)*

Der Migrationshintergrund wird dabei mit einem bestimmten Kulturkreis oder einer bestimmten Migrantengruppe assoziiert und die migrantischen Richter_innen werden von ihren Kolleg_innen als Experten für diesen Kulturkreis gesehen.

> *„Ich weiß nicht ob es mein Verfahren war, oder ob es ein Verfahren von anderen Kollegen war. Die dann auch, wenn so eine Beteiligung da ist, gerne mal auf mich zu kommen und fragen, „wie ist das denn so?" Also da ging es einmal darum, meine ich mich zu erinnern, dass da Gold im Zuge einer Heirat oder Verlobung übergeben worden ist. Und das wird in unserem Kulturkreis meistens so gegeben. (...) Und da wurde ich dann halt gefragt, „ist das so? was ist der Hintergrund? Ist das rechtlich bindend?". (7.2.4-11)*

Vor allem in dienstlich-formalen Zusammenhängen wird der Migrationshintergrund als Indiz für eine erhöhte interkulturelle Kompetenz bewertet. So nehmen die Kolleg_innen bei der Bearbeitung von Fällen, bei denen Rechtsunterworfene mit Migrationshintergrund beteiligt sind, fachliche Unsicherheiten bei sich wahr und erhoffen sich eine bessere Bearbeitung der Fälle, indem sie ihre Kolleg_innen mit Migrationshintergrund um Rat fragen. Von den Kolleg_innen ohne Migrationshintergrund wird also die Bedeutung konstruiert, dass der Migrationshintergrund ihrer Kolleg_innen ein Zeichen dafür ist, dass diese mehr als sie selbst über ihnen unbekannte kulturelle Zusammenhänge wissen.

Diese Bedeutungskonstruktion hinsichtlich einer erhöhten interkulturellen Kompetenz bei Richter_innen mit Migrationshintergrund wird aber in kollegialen Interaktionen nicht nur von den Kolleg_innen, sondern auch von den migrantischen Richter_innen selbst vollzogen.

> *„Ich möchte nochmal ein Beispiel raus greifen. Ganz viele Kollegen sagen dann, die haben angeblich einen Vertrag geschlossen, alles nur per Handschlag, das ist in Arabien Gang und Gebe. Da wird in der Regel nichts schriftlich gemacht, da wird alles nur per Handschlag besiegelt, in der Regel (…) das wäre so ein Punkt, wo ich sagen würde, das ist kulturell eigentlich relativ normal, deswegen, wenn das so vorgetragen werden würde, kann man nicht von vorne herein sagen, das ist Schwachsinn“* (1.34.2-17)

Die migrantischen Richter_innen schreiben sich teilweise selbst einen Kompetenzvorteil zu im Vergleich zu Kolleg_innen ohne Migrationshintergrund. Sie bewerten sich als interkulturell kompetenter, da sie einen Migrationshintergrund haben und somit in ihrer Wahrnehmung über mehr Wissen bezüglich bestimmten kulturellen Zusammenhängen verfügen als ihre nicht-migrantischen Kolleg_innen. Ob sie diesen selbst zugeschriebenen Kompetenzvorteil allerdings ins konkrete richterliche Handeln transferieren, hängt entscheidend davon, welche grundsätzliche Haltung bezüglich der Beziehung zwischen ihrem Richteramt und ihrem Migrationshintergrund einnehmen, wie ich im Verlauf noch genauer erläutern werde.

Wie bereits erwähnt, wird der Migrationshintergrund der Richter_innen in Interaktionen mit Kolleg_innen auch deshalb salient, weil sie von ihren Kolleg_innen angefragt werden, ob sie mit ihren Sprachkenntnissen beim Dolmetschen und Übersetzen von Dokumenten helfen können. Hierdurch wird auch die Bedeutungskonstruktion der interkulturellen Kompetenz für das soziale Merkmal Migrationshintergrund salient. Diese Anfragen sind meist in dienstlich-formale Abläufe eingebettet und sollen bei der besseren Bewältigung der richterlichen Arbeitsabläufe dienen.

„Ich bin ein paarmal dazu gerufen worden von Kollegen, die tatsächlich auch diese Sprachbarriere irgendwann vorgefunden hatten. Und wussten ich bin im Haus (...) Und dann ist es sehr viel angenehmer, wenn man halt merkt „oh, da sitzt jemand, der versteht nicht alles". Möglicherweise kann man aber jetzt diese Anhörung beschleunigen und effektiver gestalten, wenn da jemand mal kurz ein Schreiben, was da jetzt vorgelegt worden ist, mal einordnet. Oder den einen oder anderen Satz übersetzt." (5.3.26-37)

Zu diskutieren ist in diesem Zusammenhang, ob es sich bei dem Anfragen von Fremdsprachenkenntnissen um das Zuschreiben von interkultureller Kompetenz handelt oder ob die migrantischen Richter_innen von ihren Kolleg_innen schlicht in eine Dolmetscherfunktion gebracht werden. Über das reine Dolmetschen und Übersetzen hinaus, werden die migrantischen Richter_innen von ihren Kolleg_innen zudem als Migrantenversteher im umfassenderen Sinne angefragt. Hierbei wird die Bedeutung konstruiert, dass die Richter_innen bestimmte Verhaltens- und Denkweisen von Migrant_innen besser verstehen könnten, da sie selbst aus dem Migrantenmilieu stammen.

„I: Wie ist das so, Stichwort interkulturelle Kompetenz? Also werden Sie manchmal um Rat gefragt von Kollegen, wenn die vielleicht selber Fälle haben, aus dem Feld zum Beispiel.
B: Ja auch, das kommt auch schon mal vor. Wenn die einfach so Dinge vielleicht nicht nachvollziehen können, warum wer wie agiert (...) Genau, der auch weiß wie die ticken. Der genau, der da auch dazu gehört, der die Abläufe dort auch vielleicht kennt (6.16.23-39)

An dieser Stelle ist es für das Verständnis der vorgelegten Theorie nochmal wichtig zu betonen, dass die Bedeutungskonstruktion, dass migrantische Richter_innen interkulturelle Experten seien, nicht automatisch dazu führt, dass diese auf Verhaltensebene als interkulturelle Experten agieren. Selbst wenn sich die Richter_innen als interkulturell kompetenter wahrnehmen, können sie sich dafür entscheiden, ihren Kolleg_innen nicht in diesen Aspekten zu beraten, z. B. aus der Sorge heraus, zukünftig zu stark auf die

Rolle des Migrantenexperten reduziert zu werden. Diesen Aspekt werde ich im Verlauf bei der Darstellung des Umgangs der Richter_innen mit der Salienz ihres Migrationshintergrundes noch näher erläutern.

3.4.3.2 Die Richterkolleg_innen als Migrantenautorität

Neben einer erhöhten interkulturellen Kompetenz, wird migrantischen Richter_innen innerhalb der Welt der Kolleg_innen die Rolle einer besonderen Autoritätsperson für migrantische Rechtsunterworfene zugeschrieben. Dem Migrationshintergrund der Richter_innen wird die Bedeutung zugeschrieben, dass dieser die Autorität der Richter_innen gegenüber Migrant_innen erhöhe, das soziale Merkmal Migrationshintergrund verstärke nochmal die bereits durch das Richteramt gegebene Autorität.

> *„(...) wir haben ja in den Familiensachen auch viel mit Menschen zu tun, die sag ich mal aus dem türkischstämmigen, arabischen Raum kommen, also dieses islamisch geprägte. Da habe ich manchmal so, oft ein Feedback bekommen, von Kolleginnen, die gesagt haben, dass es einfacher ist, wenn da ein Mann vorne sitzt, als eine Frau. Und noch einfacher, wenn da ein ausländischer Mann vorne sitzt, als eine deutsche Frau.“* (3.1.31-36)

Diese Zuschreibung, dass migrantische Richter_innen eine höhere Autorität gegenüber Migrant_innen im Vergleich zu Richter_innen ohne Migrationshintergrund aufweisen, wird auch von migrantischen Richter_innen selbst vorgenommen. Sie schreiben ihrem Migrationshintergrund die Bedeutung zu, dass er ihnen eine besondere richterliche Autorität gegenüber Migrant_innen verleihe und sie so hervorhebe innerhalb der Kollegenwelt.

> *„(...) als Strafrichter hatte ich natürlich auch schon sogar arabisch-sprechende Angeklagte und wenn man denen dann gesagt hat, deutlich gesagt hat, was man davon hält, was sie gemacht haben, dann in der Urteilsbegründung, vorher darf man ja nicht als Richter. Da hatte ich auch den Eindruck, dass Sie nicht so gesagt haben, ist mir alles egal (...), dass sie das*

schon zugehört haben und sich Gedanken gemacht haben. Der eine fängt an zu weinen, nachdem dann das Urteil gesprochen wurde und begründet wird. Weiß ich nicht, ob das dann bei einem Kollegen /" (1.27.36-44)

Eine spannende Positionierung im Zusammenhang mit der besonderen Autorität gegenüber Migrant_innen innerhalb der Welt der Kolleg_innen ist zudem, dass migrantische Richter_innen ihre Kolleg_innen ohne Migrationshintergrund teilweise als zu milde gegenüber Migrant_innen bewerten. Die Bedeutungskonstruktion, die in diesem Zusammenhang von den Richter_innen vorgenommen wird, ist, dass ihr eigener Migrationshintergrund sie zu einer freieren und damit strengeren Rechtsauslegung gegenüber Migrant_innen befähigt.

„(...) für Migranten habe ich auch dieses Verständnis, dass das bei denen so ist. Dass sie so geworden sind, dass sie gelernt haben, (...) Habe ich Verständnis für. Allerdings, und jetzt kommt das große Aber. Bei all dem Verständnis, ist bei mir die Konsequenz zum Beispiel auch eine viel härtere als bei deutschen Kollegen." (2.10.14-25)

Bei dieser Positionierung beziehen sich die Richter_innen explizit auf ihre eigenen Erfahrungen als Migrant, die es in ihrer Wahrnehmung ermöglicht freier über migrantische Rechtsunterworfene zu urteilen, als dies Kolleg_innen ohne Migrationshintergrund könnten.

„Da habe ich sogar wahrscheinlich weniger Verständnis als deutsche Kollegen, die also hier in Deutschland geboren sind. Weil ich bin selbst nach Deutschland gekommen und konnte kein Wort Deutsch und ich weiß, nach einem halben Jahr kann man Deutsch können." (2.7.6-9)

Der Migrationshintergrund fungiert also als Symbol dafür, dass er den migrantischen Richter_innen besondere Autorität gegenüber Migrant_innen verleiht. Wie die Richter_innen in der Interaktion mit ihren Kolleg_innen mit dieser salient gewordenen Bedeutungskonstruktion für ihren Migrationshintergrund umgehen können, werden ich im Zuge der weiteren Beschreibung der Modellbestandteile noch darlegen.

3.4.3.3 Exotische Richterkolleg_innen

Eine weitere Bedeutungskonstruktion für den Migrationshintergrund der Richter_innen innerhalb der Welt der Kolleg_innen ist, dass über den sozialen Marker Differenz und Besonderheit konstruiert wird. Durch ihren Migrationshintergrund werden die Richter_innen innerhalb der deutschen Richterschaft als besonders und abweichend von der Norm und damit *exotisch* markiert.

> *„Ja, man ist immer, wird immer als anders wahrgenommen. Es ist im Kollegium auch so." (6.14.48-49)*

Durch das soziale Merkmal Migrationshintergrund nehmen die Richter_innen einen Exotenstatus innerhalb der Kollegenwelt ein. Diese Positionierung innerhalb der Richterschaft wird von den migrantischen Richter_innen auch selbst so markiert.

> *„Also anfangs als ich es geworden bin, das war vor etwa siebeneinhalb Jahren, habe ich das schon als große Ausnahme wahrgenommen. Weil irgendwie hat man immer die Vorstellung vom Richter, da sitzt einer mit Bart und grauen Haaren und weise und ist halt ohne Migrationshintergrund." (3.2.40-43)*

Die Aufhänger für Differenzmarkierungen durch Kolleg_innen sind meist Aspekte der Migrantenfassade wie ein abweichender Name oder ein abweichend klingender Akzent.

> *„(...) aber das war auch keine direkte Wahrnehmung von mir, auch eine Kollegin (...) ist die von einem Anwalt, mit dem wir eigentlich wöchentlich zu tun haben, also der kannte mich auch schon sehr gut, ist sie dann darauf angesprochen worden, „sagen Sie mal, ist der Herr X. Deutscher?" (3.10.25-29)*

Wie oben bereits beschrieben, geschieht die Markierung der migrantischen Richter_innen als *exotisch* vor allem in informellen Zusammenhängen. Typische informelle Situationen sind gemeinsames Essen in der Kantine oder Small-Talk-Situationen. Während bei fallbezogenen, arbeitstechnischen Interaktionen vor allem die Zuschreibung für die migrantischen Richter_innen als *interkulturell kompetent* salient wird, dominieren in den informelleren Situationen stärker die Zuschreibungen als Exot.

> *„Wenn mal was gesagt wird, dann spaßeshalber, dass dann gesagt wird „na, bist du wieder für einen Türken gehalten worden (…)?“* (3.20.24-26)

Neben der Thematisierung der Migrantenfassade, kommt es in der Welt der Kolleg_innen zu Differenzmarkierungen, in dem die migrantischen Richter_innen von ihren Kolleg_innen der Gruppe der Migrant_innen zugerechnet werden.

> *„(...) also diese typische Frage, „wie ist das bei euch“? Ne, dass man dann sagt, „was meinst du jetzt eigentlich? Ne, also als was sprichst du mich gerade an?“. Bin ich jetzt der türkische Mann, bin ich jetzt möglicherweise jemand mit religiösen Überzeugungen, den du ansprichst? In dem Augenblick, wo du aber EUCH sagst, machst du mir ja relativ deutlich, dass du das als was anderes siehst.“* (5.17.2-6)

In diesen kollegialen Interaktionen geht es weniger um das Anfragen einer antizipierten interkulturellen Kompetenz im Rahmen dienstlicher Zusammenhänge. Durch derartige Zuschreibungen in halbprivaten Interaktionen, nehmen migrantische Richter_innen eine Differenzmarkierung durch Kolleg_innen wahr, die zwischen der Mehrheit der Richterschaft ohne Migrationshintergrund und ihnen als Migrant unterscheidet. Diese Zuschreibungen werden von den Kolleg_innen aufgrund der Wahrnehmung des sozialen Merkmals Migrationshintergrund getätigt, ohne dass die Kolleg_innen z. B. wissen, wie sich ihre migrantischen Kolleg_innen selbst gegenüber der Gruppe der Migrant_innen verorten.

3.4.4 Umgang mit der Salienz des eigenen Migrationshintergrundes: Situationsübergreifende Haltungen beeinflussen die Strategienanwendung der migrantischen Richter_innen

In den Kapiteln zuvor habe ich dargelegt, welche Bedingungskonstellationen in der *Welt der Kolleg_innen* Einfluss auf das *Salient werden des Migrationshintergrundes der Richter_innen* ausüben und anschließend, welche Bedeutungskonstruktionen für das soziale Merkmal in den Interaktionen zwischen den migrantischen Richter_innen und ihren Kolleg_innen salient werden. Wie in der Welt der Rechtsunterworfenen, so stellt sich nun auch in der Welt der Kolleg_innen die Frage, wie die migrantischen Richter_innen damit umgehen, wenn ihr Migrationshintergrund in der Interaktion mit Kolleg_innen salient wird.

Abbildung 5 zeigt die grafische Übersicht, wie migrantische Richter_innen nach der Logik der hier vorgestellten, gegenstandsbegründeten Theorie mit der Salienz ihres Migrationshintergrundes in kollegialen Interaktionen umgehen. Da die Grundprinzipien der Aushandlung auf der abstrakten Ebene in der Welt der Kolleg_innen die gleichen sind wie in der Welt der Rechtsunterworfenen, habe ich an dieser Stelle nochmal die Abbildung 5 angeführt, die ich bereits bei der Darstellung der Welt der Rechtsunterworfenen angeführt habe. Die spezifischen und abweichenden Aspekte der Aushandlung in der Welt der Kolleg_innen werde ich in den folgenden Kapiteln erläutern.

Einen wichtigen Unterschied im Vergleich zur Welt der Rechtsunterworfenen, der im Zuge der Datenauswertung emergierte und der sich auf die Strategienauswahl der Richter_innen auswirkt, gilt es bereits an dieser Stelle zu berücksichtigen: Ist es in der Interaktion mit Rechtsunterworfenen von zentraler Bedeutung, dass die Richter_innen Träger eines Amtes sind und dass ihnen das Richteramt qua Amt besondere Autorität und Befugnisse verleiht, spielt dies in der Interaktion mit Kolleg_innen eine geringere Rolle.

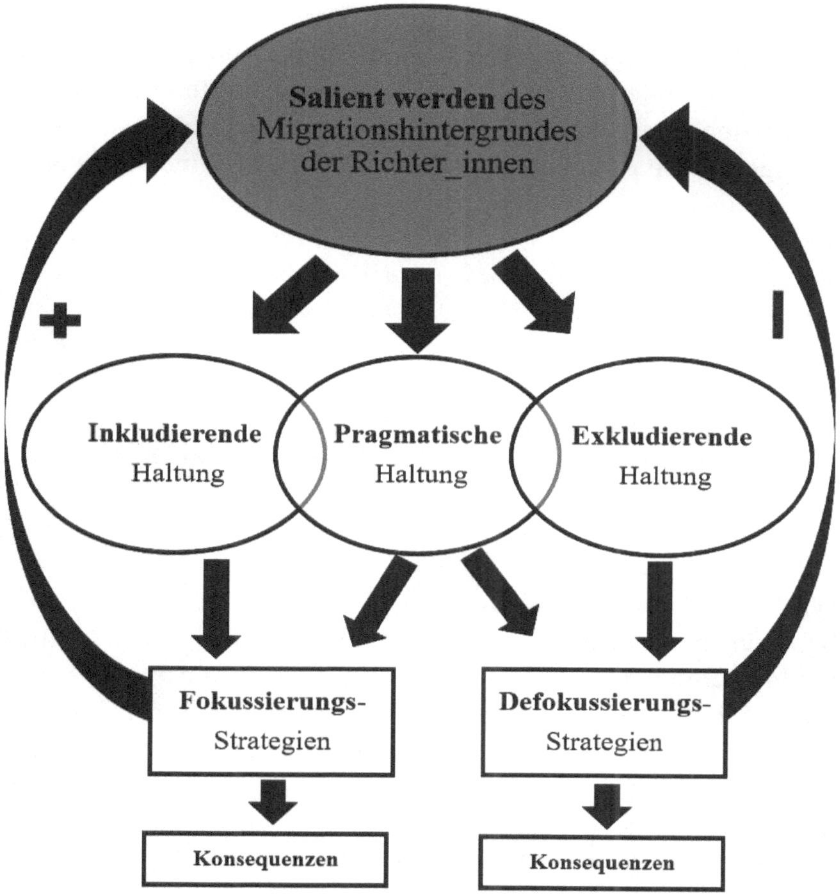

Abb. 5: Umgang der migrantischen Richter_innen mit der Salienz ihres Migrationshintergrundes

Wie bereits erläutert, agieren die Richter_innen in den Interaktionen mit Anwälten noch am stärksten aus ihrer Rolle als Amtsträger heraus. Aber diese Interaktionen und besonders die Interaktionen zu Richterkolleg_innen finden bildlich gesprochen stärker auf Augenhöhe statt im Vergleich zu Interaktionen mit Rechtsunterworfenen. Dies liegt zum einen daran, dass es eine geringere Machthierarchie in den Interaktionen gibt, da insbesondere die Richterkolleg_innen nicht abhängig sind vom Urteilen und Handeln der migrantischen Richter_innen. Zum anderen begegnen sie sich deshalb stärker auf Augenhöhe, da in den kollegialen Interaktionen beide Interaktionspartner juristische Experten sind. In den kollegialen Interaktionen spielt also das Richteramt an sich eine geringere Bedeutung, als dies in der Welt der Rechtsunterworfenen der Fall ist.

> *„Also man ist ja in so einer Situation, da spielt das Amt halt keine Rolle mehr. Das ist was ganz anderes. Das ist jetzt nur noch privat dann. (...) Und die private Interaktion, dann hat man natürlich auch nicht den Schutz des Amtes vielleicht. Und dann wird man auch von Menschen ja auch praktisch dann kontaktiert, die vom beruflichen ja nichts anderes machen. Also man nicht einen bestimmten Wissensvorsprung hat, wo es dann um den Job alleine geht. Sondern es geht einfach nur um ihre Person, um ihre Gedankengänge, um ihre Überzeugungen“* (5.16.35-45)

Wie bereits bei der Darstellung der Welt der Rechtsunterworfenen beschrieben, emergierten bei der Kodierarbeit situationsübergreifende Haltungen, die die migrantischen Richter_innen gegenüber ihrem Migrationshintergrund in Beziehung zu ihrem Richteramt einnehmen können. Auch wenn das Richteramt in kollegialen Interaktionen eine geringere Rolle spielt, so zeigen die Daten, dass die grundsätzlichen Haltungen der Richter_innen bezüglich der Frage, welche Rolle ihr Migrationshintergrund in ihrer Funktion als Richter_in spielen sollte, auch in der Kollegenwelt maßgeblichen Einfluss darauf nehmen, wie die Richter_innen mit der Salienz ihres sozialen Merkmals Migrationshintergrund in Interaktionen mit Kolleg_innen umgehen.

In der Logik des hier vorgestellten Modells, sind die drei Haltungen auch in der Welt der Kolleg_innen der Strategienanwendung vorgeschaltet. Im Folgenden möchte ich die drei Haltungen spezifisch für die Kollegenwelt explizieren. Analog zur Welt der Rechtsunterworfenen, gibt es nach der Logik des hier vorgestellten Modells auch in der Welt der Kolleg_innen Überschneidungen und fließende Übergänge zwischen den drei Haltungen, wie ich in der Abbildung 5 grafisch dargestellt habe. Wie bereits bei der Welt der Rechtsunterworfenen erläutert, zeigt die Analyse der Daten, dass die einzelnen Richter_innen zwar tendenziell zu einem der drei Haltungen neigen, es durchaus vorkommen kann, dass Richter_innen Mischformen dieser Haltungen aufweisen.

3.4.4.1 Exkludierende Haltung: Der Migrationshintergrund als irrelevantes soziales Merkmal in der Welt der Kolleg_innen

Migrantische Richter_innen mit einer *exkludierenden* Haltung möchten grundsätzlich ihren Migrationshintergrund aus der richterlichen Tätigkeit ausklammern. Sie haben die Haltung, dass ihre Migrationserfahrung höchstens für die Privatpersönlichkeit von Relevanz ist, beim Ausfüllen des Richteramtes spiele der eigene Migrationshintergrund und die damit verknüpften Erfahrungen und Kompetenzen keine Rolle.

Richter_innen mit einer exkludierenden Haltung möchten ihren eigenen Migrationshintergrund nach der Logik der hier vorgestellten Theorie auch aus kollegialen Interaktionen heraushalten, da der eigene Migrationshintergrund als irrelevantes soziales Merkmal innerhalb des Richterkollegiums bewertet wird. Im Gegensatz zu Richter_innen mit einer inkludierenden Haltung, was im Verlauf noch näher erläutert werden wird, haben Richter_innen mit einer exkludierenden Haltung die Ansicht, dass der eigene Migrationshintergrund keine Bereicherung für das Richteramt darstellt und somit sehen sie den Migrationshintergrund auch nicht als zusätzliche Ressource, der sie von Kolleg_innen ohne Migrationshintergrund bedeutsam unterscheidet.

> *„Wissen Sie um mit der Arbeit als Richter zurecht zu kommen, da müssen Sie schon ein bisschen was bringen. Ich sag das immer als Vergleich, das leuchtet den meisten Leuten ein. Am Amtsgericht müssen Sie, als normale Schlagzahl, sechshundert Zivilsachen im Jahr entscheiden können. (…) Und wissen Sie was, ich sag da müssen Sie was für tun. Und deswegen, dass sie also Migrant sind ja, hilft Ihnen ein Dreck." (2.24-25.26-9).*

Diese exkludierende Haltung drückt sich innerhalb der Kollegenwelt auch dadurch aus, dass die Richter_innen keine tiefergehende Thematisierung ihres Migrationshintergrundes durch Kolleg_innen oder Vorgesetzte wünschen.

> „*I: Das Thema an sich hat ja, wie Sie schon gesagt haben, wenig eine Rolle gespielt (...)*
> *B: Nein, habe ich so nicht empfunden und auch nicht in diesem Milieu, das interessierte eigentlich keinen. So richtig, und um ehrlich zu sein, eigentlich war ich auch froh, dass es keinen interessierte.*" (2.19.20-25)

Die Richter_innen mit der exkludierenden Haltung vertreten die Ansicht, dass sie sich durch das soziale Merkmal Migrationshintergrund nicht relevant von ihren Richterkolleg_innen ohne Migrationshintergrund unterscheiden. Sie möchten durch ihren Migrationshintergrund keine Sonderrolle im Richterkollegium einnehmen, der eigene Migrationshintergrund wird im Vergleich zu den Richterkolleg_innen als irrelevantes soziales Unterscheidungsmerkmal bewertet.

> „*Also mit den Kollegen spielt das eigentlich überhaupt keine Rolle. Das ist wirklich so irrelevant.*" (4.9.39-40)

Richter_innen mit einer exkludierenden Haltung möchten im Richterkollegium als normale Kolleg_innen wahrgenommen werden und betonen die Gleichheit aller Kolleg_innen durch das Ausführen des Richteramtes. Richter_innen mit dieser exkludierenden Haltung stehen somit im Einklang mit der aktuellen Haltung des deutschen Justizsystems, nach der dem sozialen Merkmal Migrationshintergrund nicht offiziell und systematisch Bedeutung zugeschrieben werden soll, wie ich bereits im Kontextmodell ausführlich dargestellt habe.

> „*Ja, ich find es eigentlich so gut, wie es ist, dass die Migration keine Rolle spielt im beruflichen Alltag. Weil das zeigt mir, dass es doch so ist, dass da kein Unterschied gemacht wird. Zumindest wie immer die Einschränkung*

nach außen hin, wie gesagt, was die Leute dann wirklich tatsächlich denken, kann man nicht wissen" (3.16.12-15)

3.4.4.2 Pragmatische Haltung: Nutzt oder schadet mir mein Migrationshintergrund bezüglich meiner Stellung in der Welt der Kolleg_innen?

Wie innerhalb der Welt der Rechtsunterworfenen, so haben Richter_innen mit einer *pragmatischen* Haltung auch in den Interaktionen mit Kolleg_innen einen nüchternen, abwägenden Blick auf die Relevanz ihres Migrationshintergrundes. Richter_innen mit einer pragmatischen Haltung haben weder das grundsätzliche Bestreben ihre Migrationserfahrungen aus kollegialen Interaktionen auszuklammern, noch ist ihr Migrant-sein für sie ein selbstverständlicher Teil ihrer beruflichen Identität, wenn sie mit Kolleg_innen in Kontakt treten.

Richter_innen mit einer pragmatischen Haltung entscheiden auch in kollegialen Interaktionen situativ und prozess-orientiert, wie sie mit ihrem Migrationshintergrund umgehen. Innerhalb der Welt der Kolleg_innen bedeutet dies zum Beispiel, dass Richter_innen mit einer pragmatischen Haltung z. B. durchaus die Rolle als interkulturell kompetente Kolleg_in ausfüllen, wenn dies von Kolleg_innen angefragt wird. Gemäß der *pragmatischen* Haltung, machen sie dies aber nur, wenn die Kosten für sie nicht zu hoch sind.

„I: Wie geht es Ihnen mit diesen Anfragen? Also wenn Sie solche Anfragen bekommen von den Kollegen?
B: Mir geht es damit ganz gut, weil ich merke, dass mich das jetzt nicht so sehr beei /. Also ich wüsste jetzt nicht wie ich reagieren würde, wenn ich jetzt jeden Tag zehnmal gefragt werden würde. Dann würde mir das wahrscheinlich ein bisschen zu viel werden. Aber die Kollegen gehen damit sehr gut um. Also ich werde tatsächlich nur vereinzelt mal gefragt. Und hier bei uns, dadurch dass die türkische Community hier jetzt nicht so weit verbreitet ist, passiert das auch nicht sehr häufig." (5.4.11-19)

Die Richter_innen mit dieser Haltung haben also auch innerhalb der Kollegenwelt eine pragmatische Sicht auf ihren Migrationshintergrund. Sie wägen ab, ob die Salienz ihres Migrationshintergrundes für sie mit mehr Nutzen oder mehr Kosten verbunden ist und verhalten sich auf der Basis dieser Abwägungen entsprechend. Wenn Richter_innen mit einer pragmatischen Haltung feststellen, dass die Salienz ihres Migrationshintergrundes einen Mehrwert für ihre Arbeit darstellt, ist es für sie in Ordnung, wenn ihrem sozialen Merkmal Bedeutung zugeschrieben wird.

> *„Hab mich auch lange gewehrt, ob ich es überhaupt machen soll, (...) ich wollte halt eben nicht in diese Schublade reingeschickt werden. Aber andererseits dachte ich eben auch, dass ist eher positiv was er vorhat. Also, dass er halt ein positives Projekt auf die Beine stellen will, da für mehr Sensibilität werben will. Also die lauteren Motive, die dahinterstehen, auch die Umsetzung gerade. Und dann habe ich gedacht, ja gut, dann mache ich dann mit."* (8.7.27-33)

Wenn Richter_innen mit einer pragmatischen Haltung allerdings feststellen, dass die Markierung ihres Migrationshintergrundes durch Kolleg_innen Kosten für sie verursacht, dann reagieren sie ablehnend auf die Markierung des sozialen Merkmals.

> *„Also ich habe überhaupt kein Problem auch in der Richterschaft als jemand wahrgenommen zu werden, der einen anderen Hintergrund hat. (...) Wenn das aber dazu führt, dass eine Gleichwertigkeit jemanden abgesprochen wird, und es muss ja gar nicht wortwörtlich so sein, sondern man muss ja nur das Gefühl bekommen, dass es so ist. Dann merke ich, dass das bei mir dazu führt, dass ich dann, also ich möchte das nicht haben. Und es ist Fakt, dass das nicht nur im privaten Umfeld so ist, sondern dass das auch im Kollegium und auch unter den Mitarbeitern tatsächlich immer wieder Fall ist."* (5.19.17-26)

Im Gegensatz zu Richter_innen mit einer exkludierenden Haltung, stellt der eigene Migrationshintergrund für sie keinen prinzipiellen Störfaktor für die eigene Tätigkeit und die Wahrnehmung durch Kolleg_innen dar. Sie wägen aber genau ab, welche Bedeutung es für ihre Rolle und ihre Stellung in der Welt der Kolleg_innen haben könnte, wenn ihrem Migrationshintergrund Bedeutung zugeschrieben wird.

> *„(...) an sich der Migrationshintergrund ja nicht unangenehm, aber darauf möchte man eigentlich nicht reduziert werden. (...) Und da möchte man halt eher als Fachmann (...) als Kollege wahrgenommen werden. Und weniger halt eben als Migrant.“* (8.6.21-26)

Für Richter_innen mit einer pragmatischen Haltung ist der eigene Migrationshintergrund kein selbstverständlicher Teil ihrer beruflichen Rolle als Richter_in, sondern der Umgang mit ihrem sozialen Merkmal wird auch innerhalb der Kollegenwelt immer wieder neu abgewogen und situativ ausgehandelt.

3.4.4.3 Inkludierende Haltung: Der Migrationshintergrund als selbstverständlicher Teil der richterlichen Identität

Wie bereits bei der Darstellung der Welt der Rechtsunterworfenen beschrieben, ist für Richter_innen mit einer *inkludierenden* Haltung ihr Migrant-sein ein selbstverständlicher Teil ihrer beruflichen Rolle als Richter_in. Sie vollziehen für sich keine Trennung zwischen der beruflichen Rolle als Richter_in und einer privaten Rolle als Migrant_in, sondern *inkludieren* ihren Migrationshintergrund und die damit verknüpften Erfahrungen und Kompetenzen in das berufliche Handeln als Richter_in. Innerhalb der Welt der Kolleg_innen bedeutet dies, dass für diese Richter_innen das eigene Migrant-sein in kollegialen Interaktionen selbstverständlich von Bedeutung sein kann und darf. Richter_innen mit einer inkludierenden Haltung haben nicht das Bestreben ihren Migrationshintergrund aus kollegialen Interaktionen auszuklammern. Für sie gehört es zur Normalität des beruflichen Alltags, dass ihr Migrationshintergrund im Richterkollegium salient wird.

> *„Das ist Teil meiner Persönlichkeit, meiner Lebensweise, und dass die hier auch Thema ist, dass die bekannt ist, das ist eigentlich das natürlichste, das ist eigentlich das natürliche, würde ich sagen.“* (6.17.7-9)

Innerhalb der Welt der Kolleg_innen bewerten sie den eigenen Migrationshintergrund als relevantes soziales Unterscheidungsmerkmal. Im Gegensatz zu Richter_innen mit einer exkludierenden Haltung, bewerten Richter_innen mit einer inkludierenden Haltung ihren Migrationshintergrund als zusätzliche Ressource, die ihnen Vorteile im Vergleich zu Kolleg_innen ohne Migrationshintergrund verschaffe.

> *„Also ich denke es ist auf jeden Fall eine Bereicherung. Ja, ich denke es ist eine Bereicherung für mich selber, weil mir sozusagen dieses zusätzliche Mittel zur Verfügung steht. Aber es ist auch eine Bereicherung für die Parteien, aufgrund der, ich sag mal gewisser Negativerfahrungen, die gar nicht erst entstehen können.“* (6.10.14-17)

Passend zu dieser grundsätzlichen Haltung, dass ein Migrationshintergrund die Ausübung des Richteramtes bereichert, plädieren diese Richter_innen dafür, dass noch mehr Richterkolleg_innen mit Migrationshintergrund den Weg in die deutsche Justiz finden sollten.

3.4.5 Handlungs- und interaktionale Strategien: Fokussierung und Defokussierung des Migrationshintergrundes

Die zuvor dargestellten grundsätzlichen Haltungen der Richter_innen bezüglich der Beziehung zwischen ihrem Migrationshintergrund und ihrem Richteramt, haben auch innerhalb der Kollegenwelt entscheidenden Einfluss darauf, welche konkreten Strategien die Richter_innen anwenden, um mit ihrem salient gewordenen Migrationshintergrund in Interaktionen mit Kolleg_innen umzugehen. Im Folgenden werde ich darlegen, welche konkreten Strategien die migrantischen Richter_innen innerhalb der Kollegenwelt anwenden, um mit ihrem salient gewordenen sozialen Merkmal Migrationshintergrund umzugehen. Wie in der Welt der Rechtsunterworfenen, so emergierten auch in der Welt der Kolleg_innen zwei übergeordnete Hauptkategorien an Strategien, die sich in der grundsätzlichen strategischen Zielsetzung unterscheiden. Zur Veranschaulichung habe ich Abbildung 5 nochmal angeführt.

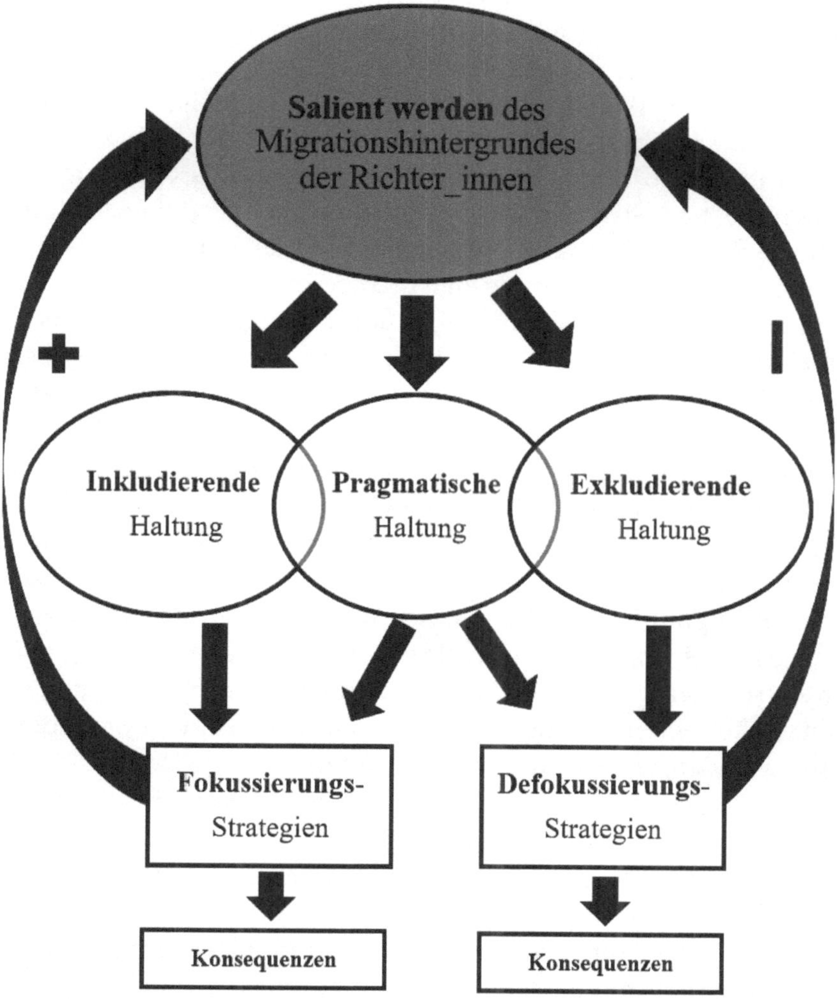

Abb. 5: Umgang der migrantischen Richter_innen mit der Salienz ihres Migrationshintergrundes

Mithilfe von *Fokussierungsstrategien* nutzen die migrantischen Richter_innen ihr salient gewordenes soziales Merkmal und die damit verbundenen Attribute in der Interaktion mit ihren Kolleg_innen. Sie *fokussieren* also auf ihren eigenen Migrationshintergrund und sorgen so für eine Aufrechterhaltung bzw. Verstärkung der Salienz ihres Migrationshintergrundes. Mit *Defokussierungsstrategien* versuchen sie die Salienz ihres Migrationshintergrundes in kollegialen Interaktionen wieder zu reduzieren. Sie *defokussieren* von ihrem auffällig gewordenen sozialen Merkmal.

Wie in der Welt der Rechtsunterworfenen, so ist die Anwendung dieser Strategien durch die migrantischen Richter_innen auch innerhalb der Kollegenwelt nicht immer als bewusste, reflektierte und strategische Entscheidung zu verstehen. Häufig ist die Strategienanwendung auch eine unreflektierte, quasi fast automatische Entscheidung der Richter_innen, die sich aus den Haltungen gegenüber ihrem Migrationshintergrund ergibt. Nochmal zu betonen ist hierbei, wie die Zusammenhänge zwischen den Haltungen und der Strategienanwendung nach der Logik des hier vorgestellten Modells zu verstehen sind und wie ich sie in Abbildung 5 grafisch dargestellt habe. Je deutlicher migrantische Richter_innen der inkludierenden Haltung zuzuordnen sind, desto stärker neigen sie dazu Fokussierungsstrategien anzuwenden, wenn ihr Migrationshintergrund salient wird. Umgekehrt tendieren migrantische Richter_innen umso stärker zu Defokussierungsstrategien, je deutlicher sie eine exkludierende Haltung aufweisen. Richter_innen mit einer pragmatischen Haltung neigen dazu alternierend Fokussierungs- und Defokussierungsstrategien anzuwenden, je nach situativer Abwägung.

Im Folgenden werde ich die einzelnen *Fokussierungs-* und *Defokussierungsstrategien* genauer erläutern, die im Zuge der Datenauswertung herausgearbeitet werden konnten. Abbildung 10 zeigt eine Übersicht der Strategien, die die Richter_innen in der Interaktion mit Kolleg_innen anwenden, um mit ihrem salient gewordenen Migrationshintergrund umzugehen und die Konsequenzen, die sich aus der Anwendung der Strategien ergeben.

Fokussierungsstrategien	Defokussierungsstrategien
- als Dolmetscher_in und Übersetzer_in helfen - als Interkulturelle Experten helfen - über Vorurteile bezüglich Migrant_innen aufklären - Kulturellen Hintergrund an Arbeitsstelle pflegen	- Unterlassen von Fokussierungsstrategien - Übermäßiges fachliches Engagement - eigene interkulturelle Kompetenz relativieren - Rolle als Migrantenautorität relativieren - Differenzmarkierungen mit Humor entgegnen
Konsequenzen der Fokussierungsstrategien	**Konsequenzen der Defokussierungsstrategien**
- Migrationshintergrund wird salienter - Differenz zu Kolleg_innen ohne Migrationshintergrund wird größer - Nähe zu Migrant_innen wird größer	- Migrationshintergrund weniger salient - Ähnlichkeit zu Kolleg_innen ohne Migrationshintergrund wird größer - Distanz zu Migrant_innen wird größer

Abb. 10: Fokussierungsstrategien und Defokussierungsstrategien der migrantischen Richter_innen in Interaktionen mit Kolleg_innen und die aus der Strategienanwendung resultierenden Konsequenzen

3.4.5.1 Fokussierungsstrategie: Als Dolmetscher_in und Übersetzer_in helfen

Wie bereits bei der Darstellung der Welt der Rechtsunterworfenen beschrieben, verfügen Richter_innen mit Migrationshintergrund durch das Beherrschen einer weiteren Sprache neben dem Deutschen in der Regel über eine Kompetenz, die Richterkolleg_innen ohne Migrationshintergrund nicht unbedingt aufweisen. Dieser Aspekt führt innerhalb der Kollegenwelt dazu, dass die migrantischen Richter_innen von ihren Kolleg_innen angefragt werden, ob sie als Dolmetscher_in und als Übersetzer_in von Dokumenten behilflich sein können. Die Kolleg_innen erhoffen sich dabei eine effektive Hilfestellung für ihre Verfahren, indem sie auf informellem Wege ihre migrantischen Kolleg_innen als Dolmetscher_in und Übersetzer_in anfragen. Die Fokussierungsstrategie der migrantischen Richter_innen besteht darin, dass sie diese Rolle als Sprachmittler_in annehmen und ausüben.

> *„(...) da ging es eben um einen Chatverlauf. Und da wurden bestimmte Sachen gesagt, das waren halt dann auch Beschimpfungen, es gibt ja solche Beschimpfungen und solche Beschimpfungen. Wenn man jetzt die Sprache spricht, weiß man, das ist eine sehr besonders starke. (…) Bevor man den Dolmetscher jetzt förmlich anhört, die Kollegen hatte auch Termin dann unmittelbar glaube ich am nächsten Tag. Und wollte sich einfach so ein Bild verschaffen, was Inhalt dieses Chats war. Um dann eben mit den Anwälten und ich glaube die waren aber auch alle beide türkisch, da so ein bisschen halt darüber sprechen zu können"* (7.15.12-25)

Im Unterschied zum Handeln innerhalb der Welt der Rechtsunterworfenen, üben die migrantischen Richter_innen die Funktion des Sprachmittelns in diesem Fall nicht im Rahmen ihres eigentlichen Richteramtes aus. Während sie in Interaktionen mit Rechtsunterworfenen beim Anwenden ihrer Sprachkenntnisse stärker in ihrer Rolle als Richter_in agieren, werden sie von ihren Richterkolleg_innen explizit als Sprachmittler_in angefragt und nehmen somit in der Interaktion mit den Kolleg_innen eher die Rolle eines Dolmetschers und Übersetzers ein.

> *„(...) ich helfe einfach in dem Augenblick, in dem ich kurz was übersetze. Also ich werde aber jetzt nicht Beteiligter des Verfahrens oder so. Sondern ich trete nur dazu, also ordne ich das so ein, oder übersetze noch mal kurz wie die Situation ist und dann verabschiede ich mich eigentlich wieder. Entscheidungen treffen dann natürlich die zuständigen Kollegen. Aber soweit halt beispielsweise irgendwelche Schreiben in türkischer Sprach da in der Akte vorgelegt werden oder das passiert halt sehr häufig, dass Schriftstücke in die Türkei zugestellt werden sollen (…) Und dann hilft das manchmal, dass an so einem Gericht jemand da ist, der das auf dem kurzen Dienstweg erledigen kann."* (5.3-4.42-9)

3.4.5.2 Fokussierungsstrategie: Als interkulturelle Experten helfen

Neben dem rein sprachlichen Dolmetschen und Übersetzen, helfen die migrantischen Richter_innen ihren Kolleg_innen auch ganz generell dabei, migrantische Prozessbeteiligte besser zu verstehen.

> *„Wenn die einfach so Dinge vielleicht nicht nachvollziehen können, warum wer wie agiert. Dann besprechen wir das auch schon mal. Sodass ich dann versuche nachzuvollziehen ob ich, oder versuche zu erkunden, ob ich das nachvollziehen kann, warum sich eine Partei so oder so verhält. Oder wie es dazu kommt. Das kommt schon vor, ja." (6.16.27-31)*

Bei diesem besseren Verstehen von Migrant_innen über das rein Sprachliche hinaus, geht es meist um Fragen, die sich aus einer anderen Herkunftskultur von Prozessbeteiligten ergeben. So können bei Richter_innen ohne Migrationshintergrund Unsicherheiten auftreten, wenn sie in Verfahren auf migrantische Prozessbeteiligte treffen. Sie wenden sich deshalb an ihre migrantische Kolleg_innen, da sie vermehrtes kulturelles Wissen bei ihren Kolleg_innen vermuten, da diese einen Migrationshintergrund haben. Die Fokussierungsstrategie der migrantischen Richter_innen besteht darin, dass sie die Rolle des interkulturellen Experten ausfüllen.

> *„Ich finde das auch ganz gut, dass man da noch mal nachgefragt wird. Um vielleicht noch mal eine andere Perspektive auf diesen Fall zu bekommen. Wenn man jetzt nur mit sag ich mal den deutschen Vorstellungen rangeht, werden bestimmt bestimmte Sachen einfach sehr eigenartig erscheinen. (…) Ist das vielleicht noch mal ein neuer Blickwinkel für die Kollegen. Um dann eben im Verfahren daraus auch Nutzen ziehen zu können." (7.15-16.48-6)*

Die migrantischen Richter_innen nehmen die Rolle eines kulturellen Brückenbauers ein und vermitteln vor dem Hintergrund ihrer eigenen Migrationserfahrungen zwischen Kolleg_innen ohne Migrationshintergrund und deren migrantischen Parteien, in dem sie ihre Kolleg_innen bezüglich kultureller Zusammenhänge beraten.

„(...) hat mal eine Kollegin mich gefragt, im Rahmen meines Vortrags, ob Sie einem Zeugen oder der Partei quasi in die Augen schauen kann. (…) Der Kläger war türkischstämmig, war auch religiös und zurückhaltend und saß halt auf seinen Stuhl. Die Hände zusammen, ein bisschen nach vorne gebeugt, und die Richterin hat gesprochen und er hat sie halt nicht angeguckt. (…) Und sie ist halt irgendwann böse geworden, warum er sie nicht angucken wolle. Und sie hat dann vermutet, dass er sie als Frau und Richterin nicht respektieren, akzeptieren würde. Aber er hat genau das Gegenteil gemacht, ja. Er hat Sitzposition eingenommen, Beine zusammen, Hände in den Schoss und den Kopf ein bisschen gebeugt und sie nicht angeguckt. Für ihn die möglichst größte Form Respekt zu zeigen, und dass wurde quasi ins Gegenteil verkehrt." (8.22.29-44)

„In dem Urteil stand auch drinnen, naja auch wenn es falsch gewesen sein sollte, hätte er sich ja an den Geschäftsführer wenden können. Und sich über seinen Vorgesetzten beschweren können. Dass ist natürlich schon richtig. Aber jetzt mit dem kulturellen Hintergrund, den der Kläger hat, Arbeiter, türkischstämmig, also typischer Bestandteil dieser kollektivistisch orientierten Kulturen (…) wäre so die typische Verratssituation, die man an sich nicht macht. Also dass man Konflikte untereinander klärt und nicht nach außen trägt. (…) das ist kulturell nicht vermittelbar, dem Kläger zu sagen, Du hättest zum Geschäftsführer gehen können und dort dann deinen Meister dann anschwärzen können." (8.17-18.40-5)

Beim Anwenden dieser Strategien nutzen die migrantischen Richter_innen also ihre eigenen Erfahrungen als Migrant und bringen diese ins Justizsystem ein, indem sie ihre Kolleg_innen ohne Migrationshintergrund zu migranten-bezogenen Fragestellungen beraten. Um die Rolle des interkulturellen Experten gut auszufüllen, eignen sich migrantische Richter_innen teilweise zusätzlich Wissen über interkulturelle Zusammenhänge im Eigenstudium an. Insbesondere Richter_innen mit einer tendenziell pragmatischen Haltung, sehen interkulturelle Kompetenz als Fachwissen, das sich jeder Richter aneignen kann.

„Weil da waren viele Sachen, die mir nicht bekannt waren im interkulturellen Kontext, die man zu beachten hat. Das kannte ich auch nicht, ich musste mich da auch wirklich ganz normal einarbeiten. Wie jeder andere auch, also auch ganz normal mit Büchern, die ich mir angeschafft habe." (8.8.21-24)

Den migrantischen Richter_innen, die ihren Kolleg_innen als interkulturelle Experten helfen, ist dabei durchaus bewusst, dass der eigene Migrationshintergrund dem eigenen Handeln eine besondere Gewichtung verleiht. Bildlich gesprochen nutzen sie ihren eigenen Migrationshintergrund als Bühne, auf der sie authentisch als interkulturelle Experten auftreten und das im Eigenstudium erworbene Wissen weitergeben können. Sie nutzen dabei die Bedeutungskonstruktion, dass sie tendenziell als größere interkulturelle Experten wahrgenommen werden als Kolleg_innen ohne Migrationshintergrund.

„Ich habe manchmal auch so ein bisschen den Verdacht, ja die Tatsache, dass ich das mache beruht im Wesentlichen darauf, dass ich halt Migrationshintergrund habe. Dass das quasi mitschwingt als Art Kredibilität, als Authentizität." (8.8-32-35)

3.4.5.3 Fokussierungsstrategie: Über Vorurteile bezüglich Migrant_innen aufklären

Eine weitere Fokussierungsstrategie innerhalb der Kollegenwelt besteht darin, dass die migrantischen Richter_innen über Vorurteile bezüglich Migrant_innen bei ihren Kolleg_innen aufklären. Spannend an dieser Strategie ist, dass die migrantischen Richter_innen diese Strategie mit zwei unterschiedlichen Zielsetzungen verfolgen. Zum einen möchten die migrantischen Richter_innen Vorurteile bei ihren Kolleg_innen gegenüber Migrant_innen reduzieren, damit diese nicht vorurteilsbehaftet unfair über Migrant_innen urteilen.

„Also es soll vor allem nicht dieses falsche Schubladendenken gefördert werden. Also zum Teil gibt es dann auch so Sachen nach dem Motto, der Kläger ist Türke, da kommt jetzt ein Zeuge der ist auch Türke, nein die halten ja alle zusammen. (…), Dass man alleine aufgrund irgendwelcher kulturellen Hintergründe auf eine Lagertheorie dann schließt. Dass haben dann zum Teil auch Kollegen dann als Anwälte mitbekommen, türkischstämmige Anwälte, die dann sagen, wo er dann auch Zeugen benannt hatte. Und dann war der Zeuge auch da und der Richter der sagte, „ naja die Türken sind ja Anhänger von der Lagertheorie". Nach dem Motto, die sagen immer nur zu ihren eigenen Gunsten aus. Das sind halt so eben Vorurteile, und dass ist halt das Problem, wenn man MEINT kultursensibel zu handeln, handelt man eigentlich vorurteilsbehaftet." (8.21-22.39-3)

Neben fallbezogenen Erläuterungen, wenden migrantischen Richter_innen diese Strategie auch in informelleren Zusammenhängen an, wenn sie bei ihren Kolleg_innen auf vermeintliche vorurteilsbehaftete Äußerungen stoßen.

„Also das Vorurteil, dass immer, wie gesagt dann so dieses Überspitzte, dass die Frau drei Schritte hinter dem Mann her gehen muss und vollverschleiert ist, dass stimmt halt einfach nicht. Also alle über einen Kamm scheren finde ich, unabhängig vom Migrationshintergrund, immer schlecht. Egal worum es geht. Dass ist auch mit dem Beruf nicht vereinbar. Und dass finde ich auch so einem persönlichen Gespräch mit Kollegen, wenn es mal aufkommt. (…) Einfach um, ja wie eben schon gesagt einen neuen Blickwinkel oder einfach einen neuen Blick auf die Sache werfen zu können. Aber auch das kommt nicht so häufig vor. Mal oben in einer Kaffeerunde oder so" (7.16-17.37-3).

Auf der anderen Seite können die migrantischen Richter_innen die Intention haben, migrantenbezogene Vorurteile bei ihren Kolleg_innen abzubauen, damit diese Migrant_innen nicht vorurteilsbehaftet zu milde beurteilen.

„Es soll mal den Fall gegeben haben, (…) Totschlag durch einen Sizilianer an seiner Ehefrau, soll man strafmildernd berücksichtigt haben, dass Sizi-

lianer heißblütig und temperamentvoll seien. (...) gab es diesen typischen Kulturrabatt nach dem Motto, naja die sind so temperamentvoll, da muss man dann das weniger bestrafen. Dass ist natürlich völliger Nonsens. Das ist der Kulturrabatt, der nicht gewährt werden soll." (8.20.15-24)

Während es also bei der Strategie *Als interkulturelle Experten helfen* den migrantischen Richter_innen vor allem darum geht, ihren Kolleg_innen neue Einsichten zu kulturellen Zusammenhängen zu vermitteln, geht es bei der Strategie Über Vorurteile bezüglich *Migrant_innen aufklären* darum, bei den Kolleg_innen vermeintlich bereits vorhandenen kulturelles Wissen zu relativieren und Stereotype zu Migrant_innen abzubauen. Die migrantischen Richter_innen erleben die Anwendung dieser beiden Fokussierungsstrategien teilweise als Spagat, da sie auf der einen Seite durch die Vermittlung von kulturellen Zusammenhängen kein Schubladendenken fördern wollen. Andererseits befürchten sie, dass das Vernachlässigen von kulturellen Besonderheiten ebenfalls zu unfairen Beurteilungen führen könnte.

„(...) ist echt schwierig, also das ist oft das Problem, bei den Fortbildungen, wo ich merke, es ist schwierig den Leuten dieses Thema zu erklären, weil es letztlich darauf hinausläuft, dass im Idealfall man nur kultursensibel ist oder offen ist für interkulturelle Sachverhalte. Dass ist das Einzige, was man den Leuten vermitteln sollte. Einfach nur offen sein. Ob es da was gibt, was man vielleicht berücksichtigen sollte. Aber mehr auch nicht." (8.21.23-28)

3.4.5.4 Fokussierungsstrategie: Kulturellen Hintergrund an Arbeitsstelle pflegen

Eine Fokussierungsstrategie innerhalb der Kollegenwelt, die weniger mit den eigentlichen richterlichen Tätigkeiten in Verbindung steht, ist die Pflege des kulturellen Hintergrundes auf der Arbeit durch migrantische Richter_innen. Ein Beispiel ist das Praktizieren des islamischen Glaubens innerhalb der Arbeitszeit.

„Aber wie gesagt, bei mir sind halt andere Themen relevant. Ich praktizier auch den Islam, ich bete in meinem Büro, das wissen meine Kollegen. Die wissen eben auch manchmal, wenn hier Licht ist, und eine Person drin ist, aber sie nicht öffnet, dass es daran liegt, dass ich hier vielleicht ein Gebet praktiziere. Ja, das ist bekannt. Und dann klopfen die an, gucken, keine Reaktion, und in zehn Minuten kommt dann jemand, sagt „na, bist du fertig". (6.15.34-39)

Ein weiteres Beispiel in diesem Zusammenhang ist das Einhalten von kulturell bzw. religiös bedingten Fastenzeiten.

„Alle Kollegen wissen das nicht, da kommen sie hier sozusagen zur Mittagsrunde, klopfen auch bei mir an, sagen „so, wir gehen Mittagessen, kommst du mit?". Dann sag ich „Monat lang nicht, jetzt ist Ramadan" (6.17.17-20)

Durch das offene Pflegen von kulturell-religiös bedingten Gebräuchen in halbprivaten Interaktionen, die sich aus ihrem von der Mehrheit des Kollegiums abweichenden kulturellen Hintergrund ergeben, fokussieren die migrantischen Richter_innen auf ihr soziales Merkmal Migrationshintergrund.

3.4.5.5 Konsequenzen der Fokussierungsstrategien

Durch das Anwenden der beschriebenen Fokussierungsstrategien, bleibt das soziale Merkmal Migrationshintergrund in der Interaktion mit Kolleg_innen salient bzw. wird noch salienter. Zudem führen die Fokussierungsstrategien dazu, dass die Differenz zu den Richterkolleg_innen ohne Migrationshintergrund größer und im Gegenzug die Distanz zur Gruppe der Migrant_innen kleiner wird.

„Also es ist jetzt Ramadan, ich faste (...) Ich gehe nicht in die Kantine in der Zeit. Ich trinke auch keinen Kaffee mit den Kollegen in der Zeit, weil Ramadan ist, ja. Und das ist dann jetzt ein Thema, ist doch klar, das haben

sie mit keinem anderen aus dem Kollegium. Das ist dann schon ein Merkmal, was mich anders erscheinen lässt." (6.15.1-6)

3.4.5.6 Defokussierung: Unterlassen von Fokussierungsstrategien

Wie innerhalb der Welt der Rechtsunterworfenen, so besteht auch in der Interaktion mit Kolleg_innen die Defokussierung der migrantischen Richter_innen u. a. darin, die zuvor dargestellten Fokussierungsstrategien bewusst nicht anzuwenden. So können es die migrantischen Richter_innen ablehnen, ihren Kolleg_innen als Dolmetscher_in oder interkulturellen Experten zu helfen, obwohl es ihnen aufgrund ihrer Kompetenzen möglich wäre. Auch können sie sich dagegen entscheiden, bestimmte kulturell-religiöse Praktiken, die mit ihrem Migrationshintergrund in Verbindung stehen, offen im Kollegium anzuwenden.

3.4.5.7 Defokussierungsstrategie: Übermäßiges fachliches Engagement

Die Analyse der Gesprächsdaten zeigte, dass die migrantischen Richter_innen bewusst übermäßiges fachliches Engagement in ihrer Tätigkeit als Richter_in zeigen, um damit die Salienz ihres sozialen Merkmals Migrationshintergrund zu reduzieren.

> *„(...) nicht, dass die Leute denken, ich bin jetzt nur eingestellt worden, weil ich Migrant bin und deswegen dann hier durchgeschleppt werde. Die Angst hat man natürlich dann schon, das gebe ich zu. Aber da vielleicht schießt man dann übers Ziel hinaus und versucht dann die Arbeit besonders ordentlich zu machen. Oder halt sich in besonderer Weise zu profilieren um dann zu zeigen, was man eigentlich so kann."* (8.24-25.48-4)

Die fachliche Profilierung vollziehen die Richter_innen auch deshalb bewusst in Themengebieten, die nicht in Zusammenhang stehen zu den Themenkomplexen Integration und Migration. Darüber hinaus kann die Strategie des übermäßigen fachlichen Engagements auch die Durchführung einer Promotion beinhalten. So berichten migrantische Richter_innen, dass sie mit dem Führen eines Doktortitels vom vermeintlichen Makel des Migrantenstatus ablenken, also *defokussieren*, wollen.

> *„(...) über meinen Berufsweg ist eher so das Gegenteil, dass man eher so die unbegründete Angst wahrscheinlich, nicht dass man als Migrant quasi wahrgenommen wird. Und halt eben sich als Fachmann dann vielleicht übers Ziel hinausschießen versucht zu profilieren."* (8.26-39-42)

3.4.5.8 Defokussierungsstrategie: Eigene interkulturelle Kompetenz relativieren

Eine weitere Defokussierungsstrategie innerhalb der Kollegenwelt besteht darin, dass die migrantischen Richter_innen die eigene interkulturelle Kompetenz relativieren. Diese Relativierung geschieht unter anderem dadurch, dass sich die migrantischen Richter_innen innerhalb des Richterkollegiums nicht selbst als interkulturelle Experten positionieren und die von außen zugeschriebene interkulturelle Kompetenz relativieren.

Sie stellen interkulturelle Kompetenz auch als erlernbares Fachwissen dar, dass sich auch Kolleg_innen ohne Migrationshintergrund aneignen können. Die migrantischen Richter_innen versuchen mit dieser Strategie, Fragen der interkulturellen Kompetenz von ihrem Migrationshintergrund zu entkoppeln. Dadurch möchten sie, dass ihrem sozialen Merkmal weniger Bedeutung beigemessen und es somit auch weniger salient wird.

> *„Die Problematik ist natürlich, aber dann muss ich auch selber aufpassen, bloß weil man interkulturell ist, also einen Migrationshintergrund hat, heißt es ja nicht automatisch, dass man interkulturell kompetent ist. Also das sollte man nicht gleichsetzen. Also muss ich mir auch mal vergegenwärtigen. Mag sein, dass ich da vielleicht einen anderen Hintergrund habe, aber ich bin ja auch schon ziemlich integriert und assimiliert. Dass führt nicht automatisch zu einer besseren oder höheren Kompetenz. Also*

die Beispiele die ich genannt hatte zum Bespiel des Dolmetschers mit allem et cetera, das ist völlig migrationsunabhängig. Wer halt ein kluger Kopf ist, unabhängig davon aus welchem Land er kommt, wird mit dem Thema fachlich gut umgehen." (8.5.12-21)

Die migrantischen Richter_innen relativieren ihre interkulturelle Expertise auch dadurch, indem sie zwar ihren Kolleg_innen Ratschläge geben, aber ihre Expertise explizit auf ihre eigene, persönliche Erfahrungswelt einschränken. Sie betonen dadurch, dass sie nicht als Experten für eine ganze Gruppe von Migrant_innen oder einen ganzen Kulturkreis auftreten wollen und können.

„Einmal bin ich gefragt worden, (...) Da ging es um eine türkische Hochzeit, um die Auseinandersetzung der Geldgeschenke, wie die verteilt werden im Rahmen einer türkischen Hochzeit. Konnte ich aber auch keinen hundertprozentigen Rat zu geben. Habe ich nur gesagt, so und so könnte ich es mir vorstellen, abgeleitet von unseren Hochzeiten. Aber ob das wirklich so ist, kann ich nicht sagen. (3.21.20-25)

Mit der Einschränkung, dass ihr kulturelles Wissen aus ihrer persönlichen Erfahrungswelt abgeleitet sei, möchten die migrantischen Richter_innen zudem betonen, dass ihre Einschätzungen nicht unbedingt von juristischer Relevanz sein müssen. Dadurch betonen sie bewusst, dass sie eine Trennung zwischen ihrer beruflichen Rolle als Richter_in und ihren persönlichen Erfahrungen als Migrant_in vornehmen. Auch dadurch möchten die migrantischen Richter_innen, dass ihrem sozialen Merkmal Migrationshintergrund in der Kollegenwelt nicht zu viel Bedeutung beigemessen wird.

„Die dann auch, wenn so eine Beteiligung da ist, gerne mal auf mich zu kommen und fragen, „wie ist das denn so?" Also da ging es einmal darum, meine ich mich zu erinnern, dass da Gold im Zuge einer Heirat oder Verlobung übergeben worden ist. (...) Und da wurde ich dann halt gefragt, „ist das so? was ist der Hintergrund? Ist das rechtlich bindend?". (...) Also da kann ich rechtlich gar nichts zu sagen, ich kann nur dazu was sagen,

was so, ja sag ich mal aus, aus kultureller Gewohnheit üblich ist. Wobei man auch da einschränkend sagen muss, dass das nicht überall gleich ist" (7.2.4-17)

3.4.5.9 Defokussierungsstrategie: Rolle als Migrantenautorität relativieren

Eine weitere Defokussierungsstrategie der migrantischen Richter_innen besteht darin, die von ihren Kolleg_innen zugewiesene Rolle als besondere Autoritätsperson für Migrant_innen zu relativieren.

> *„Wo ich immer mal höre, was Kolleginnen sagen, wir haben ja in den Familiensachen auch viel mit Menschen zu tun, die sag ich mal aus dem türkischstämmigen, arabischen Raum kommen, also dieses islamisch geprägte. Da habe ich manchmal so, oft ein Feedback bekommen, von Kolleginnen, die gesagt haben, dass es einfacher ist, wenn da ein Mann vorne sitzt, als eine Frau. Und noch einfacher, wenn da ein ausländischer Mann vorne sitzt, als eine deutsche Frau. Aber ich selbst, das sagt mir natürlich keiner, dass er damit zufrieden ist, dass ich dasitze. Hab das selbst so nie wahrgenommen. Das ist auch nur so ein Gefühl von den Kolleginnen."* (3.1.30-38)

Ähnlich wie bei der Relativierung der Rolle als interkulturelle Experten, geht es den migrantischen Richter_innen darum, eine besondere Hervorhebung im Richterkollegium zu vermeiden. Indem sie es relativieren, dass sie durch ihren Migrationshintergrund eine besondere Autoritätsperson für Migrant_innen sein könnten, versuchen sie die Bedeutung des sozialen Merkmals zu reduzieren. Auch mit dieser Strategie versuchen die migrantischen Richter_innen als normale Richter_in im Kollegium wahrgenommen zu werden.

3.4.5.10 Differenzmarkierungen durch Kolleg_innen mit Humor entgegnen

Eine weitere Defokussierungsstrategie der migrantischen Richter_innen besteht darin, dass sie Markierungen ihres Migrationshintergrundes durch Kolleg_innen mit Humor begegnen.

> *„Also ich bin mal von einem Vorgesetzten angesprochen worden, er meinte „ja, ich wäre dafür prädestiniert Strafsachen zu machen, mit den ganzen Sergejs. Das würde ich ja alles gut verstehen." (...) Aber letztendlich habe ich mich dazu entschieden, das humorvoll zu nehmen. Dachte das war jetzt von ihm keine böse Absicht."* (4.8-9.41-7)

Ich bezeichne diese Strategie deshalb als Defokussierungsstrategie, da durch diese Strategie die Bedeutung des markierten Migrationshintergrundes reduziert werden soll. Indem die migrantischen Richter_innen Differenzmarkierungen mit Humor begegnen, verlassen sie die dienstlich-sachliche Ebene und versuchen die kollegiale Interaktion auf ein unernstes-ironisches Niveau zu bewegen. Dadurch verliert der markierte Migrationshintergrund in der Interaktion mit Kolleg_innen an Bedeutung und Salienz und gleichzeitig schaffen sie Distanz zwischen sich und der Gruppe der Migrant_innen. Würden die migrantischen Richter_innen die Differenzmarkierungen nicht milde interpretieren, sondern ernster und kämpferischer auf derartige Äußerungen reagieren, würden sie stärker in die Rolle des Migrantenverbündeten geraten und ihrem sozialen Merkmal würde in der Interaktion eine größere Bedeutung zukommen.

3.4.5.11 Konsequenzen der Defokussierungsstrategien

Mit dem Anwenden der Defokussierungsstrategien soll die Salienz des sozialen Markers Migrationshintergrundes geringgehalten bzw. wieder reduziert werden. Die Differenz zu den Richterkolleg_innen ohne Migrationshintergrund soll reduziert und die Distanz zur Gruppe der Migrant_innen vergrößert werden. In diesem Zusammenhang ist es wichtig zu betonen, dass diese Konsequenzen von den migrantischen Richter_innen beabsichtigt sind, wenn sie die beschriebenen Defokussierungsstrategien anwenden. Ob diese Konsequenzen aus der Sicht der Umwelt auch wirklich so eintreten, kann mit der vorliegenden Untersuchung nicht beantwortet werden, da nur die migrantischen Richter_innen selbst befragt wurden.

4. Diskussion

4.1 Güte und Geltungsbereich der vorgelegten gegenstandsbegründeten Theorie zu Richterinnen und Richtern mit Migrationshintergrund an deutschen Gerichten

Als ein Gütekriterium für qualitative Forschungsergebnisse gilt der Grad an theoretischer Sättigung, den entwickelte Theorien aufweisen. Das Kriterium der *theoretischen Sättigung* wurde von Strauss und Corbin (1996) eingeführt, um zu entscheiden, wann ein GTM-Forschungsprozess als abgeschlossen zu bewerten ist. Nach Strauss und Corbin ist theoretische Sättigung dann erreicht, wenn „keine neuen oder bedeutsamen Daten mehr in Bezug auf eine Kategorie aufzutauchen scheinen, (...) alle paradigmatischen Elemente (...) berücksichtigt wurden und die Beziehungen zwischen Kategorien gut ausgearbeitet und validiert sind" (S. 159).

Neben pragmatischen Gründen für eine Beendigung des Forschungsprozesses, wie der Herausforderung weitere Gesprächspartner zu gewinnen und das Ziel der Abgabe der Forschungsarbeit, konnte ich bei der Auswertung meiner letzten Gespräche feststellen, dass ich nach acht Gesprächspartnern einen guten Grad an theoretischen Sättigung für meine Theorie erreicht hatte. So konnte ich in den letzten Gesprächen feststellen, dass keine neuen, bedeutsamen Daten bezogen auf meine Modellierung mehr auftauchen. Die Analyse der letzten Gespräche bestätigte, dass die migrantischen Richter_innen vor allem dann wahrnehmen, dass ihr Migrationshintergrund bedeutsam wird, wenn sie in Interaktionen mit migrantischen Rechtsunterworfenen und in Interaktionen mit Kolleg_innen treten. Somit bildet meine vorgelegte Theorie mit der Darstellung der Welt der Rechtsunterworfenen und der Welt der Kolleg_innen die bedeutsamen Interaktionen von migrantischen Richter_innen gut ab, wenn man der Frage nachgeht, welche Bedeutung das Vorhandensein eines Migrationshintergrundes in der Arbeit als Richter_in haben kann.

Zudem konnte ich mit den erhobenen Daten die Komponenten des paradigmatischen Modells gut abbilden und die Beziehungen zwischen den Kategorien im Verlauf validieren, was ebenfalls für eine gute theoretische Sättigung meiner Theorie spricht. Im Zentrum meiner Theorie steht das *Salient werden des Migrationshintergrundes* der Richter_innen (zentrales Geschehnis, Kernkategorie). In beiden Welten konnte ich herausarbeiten, was dazu führt (*Ansprache des Migrationshintergrundes* als ursächliche Bedingung), dass der Migrationshintergrund salient wird, wie die migrantischen Richter_innen mit dieser Salienz umgehen (*Fokussierung und Defokussierung* als Handlungs- und interaktionale Strategien) und welche *Konsequenzen* aus der Anwendung dieser Strategien folgen. Zudem konnte ich mit den erhobenen Daten intervenierende Bedingungen (z.B. *situativer Rahmen der Interaktionen*) herausarbeiten, die diesen Aushandlungsprozess beeinflussen und die zu einer differenzierten Betrachtungsweise auf den Untersuchungsgegenstand der migrantischen Richter_innen beitragen.

Neben der Orientierung am paradigmatischen Modell, ist eine Stärke der vorgelegten Theorie, dass ich mich als Forscher nicht sklavisch an die Strukturierungsvorgaben gehalten und genügend Freiraum gelassen habe, für kreative und gewinnbringende Ergänzungen zu dieser Modellierungslogik. So halte ich die Herausarbeitung und Modellierung der verschiedenen *Haltungen* (exkludierend, pragmatisch, inkludierend), die migrantische Richter_innen gegenüber der Beziehung zwischen dem Richteramt und ihrem Migrationshintergrund einnehmen, als sehr bedeutsam für das Verständnis des Untersuchungsfeldes. Zudem habe ich mich dazu entschieden den Kontext, in denen die Aushandlungsprozesse der migrantischen Richter_innen stattfinden, als eigenes Modell darzustellen. Ich modellierte auf der Basis des empirischen Datenmaterials und theoretischer Quellen *Grundcharakteristika des Richterberufes* (Unabhängigkeit, Entpersonalisierung, Geschäftsverteilungspläne) und den *aktuellen Umgang des deutschen Justizsystems mit Migrationserfahrungen von Richter_innen* als Kontextraum für die individuellen Aushandlungen der migrantischen Richter_innen. Dieser Kontextraum ist für die vorliegende, gegenstandsbegründete Theorie auch deshalb so entscheidend, weil er die essentiellen Unterschiede zwischen dem Untersuchungsgegenstand der migrantischen Richter_innen und anderer Berufsgruppen wie Lehrer_innen, Polizist_innen und Politiker_innen verdeutlicht.

Das Gütekriterium der theoretischen Sättigung ist dabei immer als vorläufig zu bewerten. Auch Breuer (2010) gibt zu bedenken, dass ein „solches finale Urteil mit Gewissheit von keinem Forschenden gefällt werden" kann (S. 110). Der Sättigungsgrad sei eher als ein pragmatisches Kriterium für die Beendigung eines Forschungsprozesses anzusehen, man könne „stets nur von einem vorläufigen und relativen Abschluss der Theorieausarbeitung sprechen" (S. 110). Natürlich kann auch ich als Forscher nicht ausschließen, dass weitere Gespräche mit migrantischen Richter_innen neue, bedeutsame Daten für meine Modellierung ergeben würden. Betrachtet man aber die vorliegenden Ergebnisse auf der Basis der geführten Gespräche und den von Strauss und Corbin aufgeführten Kriterien, kann von einer guten theoretischen Sättigung der vorgelegten gegenstandsbegründeten Theorie zu Richterinnen und Richtern mit Migrationshintergrund an deutschen Gerichten gesprochen werden.

Meinem letzten Gesprächspartner habe ich nach dem Gespräch die zu diesem Zeitpunkt vorliegende Modellierung gezeigt, die überwiegend der finalen Version bereits entsprach. Die Reaktionen meines Gesprächspartners weisen ebenfalls auf eine gute Güte meiner Theorie hin. Mein Gesprächspartner wurde durch die Auseinandersetzung mit meiner Theorie zum Reflektieren und Nachdenken angeregt und er setzte sich beispielsweise mit der Frage auseinander, ob er sich eher der exkludierenden, pragmatischen oder inkludierenden Haltung zuordnen würde. Er bestätigte, dass er meine Modellierungslogik aus seiner Sicht als Feldmitglied gut nachvollziehen könne. Dies spricht dafür, dass meine Theorie für Feldmitglieder als Dezentrierungsvorlage dienen und ihnen dabei helfen kann, ihr Feld mit neuen Augen zu sehen, was neben der theoretischen Sättigung ein Gütekriterium für GTM-Forschungsprojekte darstellt.

Bezüglich des Geltungsbereiches der vorgelegten gegenstandsbegründeten Theorie ist zu sagen, dass sich die Theorie prinzipiell auf alle Richterinnen und Richter mit Migrationshintergrund an deutschen Gerichten bezieht. Die vorgelegte Theorie ordnet sich ein in eine sozialkonstruktivistische Perspektive auf den Untersuchungsgegenstand Migrant_innen, demnach Differenz nicht als gegeben, sondern als rekonstruiert angesehen wird (vgl. Cornell & Hartmann, 2010; Weber, 2003; West & Fenstermaker, 1995). Wie andere Untersuchungen mit einer sozialkonstruktivistischen Perspektive, so fokussierte sich auch die vorliegende Studie auf Interaktionen, in denen der Migrationshintergrund als relevantes Merkmal in den Vordergrund gerückt wird – entweder von den Interaktionspartnern oder von den Merkmalsträgern selbst. Wie im Theorieteil beschrieben, wird die undifferenzierte Verwendung des Begriffes Migrationshintergrund in der wissenschaftlichen Forschung kritisch bewertet. Eine Stärke der vorliegenden Untersuchung ist nach Meinung des Autors, dass mit der bewussten Anwendung einer sozialkonstruktivistischen Perspektive auf den Untersuchungsgegenstand migrantische Richter_innen ein differenzierter und wissenschaftlich adäquater Umgang mit der Kategorie Migrationshintergrund gefunden wurde.

In der vorliegenden Theorie wird dargestellt, welche Bedingungen dazu führen, dass ein Migrationshintergrund von Richter_innen in Interaktionen mit migrantischen Rechtsunterworfenen und Kolleg_innen salient wird und welche Bedeutungen dem Merkmal Migrationshintergrund zugeschrieben werden. Für den Geltungsbereich bedeutet dies, dass die Theorie prinzipiell für alle migrantischen Richterinnen und Richter in Deutschland gilt, da prinzipiell jeder Migrationshintergrund als relevantes Merkmal in den Vordergrund von Interaktionen gerückt werden kann.

Die vorliegende Theorie beinhaltet aber auch, dass die Art des Migrationshintergrundes Einfluss auf die Aushandlungsprozesse von migrantischen Richter_innen hat. So modellierte ich die Nähe zwischen den Migrationshintergründen von Richter_innen und Rechtsunterworfenen als intervenierende Variable. Die Auswertung der Daten zeigte, dass der Migrationshintergrund von Richter_innen umso wahrscheinlicher salient wird, je größer die Überschneidungen zum Migrationshintergrund der Rechtsunterworfenen ist. Zudem zeigte sich, dass manche Richter_innen aufgrund ihres Migrationshintergrundes leichter auf ihr soziales Merkmal angesprochen werden, da sie fremdländischer aussehen oder einen Akzent haben, was ich innerhalb der Modellierung der auslösenden Bedingungen berücksichtigte. Für den Geltungsbereich der Theorie bedeutet dies, dass manche Migrationshintergründe von Richter_innen leichter salient werden und dass diese Richter_innen dementsprechend stärker von den Aushandlungsprozessen betroffen sind, wie sie in der hier vorgelegten Theorie dargestellt werden. Durch das Modellieren u. a. von intervenierenden Bedingungen, können aber prinzipiell alle migrantischen Richter_innen unabhängig von der Art ihres Migrationshintergrundes in die vorliegende Theorie eingeordnet werden.

Der Geltungsbereich der vorliegenden Theorie beschränkt sich auf migrantische Richter_innen an *deutschen* Gerichten. Die im Kontextmodell modellierten Bedingungen beziehen sich explizit auf das deutsche Justizsystem und deshalb ist die vorgelegte Theorie nicht ohne Weiteres auf migrantische Richter_innen in anderen Ländern übertragbar. Ein Gesprächspartner erläuterte beispielsweise, dass Geschäftsverteilungspläne charakteristisch seien für das Justizsystem in Deutschland und es diese im Justizsystem Polens nicht geben würde. Auch der aktuelle Umgang des deutschen Justizsystems mit Migrationserfahrungen von Richter_innen unterscheidet sich von anderen Ländern. Wie bereits im Theorieteil dargelegt, wird beispielsweise in Großbritannien den Migrationserfahrungen von Richter_innen systematisch mehr Bedeutung zugeschrieben als dies in Deutschland der Fall ist. Da diese Kontextfaktoren nach der Logik der hier vorgelegten Theorie erheblichen Einfluss auf die Aushandlungsprozesse von migrantischen Richter_innen ausüben, beschränkt sich der Geltungsbereich der Theorie auf migrantische Richter_innen an deutschen Gerichten.

Wie bereits im Methodenteil erläutert, habe ich bei der Beschreibung meiner Stichprobe nicht dargelegt, in welchen Rechtsgebieten die befragten Richter_innen arbeiteten. Meine Gesprächspartner arbeiteten in verschiedenen Rechtsgebieten, was erstmal dafürspricht, dass die vorgelegte Theorie Geltung besitzt für migrantische Richter_innen an deutschen Gerichten, unabhängig davon, an welchen Gerichten oder in welchen Rechtsgebieten sie arbeiten. Innerhalb der intervenierenden Variablen *situativer Rahmen der Interaktion* habe ich zum Teil modelliert, welchen Einfluss unterschiedliche Einsatzbereiche an Gerichten auf die Aushandlungsprozesse von migrantischen Richter_innen ausüben können. So zeigte sich, dass der Migrationshintergrund von Richter_innen leichter salient wird, wenn sie außerhalb von Hauptverhandlungen, beispielsweise im Rahmen von Güteterminen oder Betreuungsangelegenheiten, mit migrantischen Rechtsunterworfenen in Kontakt treten. Somit lässt sich hypothetisieren, dass die vorgelegte Theorie besondere Geltung besitzt für Rechtsgebiete, in denen Richter_innen häufiger unter informelleren Rahmenbedingungen in Kontakt mit migrantischen Rechtsunterworfenen treten.

Eine Einschränkung für die Güte und den Geltungsbereich der vorgelegten, gegenstandsbegründeten Theorie ergibt sich aus der Art des methodischen Vorgehens. Zur Modellierung der Aushandlungsprozesse in der Welt der Rechtsunterworfenen und der Welt der Kolleg_innen wurden nur Gespräche mit migrantischen Richter_innen geführt, diese Gespräche stellen die Datenbasis der dargestellten Aushandlungsprozesse dar. Aus pragmatischen Gründen wurde die Validität der dargestellten, modelltheoretischen Beziehungen nicht durch teilnehmende Beobachtung oder Befragung von Interaktionspartnern überprüft. Beispielsweise ist es denkbar, dass Interaktionspartner die Defokussierungsstrategien von migrantischen Richter_innen nicht, wie in der vorliegenden Theorie dargestellt, so erleben, dass der Migrationshintergrund von Richter_innen weniger salient wird, wie dies eigentlich von den Richter_innen beabsichtigt ist. Im Rahmen der vorliegenden Untersuchung wurden alle Daten auf der Basis von Gesprächen mit migrantischen Richter_innen in den Büros der Richter_innen erhoben. Bei zukünftigen Studien wäre es sicherlich erkenntnisreich, wenn migrantische Richter_innen z. B. auch beim Führen von Gerichtsverhandlungen analysiert werden würden. Im Gegensatz zu den beiden Welten, steht das Kontextmodell auf einer vielfältigeren Datenbasis. Zur Entwicklung des Kontextmodells wurden neben den Gesprächen mit migrantischen Richter_innen, auch Gespräche mit Feldexperten und theoretisches Material verwendet, was die Güte des Kontextmodells nochmal erhöht.

Wie in den selbstreflexiven Kapiteln des Theorieteils erläutert, wies ich als Forscher eine relativ große Distanz zum Untersuchungsgegenstand migrantische Richter_innen auf, da ich weder selbst Migrant, noch Mitglied des Untersuchungsfeldes Justiz bin. Ein Vorteil dieser Feldfremde für die vorliegende Untersuchung war, dass ich kaum persönliche affektive Verwicklungen mit dem Untersuchungsgegenstand hatte. Dies ermöglichte mir einen distanzierten Blick von außen auf das Untersuchungsfeld und förderte möglicherweise die differenzierte Modellierung, da ich nicht selbst Teil des Untersuchungsfeldes war. Auf der anderen Seite ist nicht auszuschließen, dass sich diese Feldfremde auch nachteilig auf die Untersuchung ausgewirkt hat. So ist denkbar, dass meine Feldfremde eine Distanz zu meinen Gesprächspartnern gefördert hat und so die Intensität der Datenerhebung reduziert wurde. Zudem erscheint es möglich, dass die Feldfremde und die damit verbundene begrenzte theoretische Sensibilität für den Untersuchungsgegenstand, dazu führten, die Differenziertheit meiner Datenerhebung und Theorieentwicklung einzuschränken.

Zusammenfassend lässt sich sagen, dass das vorliegende Modell den Daten substanzielle Bedeutung verleiht. Das wird auch daran ersichtlich, dass die vorliegende Theorie in Beziehung steht zu bisheriger Forschung, wie das folgende Kapitel zeigt.

4.2 Einordnung der vorliegenden Theorie in den theoretischen Hintergrund und den Stand der Forschung

4.2.1 Die Welt der Rechtsunterworfenen und Kolleg_innen und das Konzept sozialer Welten nach Anselm Strauss

Bevor ich die Ergebnisse der vorliegenden gegenstandsbegründeten Theorie zu migrantischen Richter_innen in Beziehung setze zu Studien über Migrant_innen in anderen Professionen, möchte ich zunächst den verwendeten Begriff der *Welt* theoretisch einordnen. Wie im Ergebnisteil bereits erläutert, erschien es mir bei der iterativ-zyklischen Datenauswertung und Modellentwicklung zunehmend passender mit der Welt der Rechtsunterworfenen und der Welt der Kolleg_innen modelltheoretisch zwei sozialen Welten zu unterscheiden, in denen Aushandlungsprozesse von migrantischen Richter_innen bezüglich ihres Migrationshintergrundes stattfinden. Die Differenzierung zweier Welten erschien mir wichtig, da die Richter_innen in diesen Welten unterschiedliche Rollen einnehmen und da die Interaktionen zwischen Rechtsunterworfenen und Kolleg_innen buchstäblich in unterschiedlichen Welten (z. B. Gerichtssaal vs. Gerichtskantine) stattfinden. Mit erhöhter theoretischer Sensibilität wurde mir bewusst, dass der Begriff der sozialen Welt in der Grounded Theory-Methodik eine theoretische Tradition hat.

Innerhalb der Grounded Theory-Methodik wurde der Begriff der *sozialen Welt* von Anselm Strauss eingeführt und geprägt. Beim Konzept der sozialen Welt nach Strauss stehen zentrale Aktivitäten einer jeweiligen sozialen Welt im Mittelpunkt. Strauss betonte, dass soziale Welten für ihn keine reine „Diskusuniversen" seien. Für Strauss sind „zentrale Aktivitäten" der „analytische Ausgangspunkt" bezüglich einer sozialen Welt und nicht etwa „ideologische Orientierungen oder soziokulturelle Identifikationsmerkmale" (Strübing, 2007, S. 83). So sei in jeder sozialen Welt „wenigstens eine primäre Aktivität (zusammen mit entsprechenden Gruppen von Aktivitäten) besonders auffallend. (…) Zugleich gibt es Orte, an denen Aktivitäten auftreten, daher sind Raum und gestaltende Landschaft relevant" (Strauss, 1978, zitiert nach Strübing, 2007, S. 83). Diese Bindung der Akteure an eine gemeinsame Kernaktivität als zentrales Definitionskriterium einer sozialen Welt, brachte später Adele Clarke prägnant zum Ausdruck, die die Strausschen Konzeptionen weiterentwickelte. Sozialen Welten seien nach Clarke „Gruppen mit gemeinsam geteiltem Engagement für bestimmte Aktivitäten, die Ressourcen vielfältiger Art miteinander teilen, um ihre Ziele zu erreichen, und die eine gemeinsame Anschauung darüber entwickeln, wie ihr Vorhaben zu betreiben ist" (Clarke, 1991, zitiert nach Strübing, 2007, S. 83). Strauss verstand soziale Welten nicht als statische Gebilde, sondern für ihn sind sie stetigem Wandel unterzogen und die Grenzen zwischen verschiedenen sozialen Welten sind nach Strauss unscharf und fließend.

Vergleicht man die Konzeption sozialer Welten von Strauss mit den modellierten Welten der vorliegenden Untersuchung so lässt sich festhalten, dass es bezüglich der Welt der Kolleg_innen deutlichere theoretische Überschneidungen gibt, als dies bezüglich der Welt der Rechtsunterworfenen der Fall ist. Betrachtet man die Welt der Kolleg_innen, wie sie in der vorgelegten Theorie modelliert ist, so kann sie durchaus als soziale Welt im Sinne Strauss` verstanden werden. So kann das Bearbeiten von juristischen Fällen als die zentrale, gemeinsame Aktivität und das erfolgreiche Bearbeiten von diesen juristischen Fallkonstellationen als gemeinsames Ziel der Kollegenwelt betrachtet werden. Indem migrantische Richter_innen ihren Kolleg_innen z. B. als Übersetzer_in und interkulturelle Experten helfen, könnte dies im Sinne von Strauss und Clarke als Teilen von Ressourcen verstanden werden, um das Ziel der erfolgreichen Fallbearbeitung zu erreichen. In der vorgelegten Theorie habe ich die hierarchische Beziehung zwischen den Kolleg_innen als intervenierende Variable modelliert. In der Rückschau wäre es auch denkbar gewesen, innerhalb der Kollegenwelt in der Tradition von Strauss noch die Subwelten der gleichgestellten Richterkolleg_innen, der Anwälte und der Gerichtspräsidenten zu unterschieden. Nach Strauss wäre auch die Modellierung der Arena

Justiz denkbar gewesen, innerhalb derer z. B. die sozialen Welten der Richter_innen und Anwälte ihre Konflikte austragen.

Die Welt der Rechtsunterworfenen lässt sich hingegen weniger in die Konzeption sozialer Welten nach Strauss einordnen. So fehlt den Akteuren migrantische Richter_innen und migrantische Rechtsunterworfenen die gemeinsame Aktivität und das gemeinsame Ziel im Sinne Strauss`. Während für die Richter_innen das Führen von Verhandlungen und das Bearbeiten von Fällen im Mittelpunkt steht, geht es für die migrantischen Rechtsunterworfenen darum, das für ihre Belange bestmögliche Richterurteil zu erlangen. In der Welt der Rechtsunterworfenen dominiert v.a. das Machtgefälle zwischen den Richter_innen und den Rechtsunterworfenen. Selbstkritisch ist somit an dieser Stelle anzumerken, dass für die Aushandlungsprozesse zwischen migrantischen Richter_innen und Rechtsunterworfenen möglicherweise ein passenderer Begriff als *Welt* denkbar gewesen wäre.

4.2.2 Bedeutungszuschreibungen für das soziale Merkmal Migrationshintergrund bei migrantischen Richter_innen im Vergleich zu Migrant_innen in anderen Professionen

Wie bei den Erläuterungen zum Geltungsbereich der vorgelegten Theorie beschrieben, analysierte ich als Forscher den Untersuchungsgegenstand der migrantischen Richter_innen mit einer sozialkonstruktivistischen Perspektive. So lege ich in meiner Theorie dar, in welchen Interaktionen und unter welchen Bedingungen der Migrationshintergrund der Richter_innen relevant (*salient*) wird. Zudem analysierte ich, welche Bedeutungen dem Migrationshintergrund der Richter_innen zugeschrieben werden, wenn das Merkmal in Interaktionen salient wird. Im Gegensatz zu anderen Professionen wie Lehrkräften oder Polizist_innen, gab es in Deutschland nach Recherchen des Autors bislang keine tiefergehenden gesellschaftspolitischen und wissenschaftlichen Debatten darüber, welche Bedeutung ein Migrationshintergrund von Richter_innen haben könnte. Auch Expertengespräche, die ich im

Rahmen der Studie führte, verdeutlichten, dass es kaum Hypothesen und Erkenntnisse zu der Bedeutung eines Migrationshintergrundes von Richter_innen an deutschen Gerichten gibt. Da die vorliegende Theorie darlegt, in welchen Interaktionen der Migrationshintergrund von Richter_innen salient wird und welche Bedeutungen dem sozialen Merkmal zugeschrieben werden, liefert sie einen wichtigen Theoriebeitrag zu einer bedeutsamen Berufsgruppe in Deutschland, die von Migrationsforschern bislang kaum untersucht wurde.

Vorbilder für Migrantenkinder, kulturelle Brückenbauer, Integrationshelfer – wie im Theorieteil erläutert, werden an Lehrkräfte mit Migrationshintergrund in den letzten Jahren durch die Bildungspolitik vielfältige Erwartungen und Zuschreibungen zugetragen (Akbaba, Bräu & Zimmer, 2013). Dem sozialen Merkmal Migrationshintergrund wird bei Lehrkräften in Deutschland systematisch Bedeutung zugeschrieben. Studien zeigen, dass migrantische Lehrkräfte diese Zuschreibungen durch die Bildungspolitik im schulischen Alltag annehmen und ihren Migrantenstatus in ihrer Lehrertätigkeit als bedeutsam erleben, insbesondere im Umgang mit migrantischen Schülern (Georgi, Ackermann & Karakas, 2011). Migrantische Lehrkräfte berichten auch Diskriminierungserfahrungen und Schwierigkeiten bei der Bewältigung des Spagates zwischen ihrer Rolle als Migrantenvertreter und Repräsentant einer staatlichen Institution, aber überwiegend wird der eigene Migrationshintergrund als bedeutsame Ressource für den Lehrerberuf bewertet.

Vergleicht man die Berufsgruppen der Lehrer_innen und der Richter_innen, so lässt sich nach den Ergebnissen der vorliegenden Untersuchung feststellen, dass es bei Richter_innen in Deutschland keine systematischen Bedeutungszuschreibungen für einen Migrationshintergrund gibt. Im Gegensatz zu migrantischen Lehrkräften, werden an migrantische Richter_innen keine gesellschaftspolitischen Erwartungen herangetragen. So berichten meine Gesprächspartner, dass weder bei Einstellung noch während der Berufsausübung eine systematische Funktionalisierung ihrer Migrationserfahrungen stattgefunden hat. Begründet wird das systematische Ausklammern von Migrationserfahrungen aus der richterlichen Tätigkeit in Deutschland u. a. mit den Grundcharakteristika des Richteramtes in Deutschland, wie dem Anspruch an Entpersonalisierung, der richterlichen Unabhängigkeit sowie dem Vorhandensein von Geschäftsverteilungsplänen. Feldexperten und die migrantischen Richter_innen legten dar, dass diese Grundcharakteristika entscheidend dazu beitragen, wie das deutsche Justizsystem aktuell mit den Migrationserfahrungen von Richter_innen umgeht.

Vergleicht man migrantische Lehrkräfte und migrantische Richter_innen, so lässt sich festhalten, dass beide Berufsgruppen zwar im öffentlichen Dienst und innerhalb von staatlichen Institutionen arbeiten, die Kontextbedingungen unter denen sie arbeiten, sich jedoch erheblich unterscheiden. So ist beispielsweise der Anspruch an Entpersonalisierung für Richter_innen erheblich höher als dies für Lehrkräfte der Fall ist, was sich auf die Aushandlungsprozesse bzgl. des eigenen Migrationshintergrundes auswirkt. Deshalb ist die Darstellung des Kontextraumes (siehe Kapitel 3.1), innerhalb dessen die individuellen Aushandlungsprozesse der migrantischen Richter_innen stattfinden, ein wichtiger Theoriebeitrag zum Verständnis des Untersuchungsgegenstandes, da sich dieser Kontextraum erheblich unterscheidet von Bedingungen, in denen andere Berufsgruppen arbeiten. Der Kontextraum führt dazu, dass der Migrationshintergrund von Richter_innen nicht per se relevant ist, sondern erst salient wird, wenn er situativ in Interaktionen angesprochen wird.

Größere Überschneidungen bezüglich den Kontextbedingungen ergeben sich zur Berufsgruppe der Polizist_innen. So arbeiten Richter_innen und Polizist_innen in Institutionen von Recht und Sicherheit und beide Berufsgruppen sind dem Anspruch der Entpersonalisierung bei der Berufsausübung unterworfen, da beide beispielsweise eine Dienstuniform tragen. Dennoch ergeben sich auch zu Polizist_innen Unterschiede bezüglich der Kontextbedingungen. Durch die richterliche Unabhängigkeit und die Geschäftsverteilungspläne an den Gerichten können migrantische Richter_innen selbstbestimmter als migrantische Polizist_innen ihren beruflichen Alltag gestalten. So zeigen Studien, dass es bei migrantischen Polizist_innen durchaus vorkommt, dass sie gezielt zu migrantenbezogenen Einsätzen geschickt werden (vgl. Hunold et al. 2010). Zudem gibt es bei der Polizei das gesellschaftspolitische Bestreben den Anteil an Migrant_innen zu erhöhen. Dies führt dazu, dass den Migrationserfahrungen von Polizist_innen systematisch eine höhere Bedeutung zugeschrieben wird als dies aktuell bei Richter_innen der Fall ist.

Auch wenn den Migrationserfahrungen von Richter_innen durch das Justizsystem und die gesellschaftspolitische Öffentlichkeit kaum Bedeutung zugeschrieben wird, so zeigen die Ergebnisse der vorliegenden Untersuchung, dass es in Interaktionen mit migrantischen Rechtsunterworfenen und mit Kolleg_innen zu Bedeutungszuschreibungen für den Migrationshintergrund kommt, wie in den Kapiteln 3.3.3 und 3.4.3 dargestellt. Hier liefert die vorliegende Untersuchung wichtige neue Erkenntnisse, da es bislang kaum Hypothesen dazu gab, welche Bedeutungen das soziale Merkmal bei Richter_innen haben könnte.

Vergleicht man diese Bedeutungszuschreibungen mit Zuschreibungen, denen Migrant_innen in anderen Berufen zuteilwerden, so ergeben sich Parallelen. Bei migrantischen Richter_innen kommt es in Interaktionen mit migrantischen Rechtsunterworfenen, zu der Zuschreibung, dass Richter_innen *Migrantenverbündete* sein könnten. Ohne die Privatpersönlichkeit der Richter_innen zu kennen, gehen migrantische Rechtsunterworfene davon aus, dass sich Richter_innen mit Migrationshintergrund mit der Gruppe der Migrant_innen verbunden fühlen. Auch bei Studien zu migrantischen Polizist_innen (Hunold et al., 2010) konnte festgestellt werden, dass polizeiliche Gegenüber der gleichen Ethnie versuchen Nähe zu migrantischen Polizist_innen herzustellen, in dem sie auf eine vermeintliche ähnliche Herkunft verweisen. Dies wurde im Kontext der Polizeiforschung als „Landsmann-Phänomen“ (Sigel, 2009, S. 137) bezeichnet. Im Kontakt mit Migrant_innen sind migrantische Polizist_innen deshalb sehr bemüht, ihre Rolle als Polizist dominant zu halten.

Auch die Zuschreibung als *interkulturell kompetenten Kolleg_innen*, wie es die migrantischen Richter_innen im Richterkollegium erfahren, wurde in Studien zu anderen Berufsgruppen festgestellt. Während migrantische Lehrkräfte diese Zuschreibung überwiegend annehmen (Georgi, Karakas & Ackermann, 2011), wurde bei Studien zu Polizist_innen festgestellt, dass diese Bedeutungszuschreibung bei migrantischen Polizist_innen überwiegend auf Abwehr stößt (Hunold et al., 2010). Bei den migrantischen Richter_innen ist der Umgang mit dieser Bedeutungszuschreibung nach der Logik der hier dargelegten Theorie abhängig von grundsätzlichen Haltungen dem eigenen Migrationshintergrund gegenüber.

Eine Parallele zwischen migrantischen Richter_innen und Polizist_innen ergibt sich auch bei der Bedeutungszuschreibung als *exotische Kolleg_innen*. Bei beiden Berufsgruppen erfolgt diese Zuschreibung überwiegend in informellen, halbprivaten Interaktionen, wie z. B. beim gemeinsamen Essen in der Kantine, da in diesen Kontexten die beruflichen Rollen als Richter und Polizist weniger dominant sind (vgl. Hunold et al., 2010).

4.2.3 Exkludierend, pragmatisch, inkludierend – grundsätzliche Haltungen bezüglich des eigenen Migrationshintergrundes bei migrantischen Richter_innen im Vergleich zu Migrant_innen in anderen Professionen

Wie im Kapitel zuvor beschrieben zeigen Studien, dass migrantische Lehrkräfte den eigenen Migrationshintergrund überwiegend als Ressource für den schulischen Alltag erleben. Von migrantischen Polizist_innen hingegen wird es überwiegend abgelehnt, wenn in der polizeilichen Arbeit auf ihren Migrationshintergrund fokussiert wird. Bei migrantischen Richter_innen zeigt sich auf der Basis der vorliegenden Daten ein differenzierteres Bild. Modelltheoretisch habe ich deshalb drei grundsätzliche Haltungen entwickelt, die den Umgang der migrantischen Richter_innen mit ihrem salient gewordenen Migrationshintergrund beeinflussen. Für das Verständnis des Untersuchungsgegenstandes und im Spiegel der vorhandenen Literatur, halte ich die Modellierung dieser drei Haltungen für einen erheblichen Erkenntnisfortschritt und für eine Stärke der vorgelegten, gegenstandsbegründeten Theorie.

Migrantische Richter_innen mit einer *exkludierenden Haltung* möchten nach der Logik der hier vorgestellten Theorie den eigenen Migrationshintergrund aus der richterlichen Tätigkeit grundsätzlich ausklammern. Der eigene Migrationshintergrund wird nicht als Bereicherung und Ressource gewertet, sondern überwiegend als störend für die richterliche Tätigkeit. Migrantische Richter_innen mit dieser Haltung verfolgen ein vermeintlich normatives Richterbild, nach dem Richter_innen als entpersonalisierte, rechtsstaatliche Funktionswesen agieren sollen. Richter_innen mit einer exkludierenden Haltung gegenüber dem eigenen Migrationshintergrund, versuchen damit auch Rollenerwartungen an Richter_innen wie Neutralität und Distanziert zu entsprechen (vgl. Berndt, S. 56). Hier ergeben sich deutliche Überschneidungen zu migrantischen Polizist_innen. Studien zeigen, dass migrantische Polizist_innen generell den Wunsch nach Gleichbehandlung innerhalb der Polizeiorganisation haben und es deshalb überwiegend als störend erleben, wenn sie auf ihren Migrationshintergrund angesprochen werden. Denn „migrantische Polizisten wollen nichts weiter als Polizisten sein“ (Hunold et al., S. 92) und migrantische Richter_innen mit einer exkludierenden Haltung betonen nach den Ergebnissen der vorliegenden Untersuchung vergleichbar, dass sie nur als Richter_in sowie als Mitglied der Justiz und nicht als Migrant_in wahrgenommen werden wollen.

Für migrantische Richter_innen mit einer *inkludierenden Haltung* hingegen, ist der eigene Migrationshintergrund und die damit verknüpften Kompetenzen ein selbstverständlicher Teil der beruflichen Rolle als Richter_in. Nach der Logik der hier vorgestellten Theorie inkludieren sie ihr Migrant-sein in ihre richterliche Tätigkeit, auch weil ihr Migrationshintergrund nach ihrer Sicht die Kompetenzen eines Richters erweitert. Nach Einschätzung des Autors der vorliegenden Untersuchung, weißt auch Sonia Sotomayor, eine der weltweit bekanntesten Richterinnen mit Migrationshintergrund, diese inkludierende Haltung auf. Bezüglich dieser inkludierenden Haltung ergeben sich Parallelen zu migrantischen Lehrkräften. Auch wenn migrantische Lehrkräfte Diskriminierungserfahrungen in ihrer Ausbildung und in der schulischen Praxis erleben, integrieren sie ebenfalls ihr Migrant sein in ihre Tätigkeit als Lehrkraft. Migrantische Lehrkräfte bewerten ihren Migrationshintergrund überwiegend als Ressource für ihre Lehrertätigkeit. So positionieren sich migrantische Lehrkräfte insbesondere als Vertrauenspersonen für Migrantenschüler sowie deren Eltern und engagieren sich als Akteure einer interkulturellen Schulentwicklung (vgl. Georgi, Ackermann & Karakas, 2011).

Neben der exkludierenden und der inkludierenden Haltung, modellierte ich für migrantische Richter_innen noch eine *pragmatische Haltung*. Migrantische Richter_innen mit einer *pragmatischen Haltung* haben nach der Logik der hier vorgestellten Theorie einen nüchtern-abwägenden Blick auf ihren Migrationshintergrund. Sie entscheiden situativ und prozess-orientiert, ob ihnen ihr Migrant-sein bei der richterlichen Tätigkeit nützlich erscheint. Richter_innen mit einer pragmatischen Haltung integrieren ihren Migrationshintergrund in ihre richterliche Tätigkeit, wenn er ihnen hilfreich für die Bewältigung der Aufgaben erscheint. Verursacht die Salienz ihres Migrationshintergrundes nach ihrer Bewertung hingegen zu viele Kosten, versuchen sie ihren Migrationshintergrund aus dem Richteramt auszuklammern. Bezüglich dieser *pragmatischen Haltung* ergeben sich Parallelen zu migrantischen Politiker_innen. So zeigt die Studie von Nergiz (2014), dass migrantische Politiker_innen abhängig vom zeitlich-situativen Kontext entscheiden, ob sie ihren Migrationshintergrund eher negativ im Sinne eines sozialen Stigmas oder positiv im Sinne einer Ressource bewerten. Ähnlich wie migrantische Richter_innen mit einer pragmatischen Haltung, pflegen migrantische Politiker_innen einen strategischen Umgang mit ihrem Migrationshintergrund, abhängig vom Kontext und den Zielen, die sie verfolgen. So nivellieren migrantische Politiker_innen in der Untersuchung von Nergiz zu Beginn ihrer politischen Karriere die Bedeutung ihres Migrationshintergrundes, da sie nicht überwiegend als Migrant, sondern als normaler Politiker_innen wahrgenommen werden möchten. Wenn sie im Verlauf ihrer Karriere merken, dass ihr Migrationshintergrund ihnen und ihrer Partei von Nutzen sein kann, verleihen sie ihrem Migrationshintergrund Bedeutung, in dem sie z. B. migrantenbezogene politische Funktionen einnehmen.

In der Logik der hier vorgestellten Theorie, entscheiden bei migrantischen Richter_innen maßgeblich situationsübergreifende, grundsätzliche Haltungen, wie die Richter_innen mit der Salienz ihres Migrationshintergrundes umgehen und wie sie Bedeutungszuschreibungen für ihren Migrationshintergrund bewerten. Vergleicht man diese Modellierung mit anderen Studien, die Migrant_innen beim Ausfüllen von beruflichen Rollen untersucht haben, stellt die Modellierung der Haltungen einen erkenntnisreichen, neuen Theoriebeitrag zum Verständnis von Migrant_innen im beruflichen Kontext dar.

Beim Analysieren der Frage, wie migrantische Richter_innen auf konkreter Strategieebene mit der Salienz ihres Migrationshintergrundes umgehen, emergierten zwei übergeordnete Hauptkategorien an Strategien, die ich als *Fokussierungs-* und *Defokussierungsstrategien* in meiner gegenstandsbegründeten Theorie modellierte.

4.2.4 Defokussierungsstrategien und der Ansatz des Stigma-Managements

Mit *Defokussierungsstrategien* versuchen die migrantischen Richter_innen nach der Logik der hier vorliegenden Theorie die Salienz ihres Migrationshintergrundes in Interaktionen mit migrantischen Rechtsunterworfenen und mit Kolleg_innen zu reduzieren. Die Richter_innen wenden diese Strategien an, um von Rechtsunterworfenen als Träger des Richteramtes und nicht als Migrant sowie von ihren Kolleg_innen als normale Kolleg_innen ohne besonderes soziales Merkmal wahrgenommen zu werden. Nach der Logik der hier vorgestellten Theorie haben die migrantischen Richter_innen die Salienz ihres Migrationshintergrundes als negativ bewertet und wenden deshalb Defokussierungsstrategien an, um die Bedeutung des sozialen Merkmals wieder zu reduzieren.

Insbesondere bezüglich der Anwendung der Defokussierungsstrategien in Interaktionen mit Kolleg_innen ergeben sich theoretische Bezüge zum Stigma-Konzept des amerikanischen Soziologen Ervin Goffman. Wie im Theorieteil bereits erläutert, bezeichnete Goffman (1963) als Stigma ein physisches oder soziales Attribut, das die individuelle Identität entwertet und das betroffene Individuum von vollständiger sozialer Akzeptanz ausschließt. Goffman analysierte in seinem Ansatz, wie stigmatisierte Personen ihre entwerteten Identitäten managen, wenn sie in Interaktionen mit nicht-stigmatisierten Personen treten. Er verstand deshalb ein Stigma als „language of relationships" (Goffman, 1963, S. 3) und nicht als Attribut eines Individuums. Dabei können nach Goffman sowohl sichtbare als auch von außen unsichtbare Stigmata, die Identität der betroffenen Personen entwerten. Nach Goffman sind Stigmata und der Umgang der stigmatisierten Personen mit ihren Stigmata das Produkt von sozialen Interaktionen und variieren je nach situativem Kontext.

In der Logik der hier vorgestellten Theorie, wenden migrantischen Richter_innen Defokussierungsstrategien an, wenn sie zuvor in Interaktionen mit Kolleg_innen die Salienz ihres Migrationshintergrundes als negativ bewertet haben. Die migrantischen Richter_innen, v.a. mit einer exkludierenden Haltung ihrem Migrationshintergrund gegenüber, möchten von ihren Kolleg_innen ohne Migrationshintergrund (ohne Stigma im Sinne Goffmans) in erster Linie als Richter_innen und gleichwertige Kolleg_innen wahrgenommen werden und wenden deshalb Defokussierungsstrategien an, wenn sie – gemäß dem Ansatz von Goffman – das Gefühl haben, ihre Identität als Richter_in wird durch die Salienz ihres Migrationshintergrundes entwertet.

Eine Defokussierungsstrategie die migrantische Richter_innen in der Kollegenwelt anwenden ist übermäßiges fachliches Engagement. Hier zeigen sich Parallelen zu Strategien des Stigma-Managements, die in anderen Studien zu stigmatisierten Personen beschrieben wurden. So explizierte Goffman (1963) die

Strategie *deflection*, mit der stigmatisierte Personen versuchen die Bedeutung ihrer stigmatisierenden Attribute zu reduzieren, indem sie andere Aspekte ihrer Persönlichkeit betonen. Blinde und Taub (1992) zeigen beispielsweise in ihrer Studie zu weiblichen Sportlerinnen, die mit dem Stigma des Lesbisch-seins konfrontiert sind, dass diese die Bedeutung ihrer Rolle als Sportlerinnen herunterspielen möchten, indem sie gute schulische Leistungen und ihre sozialen Aktivitäten betonen. Die Strategie des übermäßigen fachlichen Engagements reiht sich in diese Strategien ein, da die migrantischen Richter_innen die Relevanz ihres Migrantenstatus reduzieren möchten, in dem sie ihre fachliche Profilierung betonen, insbesondere in Rechtsgebieten, die nicht im Zusammenhang stehen zum Themenkomplex Migration und Integration. Diese Strategie kann auch die Durchführung einer Promotion im beruflichen Werdegang beinhalten. Die migrantischen Richter_innen der vorliegenden Untersuchung betonen teilweise, dass sie mit dem Führen eines Doktortitels ihre Fachlichkeit nochmal hervorheben und damit auch vom vermeintlichen Makel des Migrant-seins ablenken wollen.

Mit den Defokussierungsstrategien *eigene interkulturelle Kompetenz relativieren* und *Rolle als Migrantenautorität relativieren* versuchen die migrantischen Richter_innen ebenfalls, die Salienz ihres Migrationshintergrundes in der Kollegenwelt zu reduzieren. Hier ergeben sich Parallelen zur Strategie *normalization*, die in anderen Studien zum Stigma-Ansatz expliziert wurde. Mit *Normalisierungsstrategien* versuchen stigmatisierte Personen unerwünschte Aspekte ihres Stigmas zu verringern, indem sie z. B. andere Personen über Stereotypisierungen und Fehlschlüsse bezüglich eines sozialen Merkmals aufklären. So klären beispielsweise in der Studie von Blinde und Taub (1992) die weiblichen Sportlerinnen ihre Interaktionspartner auf, dass der Anteil an Lesben unter Sportlerinnen nicht so hoch sei, wie allgemein angenommen werde und dass sexuelle Orientierung kein relevantes Thema bei der Betrachtung von Sportlerinnen sein sollte. Indem die migrantischen Richter_innen ihren Kolleg_innen erläutern, dass ihr Migrationshintergrund sie nicht automatisch zu ausgewiesen interkulturellen

Experten und Autoritätspersonen für Migrant_innen mache, normalisieren sie in diesem Sinne die Bedeutung ihres Migrationshintergrundes und reduzieren die Salienz ihres Migrantenstatus gegenüber Kolleg_innen.

Auch ein Migrationshintergrund an sich wurde bereits in sozialwissenschaftlichen Studien zuvor als Stigma, im Sinne eines ethnischen Stigmas, konzeptualisiert. Passend zu Goffmans Stigma-Konzept, zeigte sich in den Untersuchungen, dass die Aushandlungsprozesse von Migrant_innen bezüglich ihres ethnischen Stigmas u. a. davon abhängen, in welcher sozialen Realität die Migrant_innen leben, wie ihr sozialer Status ist und wie sichtbar der ethnische Marker ist (Killian & Johnson, 2006; Valenta, 2009). Auch hier ergeben sich Bezüge zu den Ergebnissen der vorliegenden Untersuchung. So zeigt sich die Anwendung der Defokussierungsstrategien innerhalb der Kollegenwelt abhängig vom situativen Rahmen der Interaktion und von der hierarchischen Beziehung, die die migrantischen Richter_innen zu ihren Kolleg_innen haben. Beispielsweise zeigt sich das *Unterlassen von Fokussierungsstrategien* und damit die Defokussierung vom eigenen Migrationshintergrund für die migrantischen Richter_innen schwieriger, wenn der Migrationshintergrund durch einen Vorgesetzten angesprochen wurde.

Interessante theoretische Bezüge zwischen migrantischen Richter_innen und migrantischen Polizist_innen ergeben sich bei der Strategie *Differenzmarkierungen durch Kolleg_innen mit Humor entgegnen* auf. Migrantische Richter_innen versuchen mit dieser Strategie Distanz zur Migrantencommunity herzustellen und sich mit der Justizgemeinschaft verbunden zu zeigen, indem sie nicht ernst und kämpferisch, sondern humorvoll auf Differenzmarkierungen und Stereotypisierungen gegenüber Migrant_innen reagieren. Auf diese Weise versuchen sie nach der Logik der hier vorgestellten Theorie die Salienz ihres Migrationshintergrundes zu reduzieren. Studien zeigen, dass migrantische Polizist_innen regelmäßig Erfahrungen mit ethnisch gefärbten Witzen machen (Hunold et al., 2010). Nach eigenen Angaben fühlen sich die migrantischen Polizist_innen durch die Scherze nicht angegriffen und unterstellen den Absendern keinen Rassismus, sondern die migrantischen Polizist_innen versuchen bei den Scherzen ihrer Kolleg_innen mitzulachen. So demonstrieren sie nach Hunold et al. (2010) Zugehörigkeit zur Polizeigemeinschaft, da sie die erwartete Reaktion in scherzhaften Interaktionen zeigen, und gleichzeitig distanzieren sie sich zur Gruppe der Migrant_innen. Darüber hinaus demonstrieren sie, dass sie in ihrer Polizistenrolle bestehen können, denn Humor wird als zentraler Bestandteil der Polizeikultur gesehen (vgl. Reiner, 1985). Wie im übrigen Polizeialltag, so beweisen die migrantischen Polizist_innen nach Hunold et al. (2010) auch beim Umgang mit ethnisch gefärbten Witzen ihre Konformität mit Prämissen der Polizeikultur. Die migrantischen Polizist_innen wenden Rationalisierungstechniken und Coping-Strategien an, um mit den ethnisch konnotierten Witzen umzugehen, durch die die migrantischen Polizist_innen, trotz der geäußerten Unbetroffenheit, mit Stereotypen im Polizeialltag konfrontiert werden. Auch bei migrantischen Richter_innen ist zu vermuten, dass sie ihre Loyalität mit Kolleg_innen und dem Justizsystem unterstreichen wollen, in dem sie auf Differenzmarkierungen und damit verbundenen Stereotypisierungen gegenüber Migrant_innen mit Humor reagieren.

Nach den Ergebnissen der vorliegenden Untersuchung, wenden migrantische Richter_innen *Defokussierungsstrategien* nicht nur in Interaktionen mit Kolleg_innen ohne Migrationshintergrund, sondern auch im Kontakt mit migrantischen Rechtsunterworfenen an. Vergleicht man die Strategien der Richter_innen mit Strategien des Stigma-Managements so ergeben sich auch für die Welt der Rechtsunterworfenen interessante Überschneidungen. Dabei sind Interaktionen zwischen migrantischen Rechtsunterworfenen und migrantischen Richter_innen auf den ersten Blick gar nicht passend für den Stigma-Ansatz im ursprünglichen Sinne. Nach Goffman bezieht sich das Konzept des Stigma-Managements explizit auf Interaktionen, in denen stigmatisierte Personen auf Personen ohne Stigma treffen. Deshalb ist es interessant festzustellen, dass migrantische Richter_innen Strategien anwenden, die denen des Stigma-Managements ähneln, auch wenn sie mit migrantischen Rechtsunterworfenen auf Personen treffen, die ebenfalls das Stigma Migrationshintergrund haben.

Bei der Defokussierungsstrategie *Fragen zu Migrationserfahrungen und zur Privatpersönlichkeit abwehren* ergeben sich deutliche Parallelen zur Strategie *concealment,* die von mehreren Wissenschaftlern als Stigma-Management-Strategie expliziert wurde. *Concealment* wird als Oberbegriff für Techniken des Informationsmanagements verwendet (vgl. Blinde & Taub, 1992; Goffman, 1963; MacRae, 1999), mit denen stigmatisierte Personen versuchen, Informationen zu einem Stigma zu verheimlichen bzw. zu verschleiern. Blinde und Taub (1992) zeigen in ihrer Studie zu weiblichen Sportlerinnen, die mit dem Stigma des Lesbisch-seins konfrontiert sind, dass diese in Interaktionen häufig verheimlichen, dass sie Sportlerin sind und dass sich die Sportlerinnen beim Sport bewusst betont feminin zeigen, um dem Stigma des Lesbisch-seins zu entgehen. In einer Studie zu Angehörigen von Alzheimer-Patienten zeigte MacRae (1999), dass v.a. Ehepartner die Alzheimererkrankung ihrer Partner als soziales Stigma erleben und die Sichtbarkeit des Stigmas häufig zu verschleiern versuchen. Beispielsweise versuchen sie den Gedächtnisverlust ihrer Partner in sozialen Situationen zu kompensieren, indem sie für ihre Partner antworten oder Restaurantbestellungen übernehmen. Indem migrantische Richter_innen *Fragen zu Migrationserfahrungen und zur Privatpersönlichkeit abwehren,* möchten sie in Interaktionen mit migrantische Rechtsunterworfenen bewusst keine oder nur begrenzte Informationen zu ihrem Migrationshintergrund offenbaren. Auch die Defokussierungsstrategie *Auf Deutsch als Interaktionssprache bestehen* kann in diesem Sinne als Technik des Informationsmanagements verstanden werden. Indem sie mit migrantischen Rechtsunterworfenen bewusst Deutsch sprechen, obwohl eine andere Sprache möglich wäre, distanzieren sich die Richter_innen von ihrem eigenen Migrantenstatus.

Migrantische Richter_innen, die diese Defokussierungsstrategien in Interaktionen mit migrantischen Rechtsunterworfenen anwenden, begründen dies überwiegend mit dem Anspruch der Entpersonalisierung, der ans Richteramt gestellt werde. Insbesondere migrantische Richter_innen mit einer exkludierenden Haltung verstehen sich als entpersonalisiertes, rechtsstaatliches Funktionswesen. Ihren Migrationshintergrund verstehen sie als Teil ihrer Privatpersönlichkeit und wenden deshalb die beschriebenen Defokussierungsstrategien an, um das soziale Merkmal aus ihrem Richteramt herauszuhalten. Betrachtet man diese Aushandlungsprozesse mit der Perspektive des Stigma-Ansatzes so lässt sich festhalten, dass die migrantischen Richter_innen ihren Migrationshintergrund wie ein Stigma behandeln, möglicherweise da dieser nach ihrer Bewertung ihre Identität als deutsche Richter_innen entwerten könnte. Die Wirkung dieser Strategien zielt dabei nicht nur auf die migrantischen Rechtsunterworfenen, sondern auf das Justizumfeld im Allgemeinen, von dem die migrantische Richter_innen als Richter_innen ohne soziales Stigma wahrgenommen werden möchten. Dies könnte erklären, warum es auch bei den Defokussierungsstrategien in der Welt der Rechtsunterworfenen deutliche Parallelen zu Strategien nach dem Stigma-Management-Ansatz gibt, obwohl es hier um Interaktionen zwischen zwei potentiell stigmatisierten Gruppen geht. Es bleibt an dieser Stelle aber wichtig zu betonen, dass die Defokussierungsstrategien nicht ausschließlich aus der Perspektive des Stigma-Managements betrachtet werden sollten. So kann beispielsweise die Strategie *Auf Deutsch als Interaktionssprache zu bestehen* durchaus auch als funktionale und adäquate richterliche Strategie verstanden werden, um beispielweise dem Verdacht der Befangenheit entgegenzuwirken.

Wie bereits erläutert, habe ich sowohl in der Welt der Rechtsunterworfenen als auch in der Kollegenwelt das bewusste *Unterlassen von Fokussierungsstrategien* als Defokussierung modelliert. Hier ergeben sich theoretische Bezüge zum Konzept des so genannten „Stereotype Threat", das bei der Erforschung des Bildungserfolges von Afroamerikanern entwickelt wurde (Steele & Aronson, 1995). Dieses Konzept besagt, dass die Selbstwahrnehmung von Personen mit einem sozialen Stigma, nicht nur von direkten stigmatisierenden Erfahrungen beeinflusst wird, sondern auch von gesellschaftlichen Diskursen, die bezüglich des sozialen

Markers geführt werden. Demnach wird das Verhalten von Personen mit einem sozialen Stigma in bestimmten Situationen davon bestimmt, dass sie eine Bedrohung ihrer Identität erwarten, ohne eine direkte Abwertung ihrer Identität selbst zu erleben oder erlebt zu haben. Übertragen auf den Gegenstand der vorliegenden Untersuchung bedeutet dies, dass migrantische Richter_innen teilweise bewusst darauf verzichten auf ihren Migrationshintergrund zu fokussieren, obwohl dieser in der unmittelbaren Interaktion gar nicht offen thematisiert oder im Sinne eines Stigmas salient wurde. So können die Richter_innen beispielsweise bewusst darauf verzichten, ihren Kolleg_innen eigeninitiativ als interkulturelle Experten zu helfen, da sie mit dieser Fokussierung auf der Basis der gesellschaftlichen Diskussionen zu Migrant_innen eine Entwertung ihrer Identität als deutsche Richter_innen erwarten. Wie ich im Theorieteil erläutert habe, zeigte die Berichterstattung zur Nominierung von Sonia Sotomayor an den Obersten Gerichtshof der USA, dass die Erwartung einer Dominanz von ethnischen Merkmalen in der öffentlichen Wahrnehmung durchaus als realistisch einzuschätzen ist (Towner & Clawson, 2016).

4.2.5 Fokussierungsstrategien und der Migrationshintergrund als Ressource und Werkzeug

Wie zuvor erläutert, wird die Anwendung der Defokussierungsstrategien dadurch bestimmt, dass migrantische Richter_innen die Salienz ihres Migrationshintergrundes als negativ bewerten und ihren Migrationshintergrund wie ein soziales Stigma behandeln. Die Daten der vorliegenden Untersuchung zeigen aber, dass der eigene Migrationshintergrund nur von einem Teil der migrantischen Richter_innen als Stigma bewertet wird. So sehen Richter_innen mit einer inkludierenden Haltung, nach der Logik der hier vorgestellten Theorie den eigenen Migrationshintergrund als selbstverständlichen Teil ihrer richterlichen Identität. Sie bewerten ihren Migrationshintergrund nicht als Stigma, sondern als Ressource für ihre richterliche Tätigkeit. Dementsprechend sehen sie ihren Migrationshintergrund und die damit verknüpften Kompetenzen als Bereicherung für ihr richterliches Handeln und setzen Fokussierungsstrategien mit einem selbstverständlichen Charakter in ihrer Arbeit als Richter_innen ein. Auch Richter_innen mit einer pragmatischen Haltung behandeln ihren Migrationshintergrund nur dann wie ein soziales Stigma, wenn sie die Salienz ihres Migrationshintergrundes als negativ bewerten. Ist dies nicht der Fall, sehen Richter_innen mit einer pragmatischen Haltung das soziale Merkmal und die damit verknüpften Kompetenzen als potentielles Werkzeug, das ihnen bei der Ausführung der richterlichen Aufgaben helfen kann. Sie fokussieren strategisch auf ihren Migrationshintergrund, wenn dies ihnen bei ihren richterlichen Tätigkeiten nützt.

Nach Meinung des Autors ist es eine Stärke der vorliegenden Untersuchung, dass der ambivalente Charakter des sozialen Merkmals Migrationshintergrund modelltheoretisch differenziert abgebildet werden konnte. Für das Verständnis des Untersuchungsgegenstandes der migrantischen Richter_innen ist es nach Einschätzung des Autors essentiell, dass der Migrationshintergrund weder ausschließlich negativ im Sinne eines sozialen Stigmas noch ausschließlich positiv im Sinne einer Ressource von migrantischen Richter_innen behandelt wird.

Bezüglich des ambivalenten Charakters eines Migrationshintergrundes ergeben sich theoretische Bezüge zu Politiker_innen mit Migrationshintergrund. So zeigt die Studie von Nergiz (2014), dass migrantische Politiker_innen insbesondere zu Beginn ihrer Karriere die Bedeutung ihres Migrationshintergrundes für ihre Identität als Politiker_innen herunterspielen. Sie wenden Neutralisationsstrategien im Sinne eines Stigma-Managements an, um die Bedeutung des sozialen Merkmals zu nivellieren, beispielsweise indem sie Ähnlichkeiten zwischen Politiker_innen betonen. Wie zuvor bereits erläutert, kommt es im Verlauf der politischen Karrieren aber häufig zu einer Bedeutungsaufladung des Migrationshintergrundes, indem die migrantischen Politiker_innen Rollen als Vorbildfunktion für Migrant_innen oder als Kulturvermittler einnehmen. Wenn die migrantischen Politiker_innen im Verlauf ihrer Karriere merken, dass der eigene Migrationshintergrund ihnen und ihrer Partei nützt, verwenden sie das soziale Merkmal strategisch als Ressource.

Der Unterschied zum Untersuchungsgegenstand der migrantischen Richter_innen besteht darin, dass es nach den vorliegenden Daten bei migrantischen Richter_innen weniger um eine Veränderung des Umgangs mit dem eigenen Migrationshintergrund im Verlauf der Karriere geht. Bei migrantischen Richter_innen entscheiden nach der Logik der hier vorgestellten Theorie grundsätzliche Haltungen dem eigenen Migrationshintergrund gegenüber, ob der Migrationshintergrund als Stigma oder Ressource behandelt wird. Diese Haltungen werden modelltheoretisch als situationsübergreifend sowie zeitlich und intraindividuell überwiegend stabil betrachtet. Es wird postuliert, dass sich der Umgang mit einem Migrationshintergrund eher zwischen verschiedenen migrantischen Richter_innen mit unterschiedlichen Haltungen unterscheidet und sich nicht so stark innerhalb der beruflichen Karriere von migrantischen Richter_innen verändert, wie dies bei migrantischen Politiker_innen der Fall ist. Dies könnte nach Meinung des Autors daran liegen, dass die Möglichkeiten und die Notwendigkeiten an Veränderungen der beruflichen Position bei Politiker_innen erheblich höher ist als bei Richter_innen und dementsprechend migrantische Politiker_innen einen flexibleren Umgang mit ihrem Migrationshintergrund im Verlauf ihrer Karriere benötigen.

Bezüglich der Fokussierungsstrategie *Gemeinsame Muttersprache nutzen*, die migrantische Richter_innen in Interaktionen mit migrantischen Rechtsunterworfenen anwenden, ergeben sich Parallelen zu migrantischen Lehrkräften. Beide Berufsgruppen nutzen den Einsatz ihrer Fremdsprachkenntnisse, um Vertrauen zu Migrant_innen aufzubauen und um auf der Basis dieses Vertrauensverhältnisses ihrer Ziele als Richter_innen und Lehrer_innen besser zu erreichen. Beide Berufsgruppen achten zudem darauf, in welchem situativen Kontext sie ihre Fremdsprachenkenntnisse einsetzen. So nutzen migrantische Richter_innen ihre Fremdsprachenkenntnisse eher außerhalb von Hauptverhandlungen, in weniger formalisierten Rahmenbedingungen wie bei Betreuungsangelegenheiten oder Verkündigungsterminen. Auch migrantische Lehrkräfte wenden ihre Fremdsprachenkenntnisse eher in informellen Situationen an, im Unterricht bestehen die meisten auf die Unterrichtssprache Deutsch (Georgi, Ackermann & Karakas, 2011).

Über die reinen Fremdsprachenkenntnisse hinaus, nutzen migrantische Richter_innen ihren Status als Migrant_in, um Vertrauen zu Migrant_innen aufzubauen. Sie nutzen die Fokussierungsstrategie *Eigenen Migrationshintergrund in der Interaktion markieren,* um eine Beziehung zu Migrant_innen aufzubauen, auf deren Basis sie effektiv rechtlich arbeiten können. Auch migrantische Lehrkräfte nehmen eine besondere Vertrauensbeziehung zu migrantischen Schülern und deren Eltern wahr (Georgi, Karakas & Ackermann, 2011). Bei migrantischen Lehrkräften ist das Herstellen von Nähe über gemeinsame Migrationserfahrungen allerdings weniger als bewusste Strategie zu verstehen, sondern ihr Migrant-sein ist ein selbstverständlicher Teil ihrer Lehreridentität und fließt automatisch in ihre Lehrertätigkeit ein. Wie bereits beschrieben, können migrantische Richter_innen selbstbestimmter mit ihrem Migrantsein umgehen, da sie unter deutlich anderen Kontextbedingungen wie Lehrkräfte arbeiten.

Innerhalb der Welt der Kolleg_innen wenden die migrantischen Richter_innen die Fokussierungsstrategien *als Dolmetscher_in und* Übersetzer_in *helfen* und *als interkulturelle Experten helfen* an. Wenn die migrantischen Richter_innen in der Kollegenwelt mit der Bedeutungszuschreibung als *interkulturell kompetente* Kolleg_innen einverstanden sind, helfen sie ihren Kolleg_innen mit diesen Strategien bei migrantenbezogenen Fragestellungen. Auch im Polizeialltag wird der Migrationshintergrund zum Thema, wie Studien zeigen, wenn die Sprachkenntnisse von migrantischen Polizist_innen angefragt werden. Während bei migrantischen Richter_innen der Umgang mit derartigen Anfragen von grundsätzlichen Haltungen dem eigenen Migrationshintergrund gegenüber beeinflusst wird, ist die gezielte Verwendung von Sprachkompetenzen bei migrantischen Polizist_innen insgesamt wenig anerkannt. So fühlen sich die Polizist_innen durch Dolmetschertätigkeiten in ihrer Identität als Polizist abgewertet, da Dolmetschen nicht zu den eigentlichen Aufgaben eines Polizisten gezählt wird. Besonders kritisch sehen es die migrantischen Polizist_innen, wenn nicht auf ihre spezifischen, individuellen Fähigkeiten abgezielt wird, sondern wenn sie zu „Spezialisten für alles Fremde" werden (Hunold et al., 2010, S. 41). Etwas mehr akzeptiert seien Anfragen wie Dolmetschertätigkeiten, wenn sie von engen Kolleg_innen gestellt werden, da die migrantischen Kolleg_innen in diesem Zusammenhang nicht das Gefühl haben von der Organisation im Allgemeinen instrumentalisiert zu werden. Überwiegend positiv werten migrantische Polizist_innen den Einsatz von interkulturellen Kompetenzen nur, wenn sie damit Kolleg_innen in Gefahrensituationen helfen konnten. Bei den migrantischen Richter_innen ist die Bewertung der kollegialen Beratungsanfragen bezüglich interkultureller Fragestellungen abhängig von den Haltungen, die sie ihrem Migrationshintergrund gegenüber einnehmen.

4.3 Offene Forschungsfragen zu Richter_innen mit Migrationshintergrund an deutschen Gerichten

Die wichtigste offene Forschungsfrage für zukünftige Untersuchungen stellt nach Meinung des Autors die Frage dar, welche Bedeutung ein Migrationshintergrund von Richter_innen einnehmen kann, wenn diese in Interaktionen mit nicht-migrantischen Rechtsunterworfenen treten. Wie ich bei der Darstellung der Welt der Rechtsunterworfenen bereits erläutert habe, nahmen ich als Forscher und andere Teilnehmer des Forschungskolloquiums präkonzeptionell an, dass der Migrationshintergrund von Richter_innen auch bedeutsam werden kann, wenn migrantische Richter_innen in Interaktionen treten mit nicht-migrantischen Rechtsunterworfenen. So stellten sich beispielsweise Fragen nach der Akzeptanz von Migrant_innen in der staatlichen Machtposition eines Richters durch Angeklagte und Kläger ohne Migrationshintergrund. Die Auswertung der Gesprächsdaten der vorliegenden Untersuchung lieferte allerdings kein substanzielles Datenmaterial zu den Interaktionen zwischen migrantischen Richter_innen und nicht-migrantischen Rechtsunterworfenen, so dass zu diesen Interaktionen keine gegenstandsbegründete Theorie modelliert werden konnte. Zu den Gründen hierfür können an dieser Stelle nur Hypothesen gebildet werden, die zukünftig überprüft werden müssten.

Zum einen könnte es an der Art der Datenerhebung gelegen haben, dass keine substanziellen Daten zu Interaktionen zwischen migrantischen Richter_innen und nicht-migrantischen Rechtsunterworfenen erhoben werden konnten. In der vorliegenden Untersuchung wurden nur die migrantischen Richter_innen selbst befragt und es konnte damit nur ausgewertet werden, was die migrantischen Richter_innen selbst in den Interaktionen wahrgenommen haben und in den Gesprächen mit dem Untersucher verbalisieren konnten. In der Perspektive der befragten migrantischen Richter_innen selbst, kommt es in Interaktionen mit nicht-migrantischen Rechtsunterworfenen kaum zu einem Salient werden ihres Migrationshintergrundes, im Gegensatz zu den Interaktionen mit migrantischen Rechtsunterworfenen. Denkbar an dieser Stelle ist natürlich, dass es auf Seiten der nicht-migrantischen Rechtsunterworfenen zu einem Salient werden des Migrationshintergrundes der Richter_innen kommt, dies aber nicht offen thematisiert wird und somit von den migrantischen Richter_innen nicht wahrnehmbar ist. Diese Hypothese wird auch von den migrantischen Richter_innen selbst teilweise geäußert, wie der folgende Gesprächsausschnitt zeigt:

> *„Also ich hab da direkt nichts wahrgenommen. Also man kann in die Leute nicht reinschauen, wie die denken. Das ist nach außen hin also, beziehungsweise mir gegenüber hab ich bisher noch bei niemanden gemerkt, dass der da anders reagiert, weil jemand da vorne sitzt, der Migrationshintergrund hat. Nach außen hin. Aber wie es in einem selbst dann tickt, kann ich nicht sagen. Also ich will nicht ausschließen, dass jemand auch mal rausgegangen ist und gesagt hat, „dieser blöde Türke da drin hat überhaupt keine Ahnung (lacht)". (3.6.37-43)*

Es ist zu vermuten, dass es von Seiten der nicht-migrantischen Rechtsunterworfenen zu keiner offenen Thematisierung des Migrationshintergrundes von Richter_innen kommt, da diese in einem Abhängigkeitsverhältnis zu den Richter_innen stehen. Aufgrund der Machtposition von Richter_innen und der damit verbundenen Autorität des Richteramtes, könnten sich nicht-migrantische Rechtsunterworfenen bewusst zurückhalten den Migrationshintergrund der Richter_innen zu markieren, da sie negative Konsequenzen für den Ausgang ihrer rechtlichen Angelegenheit befürchten. Um die Frage zu untersuchen, welche Bedeutung ein Migrationshintergrund von Richter_innen einnehmen kann, wenn diese in Interaktionen treten mit nicht-migrantischen Rechtsunterworfenen müssten also andere methodische Zugänge gewählt werden. So müssten in zukünftigen Studien neben den Richter_innen selbst, auch die beteiligten nicht-migrantischen Rechtsunterworfenen befragt werden. Hilfreich könnte zudem eine Datenerhebung mittels teilnehmender Beobachtung sein. Interessant an dieser Stelle ist noch die Frage, warum migrantische Rechtsunterworfenen nach den Ergebnissen der vorliegenden Untersuchung den Migrationshintergrund von Richter_innen häufiger ansprechen, stehen diese doch im gleichen Abhängigkeitsverhältnis wie nicht-migrantische Rechtsunterworfene. Nach Meinung des Autors könnte dies daran liegen, dass Migrant_innen weniger den Vorwurf einer rassistischen Äußerung fürchten, wenn sie den Migrationshintergrund von Richter_innen markieren, als wenn dies Rechtsunterworfene ohne Migrationshintergrund tätigen.

Ein weiterer interessanter Aspekt für zukünftige Untersuchungen ist die Frage, welchen Einfluss biografische Erfahrungen und das Selbstbild als Migrant auf die Aushandlungsprozesse von migrantischen Richter_innen haben. So erscheint es plausibel, dass Sozialisationserfahrungen als Migrant und das angestrebte bzw. erreichte Assimilationsniveau Einfluss darauf ausüben, ob migrantische Richter_innen in ihrem Arbeitsalltag eine exkludierende, pragmatische oder inkludierende Haltung aufweisen. So dürfte es als sehr wahrscheinlich gelten, dass Migrant_innen mit einem hohen Assimilationsniveau eher eine exkludierende Haltung als Richter_in aufweisen, wie der folgende Gesprächsausschnitt andeutet:

> *„(...) also mir wäre es unangenehm, wenn jetzt jemand hinkommen würde und sagen würde „hey, du bist Richter, obwohl du Ausländer bist". Weil ich einfach mich nicht als Ausländer sehe. Ich bin in Deutschland geboren, in Deutschland aufgewachsen, hab einen deutschen Freundeskreis, deutschen Bekanntenkreis. Habe sämtliche Bildungswege in Deutschland vorgenommen. Ich sehe mich nicht als Ausländer."* (3.16.16-21)

Wie im Methodenteil erläutert, habe ich mich nach dem ersten Gespräch dazu entschieden, bei der Datenerhebung auf den Arbeitsalltag der migrantischen Richter_innen zu fokussieren, da vertiefte biographische Gespräche zu generellen Sozialisationserfahrungen als Migrant in Deutschland nach Einschätzung des Autors den Rahmen der vorliegenden Untersuchung gesprengt hätten. Deshalb habe ich auch nicht z. B. Sozialisationserfahrungen als Migrant in der vorliegenden Theorie modelliert. Dies wäre sicherlich ein interessanter Aspekt für zukünftige Studien zu migrantischen Richter_innen in Deutschland. Untersuchungen mit diesem Forschungsfokus könnten auch spannende Erkenntnisse dazu liefern, welche Sozialisationsbedingungen dazu beitragen, dass Migrant_innen den Weg ins Richteramt finden.

4.4 Schlussfolgerungen des Untersuchers und Implikationen für die Praxis

Von Seiten des deutschen Justizsystems wird migrantischen Richter_innen aktuell überwiegend vermittelt, dass ihr Migrationshintergrund ein irrelevantes soziales Merkmal für den Richterberuf in Deutschland darstellt. Dies wird von migrantischen Richter_innen nach den Ergebnissen der vorliegenden Untersuchung zum Teil auch befürwortet, da dadurch gewährleistet scheint, dass migrantische Richter_innen nicht diskriminiert oder für migrantenspezifische Aspekte instrumentalisiert werden.

Auf der anderen Seite zeigt die vorliegende Untersuchung, dass der Migrationshintergrund von Richter_innen im richterlichen Alltag durchaus salient und bedeutsam werden kann. Aufgrund der Grundcharakteristika des Richteramtes in Deutschland und des Umgangs des deutschen Justizsystems mit Migrationserfahrungen von Richter_innen, können und müssen migrantische Richter_innen aktuell einen individuellen Umgang mit ihrem Migrationshintergrund im richterlichen Alltag finden. Im Gegensatz z. B. zu migrantischen Lehrkräften, haben Richter_innen mit Migrationshintergrund auf der einen Seite mehr Freiheit, wie sie im beruflichen Alltag mit ihrem Migrationshintergrund umgehen, weil es strukturell kein Bestreben gibt, ihren Migrationserfahrungen Bedeutung zuzuschreiben. Auf der anderen Seite stellt dies für die migrantischen Richter_innen nach den Ergebnissen der vorliegenden Untersuchung eine große Herausforderung dar, da sie außer ihren persönlichen Haltungen keinen Orientierungsrahmen haben, ob und wie sie mit ihrem sozialen Merkmal Migrationshintergrund in ihrem Alltag als Richter_innen an deutschen Gerichten umgehen sollen.

Nach den Erkenntnissen der vorliegenden Untersuchung werden migrantischen Richter_innen in Deutschland aktuell weder bei der Einstellung ins Richteramt noch während der Berufsausübung Möglichkeiten gegeben, den Einfluss ihrer Migrationserfahrungen auf den richterlichen Alltag tiefergehend zu reflektieren. Nach Meinung des Autors ergibt sich als zentrale Implikation aus der vorliegenden Untersuchung, dass im deutschen Justizsystem Reflexions- und Diskussionsräume geschaffen werden sollten, in denen über mögliche Auswirkungen von Migrationserfahrungen bei Richter_innen auf das richterliche Handeln und das deutsche Justizsystem erörtert werden sollte. Wie bereits erläutert, kann die vorgelegte, gegenstandsbegründete Theorie als Dezentrierungsvorlage für migrantische Richter_innen in Deutschland hilfreich sein. Somit ergibt sich als praktische Bedeutung der vorgelegten Theorie, dass sie als Ausgangspunkt und Basis für zukünftige Reflexionsmöglichkeiten von migrantischen Richter_innen dienen kann.

Aktuell entscheiden die migrantischen Richter_innen auf der Basis von persönlichen Haltungen, wie sie mit ihren Migrationserfahrungen im richterlichen Alltag umgehen. Die Ergebnisse der vorliegenden Untersuchung zeigen, dass ein Migrationshintergrund dabei von Richter_innen sowohl positiv im Sinne einer Ressource als auch negativ im Sinne eines Stigmas für die richterliche Tätigkeit bewertet und behandelt werden kann. Dieser ambivalente Charakter des sozialen Merkmals erfordert nach Meinung des Autors zwingend eine Reflexion und offene Diskussion über den Einfluss von Migrationserfahrungen bei Richterinnen und Richtern.

Zum einen bietet sich nach Meinung des Autors dadurch die Chance, mögliche positive Auswirkungen von Migrationserfahrungen bei Richter_innen auf das deutsche Justizsystem und das richterliche Handeln systematischer zu erfassen. Hieraus könnte sich die Möglichkeit ergeben, dass ein potentieller Nutzen eines Migrationshintergrundes für das richterliche Handeln nicht nur auf der individuellen Ebene der einzelnen migrantischen Richter_innen evident wird, sondern dass generell im deutschen Justizsystem ein stärkeres Bewusstsein bezüglich des möglichen Nutzens einer divers zusammengesetzten Richterschaft entsteht. Aktuell besteht im deutschen Justizsystem die paradoxe Situation, dass an Richterakademien Fortbildungen zu interkulturellen und migrantenspezifischen Themen angeboten werden, aber Migrationserfahrungen von Richter_innen überwiegend als irrelevant behandelt werden.

Auf der anderen Seite sollte eine offenere Auseinandersetzung zu Migrationserfahrungen von Richter_innen dazu beitragen, dass systematischer erfasst wird, an welchen Stellen im richterlichen Alltag ein Migrationshintergrund für migrantischer Richter_innen hinderlich und stigmatisierend wirkt. Aktuell müssen migrantische Richter_innen einen individuellen Umgang mit möglichen Stigmatisierungen finden, eine offenere Diskussion könnte hier für migrantische Richter_innen eine Entlastung bewirken.

Die Notwendigkeit der Reflexion bezüglich möglicher Einflüsse von Migrationserfahrungen auf das richterliche Handeln, ergibt sich nach Meinung des Autors auch zwingend, wenn man der Frage nachgeht, ob Migrationserfahrungen das richterliche Urteilen beeinflussen können. Der Einfluss von persönlichen Merkmalen, Erfahrungen und Emotionen von Richter_innen auf das richterliche Urteilen ist ein heikles und sensibles Thema, da es die Vorstellung von unabhängigen, rationalen und weisen richterlichen Urteilen berührt.

Nach dem so genannten formalistischen Modell der juristischen Entscheidungsfindung (vgl. Chew, 2015, S. 855) ist das juristische Filtern und Interpretieren bei der Urteilsfindung systematisch und gleichförmig ausführbar. Nach dieser Vorstellung benutzen Richter_innen akribisch genau geeignete Schemata, verfolgen auf dieser Basis bestimmte Arbeitsschritte und gelangen so zu vernünftigen, vorhersehbaren Urteile. Nach dem formalistischen Modell ist der Prozess der juristischen Entscheidungsfindung mehr oder weniger unzweideutig und vorgeschrieben und lässt bei der Urteilsfindung kaum Spielraum für persönliche Erfahrungen und Haltungen von Richter_innen.

Das realistische Modell der juristischen Entscheidungsfindung (vgl. Chew, 2015, S. 856) hingegen geht davon aus, dass Richter_innen ihren persönlichen Hintergrund und ihre Lebenserfahrungen mit auf die Richterbank nehmen und dass persönliche Merkmale von Richter_innen wie Geschlecht, Rasse, Bildung und religiöse Einstellungen Einfluss auf die richterliche Urteilsfindung ausüben. Nach dem realistischen Modell bringen Richter_innen mit ihrer Persönlichkeit auch kognitive Fehler und stereotypisierendes Denken mit in den Gerichtssaal, auf der anderen Seite werde das kontextuelle Denken durch den Einfluss der persönlichen Erfahrungen und Hintergründe aber auch bereichert. Studien im Rahmen der subjektorientierten Richterforschung bestätigten die Validität des realistischen Modells, in dem sie z. B. den Einfluss von Alltagstheorien und konventionellen Deutungsmustern auf richterliche Fallkonstruktionen zeigten (vgl. Abel, 1988; Löschper, 1999). Vertreter des realistischen Modells betonen, dass der Einfluss sozialer Merkmale nicht zwangsläufig zu unfairen und unrechtmäßigen Urteilen führen muss. Chew (2015) beispielsweise plädiert in seiner Analyse für divers zusammengesetzte Richtergremien, da unterschiedliche Perspektiven auf einen juristischen Fall zu tiefergehenden und damit ausgewogeneren Urteilen führen würden. Insgesamt setzt sich in der Wissenschaft zunehmend die These durch, dass Recht und Emotionen nicht als unvereinbare Welten betrachtet werden sollten und dass Emotionen für die Rechtsprechung sogar wichtig und nötig sein können. Interessant in diesem Zusammenhang ist, dass sich bereits die Rechtswissenschaft des 19. Jahrhunderts mit dem Einfluss von Gefühlen auf den Urteilsprozess intensiv beschäftigte und in dieser Zeit der Begriff des *Rechtsgefühls* geprägt wurde (vgl. Köhler, Müller-Mall, Schmidt & Schnädelbach, 2017). Aktuell gibt es im deutschsprachigen Wissenschaftsbetrieb verstärkt Bemühungen den interdisziplinären Forschungsbereich *Recht und Emotionen* weiter auszubauen, der in angelsächsischen Ländern bereits seit zwei Jahrzehnten intensiv beforscht wird (vgl. Landweer & Koppelberg, 2016; Landweer & Bernhardt, 2018).

Überträgt man diese Erkenntnisse auf den vorliegenden Untersuchungsgegenstand, so kann davon ausgegangen werden, dass das soziale Merkmal Migrationshintergrund und damit verknüpfte Erfahrungen und Emotionen, wie alle anderen sozialen Merkmale auch, Einfluss auf richterliche Entscheidungsprozeduren haben kann. In der vorliegenden Untersuchung wurde die Frage nach dem Einfluss eines Migrationshintergrundes auf das Urteilverhalten nicht untersucht. So wurden keine Analysen von richterlichen Urteilen durchgeführt, sondern es wurde die Bedeutung eines Migrationshintergrundes im richterlichen Alltag aus der Perspektive der migrantischen Richter_innen untersucht.

Die Richter_innen der vorliegenden Untersuchung betonen überwiegend, dass sie ihre eigenen Migrationserfahrungen beispielsweise im Kontakt mit migrantischen Rechtsunterworfenen nur nutzen, um eine gute (Arbeits-) Beziehung zu ihnen herzustellen und um das richterliche Handeln effektiv ausführen zu können. Den befragten Richter_innen war es überwiegend wichtig zu betonen, dass z. B. das Anwenden von Fokussierungsstrategien keinen Einfluss auf das richterliche Urteilen hat. Die befragten Richter_innen der vorliegenden Untersuchung vertraten somit eher das formalistische Modell der richterlichen Entscheidungsfindung, möglicherweise auch, um den Verdacht der Befangenheit gegenüber Migrant_innen zu entgehen. Die Analyse der Gesprächsdaten zeigt aber, dass dieses individuelle Aushandeln für die migrantischen Richter_innen mit erheblichen Mühen und Unsicherheiten verbunden ist. Interessanterweise ist den migrantischen Richter_innen dabei durchaus das Risiko bewusst, Migrant_innen nicht nur zu milde, sondern auch zu streng zu beurteilen.

> *„Also das ist eine Gratwanderung, das wird in den Beispielen genannt, kein Malus aber auch kein Rabatt. Und dass ist natürlich echt schwierig, das zu bewerten. Also das ist halt eingangs was ich gesagt hatte, also dass man interkulturell ist, heißt nicht, dass man interkulturell kompetent ist. Also das ist ganz schwieriges Thema."* (8.19.3-7)

Aktuell wird die Reflexion bezüglich des Einflusses des eigenen Migrationshintergrundes auf das richterliche Urteilen den migrantischen Richter_innen selbst überlassen. Dass diese Reflexion notwendig ist, zeigt nicht nur der Blick auf Studien zur subjektorientierten Richterforschung. Auch die migrantischen Richter_innen selbst sind sich der Notwendigkeit der Reflexion durchaus bewusst, wie der folgende Gesprächsausschnitt verdeutlicht.

> *„(...) man reflektiert mehr (...) man möchte ja nicht den Eindruck erwecken, dass man, weil man Migrationshintergrund hat, die Leute anders beurteilt. Sei es gut oder schlecht. Ich glaube ich reflektiere dann mehr, was ich mache, um zu gucken „okay, lass dich nicht beeinflussen, (...) Es geht ums Gesetz und Paragraph (...) Ich glaube, das habe ich vielleicht eher als ein Deutscher noch. Auch bei Leuten, Parteien mit Migrationshintergrund, dass man da sagen muss, „okay, du darfst jetzt auch nicht strenger machen, um nicht den Eindruck zu erwecken", man möchte jetzt irgendwie weiß ich nicht, Vetternwirtschaft oder so betreiben."* (7.11.34-45)

Nach Meinung des Autors sollte dieses Reflektieren bezüglich des Einflusses von Migrationserfahrungen auf das richterliche Handeln innerhalb des deutschen Justizsystems institutionalisiert werden. So sollten den Richter_innen während der Ausbildung und der beruflichen Laufbahn mehr Möglichkeiten zur Reflexion gegeben werden.

Interessanterweise ist dies ein Aspekt, der von Bildungsforschern auch für migrantische Lehrkräfte gefordert wird. Wie im Theorieteil erläutert, gibt es im deutschen Schulsystem ein, im Vergleich zum Justizsystem, deutlich höheres Bewusstsein bezüglich eines möglichen Nutzens einer divers zusammengesetzten Lehrerschaft. Auch die migrantischen Lehrkräfte selbst bringen ihre Migrationserfahrungen relativ selbstverständlich in ihre pädagogische Arbeit ein. Dennoch zeigen nach Georgi (2013) Untersuchungen zu migrantischen Lehrkräften, dass die „Befragten in den geschilderten Situationen eher intuitiv" (S. 238) vorgehen, was den professionellen Umgang mit Heterogenität angehe. Die geschilderte interkulturelle Praxis basiere nach Georgi auf „eher landeskundlich (oder auch folkloristisch) orientierten Kulturvergleichen", die immer auch Gefahr laufen würden, „Schülerinnen und Schüler wohlmeinend zu kulturalisieren" (S. 238). Die Ergebnisse würden nach Georgi (2013) darauf hinweisen, dass die migrantischen Lehrkräfte, wie ihre Kolleg_innen ohne Migrationshintergrund auch, in Aus- und Weiterbildung „nur bedingt Möglichkeiten hatten, sich kritisch mit Theorie und Praxis der interkulturellen Pädagogik zu beschäftigen" (S. 238). Wie bereits erläutert zeigen sich hier Parallelen zu den untersuchten migrantischen Richter_innen, da diese nach den Ergebnissen der vorliegenden Untersuchung auch eher intuitiv und auf der Basis von persönlichen Haltungen mit ihren eigenen Migrationserfahrungen im richterlichen Alltag umgehen.

Wie die Ergebnisse der vorliegenden Untersuchung unterstreichen, sind Migrationserfahrungen bei Richter_innen a priori weder eindeutig als förderlich noch eindeutig als hinderlich für das Ausüben des Richteramtes zu bewerten. Es dürfte allerdings als wahrscheinlich gelten, dass Migrationserfahrungen von Richter_innen ins richterliche Handeln einfließen, auch wenn diese nicht thematisiert und als irrelevant eingestuft werden. Interessanterweise bestätigen dies auch migrantische Richter_innen mit einer eher exkludierenden Haltung dem eigenen Migrationshintergrund gegenüber, wie der folgende Gesprächsausschnitt zeigt.

> *„Natürlich, als Richter haben sie Ihre Erfahrung, nehmen Ihre Lebenserfahrung mit in die Verhandlung und in die Entscheidung der Fälle mit rein, ist ja klar. Aber man trägt das nicht wie eine Monstranz vor sich her. Man stellt nicht irgendwie drauf ab oder stellt es irgendwie nicht heraus, weil das ja nichts bringen würde."* (2.6.34-38)

Einen selbstreflexiven und bewussten Umgang mit den eigenen Migrationserfahrungen, halte ich deshalb für migrantische Richter_innen als essentiell, um ausgewogene und faire Urteile dauerhaft zu gewährleisten. Dies wird in Zukunft noch wichtiger werden, da der Anteil an Migrant_innen unter Jurastudierenden und Richter_innen in Zukunft noch erheblich steigen wird, wie mir Feldmitglieder im Rahmen meiner Untersuchung bestätigten.

Zum Abschluss der Monografie möchte ich noch die Frage erörtern, ob es denn mehr Richterinnen und Richter mit Migrationshintergrund an deutschen Gerichten geben sollte. Wie in Kapitel 1.5.2 beschrieben, gab und gibt es im Justizsystem Großbritanniens erhebliche Bemühungen den Migrantenanteil innerhalb der Richterschaft zu erhöhen. Mit diesen Bemühungen sind die Hoffnungen verbunden, dass eine höhere Anzahl an migrantischen Richter_innen zu einer höheren Qualität der richterlichen Arbeit beiträgt und dass die Justiz durch eine divers zusammengesetzte Richterschaft insbesondere von Migrant_innen eine höhere Akzeptanz erfährt. In Deutschland gibt es nach Recherchen des Autors bislang keine größeren Debatten darüber, ob es mehr Migrant_innen in der deutschen Richterschaft geben sollte.

Ich als Forscher stellte die Frage, ob es mehr Migrant_innen an deutschen Gerichten geben sollte, auch meinen Gesprächspartnern. Wie nach der Logik der vorgelegten Theorie zu erwarten, hängt die Beantwortung dieser Frage, von der Haltung ab, die die

Richter_innen gegenüber ihrem eignen Migrationshintergrund einnehmen. Da migrantische Richter_innen mit einer inkludierenden Haltung ihren Migrationshintergrund als Ressource und Bereicherung fürs Richteramt bewerten, plädieren sie dafür, dass noch mehr migrantische Richter_innen fürs Richteramt gewonnen werden sollten. Sie vertreten die Meinung, dass Migrantenrichter das deutsche Justizsystem relevant bereichern und verbessern würden.

> *„(...) ich würde mir wünschen, dass noch mehr Kollegen den Weg einschlagen. Hängt natürlich, wie gesagt, auch von den Noten immer ab, die die dann erreichen. Denke mal es ist für die Justiz in jedem Falle ein Gewinn.“ (1.33-34.45-2)*

Da migrantische Richter_innen mit einer exkludierenden Haltung, einen Migrationshintergrund als irrelevantes soziales Merkmal für den Richterberuf bewerten, haben sie dementsprechend nicht die Meinung, dass mehr migrantische Richter_innen für das deutsche Justizsystem notwendig seien.

> *„Also wir müssen hier in der Justiz niemanden erziehen. Wir treffen hier Entscheidungen und was diese Entscheidungen angeht, ich denke das kann ein Richter mit oder ohne Migrationshintergrund genauso gut machen. Ich sehe da jetzt kein Bedarf, dass man sagt, wir müssen in jedem Fall Richter einstellen, die einen Migrationshintergrund haben.“ (3.18.18-22)*

Wie im Theorieteil erläutert, wurde in Großbritannien die so genannte *equal merit provision* bei der Richterauswahl eingeführt, nach der die Auswahlkommission nach Diversity-Kriterien entscheiden darf, wenn Bewerber aufs Richteramt über die gleichen Qualifikationen verfügen. Die migrantischen Richter_innen der vorliegenden Untersuchung sind sich weitestgehend darin einig, dass ein Migrationshintergrund bei der Auswahlentscheidung zum Richteramt in Deutschland keine Rolle spielen und dass das Auswahlkriterium weiterhin nur die Note sein sollte.

„Trotzdem kann das kein echtes Kriterium sein. Das mag die Polizei so machen, weil die haben anderes Anforderungsprofil. Aber bei uns kann es und darf es kein Kriterium sein. Bei uns muss unter anderem das Hauptkriterium letztlich die Note sein. Das kann ich Ihnen sehr schnell auch erklären, wenn Sie einen Prozess führen, ja und in Gerichtsaal reinkommen, wo möchten Sie dass der beste Jurist sitzt?“ (2.23.5-9)

Nach Meinung des Autors könnte diese Haltung auch eine Strategie darstellen, um mit dem sozialen Merkmal Migrationshintergrund umzugehen. Bei der Untersuchung zu migrantischen Politiker_innen von Nergiz (2014) wurde die Strategie *Singularisation* beschrieben, mit der die Politiker_innen ihre Erfolge als individuell und singulär darstellen. So betonen die migrantischen Politiker_innen Unterschiede zwischen sich und Migrant_innen im Allgemeinen und legen Wert darauf, dass sie keine Alibimandate aufgrund ihres Migrationshintergrundes bekommen haben. Indem die migrantischen Richter_innen das Notenprinzip bei der Richterauswahl befürworten, unterstreichen sie damit indirekt nochmal die außergewöhnliche Leistung ihres eigenen Aufstiegs als Migrant ins Richteramt. Zudem markieren sie mit dieser Haltung, dass sie ihren eigenen beruflichen Aufstieg nicht *wegen* sondern *trotz* ihres Migrationshintergrundes geschafft haben.

Die Frage, ob eine höhere Zahl an migrantischen Richter_innen einen Mehrwert für die deutsche Justiz und Gesellschaft hat, ist auf der Basis des aktuellen Wissensstandes nicht eindeutig zu beantworten. Nach Meinung des Autors könnte ein wichtiger Mehrwert einer höheren Anzahl an migrantischen Richter_innen darin liegen, dass die Akzeptanz der Justiz und damit des Staates in der Bevölkerung steigen könnte. Betrachtet man den Anteil an Menschen mit Migrationshintergrund in Deutschland, so spiegelt der Anteil an Migrant_innen innerhalb der deutschen Richterschaft bei weitem nicht die Zusammensetzung der Bevölkerung wider, über die sie urteilt. Erhöht man den Anteil an Migrant_innen in der deutschen Justiz, so könnte die Identifikation mit Staat und Justiz insbesondere in Migrantengruppen erhöht werden, wie auch meine Gesprächspartner befürworten.

„Also ich denke, ich empfinde das so, dass das durchaus zu einer besseren Identifikation führt, auch mit Staat und mit Recht. Weil „da ist jemand von uns, der auch Urteilen darf, über uns aber auch über Deutsche". Das heißt also da ist, denke ich man kann sich besser mit der Justiz identifizieren, wenn man Leute die man als „von uns oder zu uns zugehörig" eine Position bekleiden sieht." (6.2.13-17)

„Es wäre auch für die Akzeptanz in der Bevölkerung besser. Weil wenn dann halt jemand aus dem Kiez kommt und studiert hat und dann deutscher Richter wird, dann ist das auf dem Kiez oder wo auch immer, in diesen Communities ist das natürlich schon etwas und dadurch werden diese Communities auch dann in die deutsche Gesellschaft besser integriert, nach dem Motto, „guck mal, sein Sohn hat es geschafft, sein Sohn ist es, bestimmt auch jetzt über Deutsche". Also das hielt ich schon für sinnvoll und wichtig." (2.22-23.44-5)

Ein erhöhter Anteil an migrantischen Richter_innen und die damit möglicherweise erhöhte Verbundenheit von Migrant_innen mit dem deutschen Rechtssystem könnte auch dazu beitragen, dass sich Strukturen einer so genannten Paralleljustiz nicht weiter innerhalb von Migrantenmilieus in Deutschland etablieren (vgl. Wittreck, 2014). Bevor man allerdings erörtert, welche konkreten Strategien helfen könnten, den Anteil an Migrant_innen in der deutschen Richterschaft zu erhöhen, wäre es nach Meinung des Autors der vorliegenden Untersuchung wichtig, wenn in Justiz, Politik, Gesellschaft und Wissenschaft zunächst einmal eine offene und breite Diskussion über die mögliche Bedeutung von migrantischen Richter_innen im deutschen Rechtssystem stattfinden würde. Die vorliegende Untersuchung könnte dazu einen ersten, theoretisch und empirisch fundierten, Beitrag leisten.

Literaturverzeichnis

Abel, M. H. (1988). Vergewaltigung – Stereotype in der Rechtsprechung und empirische Befunde. Weinheim: Beltz.

Akbaba, Y., Bräu, K. & Zimmer, M. (2013). Erwartungen und Zuschreibungen. Eine Analyse und kritische Reflexion der bildungspolitischen Debatte zu Lehrer/innen mit Migrationshintergrund. In Bräu, K., Georgi, V. B., Karakasoglu, Y. & Rotter, C. (Hrsg.). Lehrerinnen und Lehrer mit Migrationshintergrund. Zur Relevanz eines Merkmals in Theorie, Empirie und Praxis. (S. 37-58). Münster: Waxmann.

Akyol, C. (2008). Exoten mit Roben. Migranten als Richter. taz. die tageszeitung. Abgerufen 22. November 2018, von http://www.taz.de/!5179336/

Behr, R. (2006). Polizeikultur. Routinen – Rituale – Reflexionen. Bausteine zu einer Theorie der Praxis der Polizei. Wiesbaden: VS Verlag für Sozialwissenschaften.

Berndt, T. (2010). Richterbilder. Dimensionen richterlicher Selbsttypisierungen. Wiesbaden: VS Verlag für Sozialwissenschaften.

Bischoff, K. (2018). Im Namen des Volkes. Sie kam als Flüchtling – bald spricht sie in Berlin Recht. Berliner Zeitung. Abgerufen 22. November 2018, von https://www.berliner-zeitung.de/berlin/im-namen-des-volkes-sie-kam-als-fluechtling---bald-spricht-sie-in-berlin-recht-31499300

Blinde, E.M. & Taub, D.E. (1992). Women athletes as falsely accused deviants: Managing the lesbian stigma. The Sociological Quarterly, 33, S. 521-533.

Blom, H. (2005). Anders sein bei der Polizei in Deutschland: Zur Position von allochthonen Polizisten an ihrem Arbeitsplatz, vor dem Hintergrund ihrer Rolle als Minderheit und der Tatsache, dass sie als ‚anders' wahrgenommen werden. Verlag für Polizeiwissenschaft.

Bohnsack, R. (1998). Milieu als konjunktiver Erfahrungsraum. Eine dynamische Konzeption von Milieu in empirischer Analyse. In U. Mathiessen (Hrsg.): Die Räume der Milieus (S. 119-131). Berlin: Sigma.

Bräu, K., Georgi, V. B., Karakasoglu, Y. & Rotter, C. (2013). Lehrerinnen und Lehrer mit Migrationshintergrund. Zur Relevanz eines Merkmals in Theorie, Empirie und Praxis. Münster: Waxmann.

Breuer, F. (2010). Reflexive Grounded Theory. Eine Einführung für die Forschungspraxis. Wiesbaden: VS Verlag für Sozialwissenschaften.

Bundesministerium der Justiz und für Verbraucherschutz. (2014). Gibt es eine Paralleljustiz in Deutschland? Streitbeilegung im Rechtsstaat und muslimische Traditionen. Abgerufen 08. Mai 2018, von https://www.bmjv.de/SharedDocs/Archiv/Downloads/Studie-Paralleljustiz.pdf?__blob =publicationFile&v=4

Bundesamt der Justiz und für Verbraucherschutz. (2016). Zahl der Richter, Richterinnen, Staatsanwälte, Staatsanwältinnen und Vertreter, Vertreterinnen des öffentlichen Interesses in der Rechtspflege der Bundesrepublik Deutschland am 31. Dezember 2014. Abgerufen 03. Mai 2018, von https://www.bundesjustizamt.de/DE/SharedDocs/Publikationen/Justizstatistik/Gesamtstatistik.pdf?__blob=publicationFile

Bundesministerium der Justiz und für Verbraucherschutz. Gerichtsverfassungsgesetz (GVG). Abgerufen 18. September 2018, von https://www.gesetze-im-internet.de/gvg/__21e.html

Chew, P. K. (2015). Anticipating The Wise Latina Judge. Denver University Law Review, 91 (4), S. 853-868.

Corley, M. (2009). Barnes: Sotomayor 'benefited' from affirmative action 'tremendously.' THINKPROGRESS. Abgerufen 08. Mai 2018, von thinkprogress.org/barnes-sotomayor-benefited-from-affirmative-action-tremendously-4887a363344f/

Cornell, S. & Hartmann, D. (2010). Ethnizität und Rasse: Ein konstruktivistischer Ansatz. In Müller, M. & Zifonun, D. (Hrsg.). Ethnowissen. (S. 61-98). Wiesbaden: VS Verlag für Sozialwissenschaften.

DerWesten. (2011). Landgericht verhandelt mutmaßliche Zwangsheirat. Abgerufen 22. November 2018, von https://www.wr.de/staedte/essen/gericht/landgericht-verhandelt-mutmassliche-zwangsheirat-id4825204.html

Deutscher Bundestag. Grundgesetz für die Bundesrepublik Deutschland. Abgerufen 18. September 2018, von https://www.bundestag.de/gg

Deutsche Richterakademie. (2018). Jahresprogramm 2019. Interkulturelle Kompetenz. Abgerufen 22. November 2018, von http://www.deutsche-richterakademie.de/icc/drade/nav/cc8/broker.jsp?uMen=cc840cc7-d1a4-5561-a4f7-2e2406350fd4&uCon=b4814a45-ea87-5618-0681-8d46350fd4c2&press=true&pagesize=1&page=1&mode=detail

Department of Constitutional Affairs. (2004). Increasing Diversity in the Judiciary. Consultation Paper 25/04. DCA Corporate Communications, DCA 52/04.

Dorsch Lexikon der Psychologie. Salienz. Abgerufen 25. Oktober 2018, von https://portal.hogrefe.com/dorsch/suche/Salienz/?tx_solr%5Bq%5D=Salienz

Duden. Salienz. Abgerufen 25. Oktober 2018, von https://www.duden.de/rechtschreibung/Salienz

Exner, U. (2010). Frau Özkan, wann wird eine Muslimin Kanzlerin? WELT ONLINE. Abgerufen 03. Mai 2018, von http://www.welt.de/politik/deutschland/article7301733/Frau-Oezkan-wann-wird-eine-Muslimin-Kanzlerin.html

Flam, H. (2007). Migranten in Deutschland. Statistiken – Fakten – Diskurse. Konstanz: UVK Verlagsgesellschaft mbH.

Georgi, V. B., Ackermann, L. & Karakas, N. (2011). Vielfalt im Lehrerzimmer. Selbstverständnis und schulische Integration von Lehrenden mit Migrationshintergrund in Deutschland. Münster: Waxmann.

Georgi, V. B. (2013). Selbstwirksamkeitsüberzeugungen von Lehrkräften mit Migrationshintergrund. Empirische Schlaglichter auf den Umgang mit Mehrsprachigkeit und kultureller Heterogenität. In Bräu, K., Georgi, V. B., Karakasoglu, Y. & Rotter, C. (Hrsg.). Lehrerinnen und Lehrer mit Migrationshintergrund. Zur Relevanz eines Merkmals in Theorie, Empirie und Praxis. (S. 223-241). Münster: Waxmann.

Glaser, B. G. & Strauss, A. L. (1967). The discovery of Grounded Theory. Chicago: Aldine.

Goffman, E. (1963). Stigma: Notes on the Management of Spoiled Identity. Englewood Cliffs, NJ: Prentice Hall.

Groll, T. (2018). Jura-Studentin scheitert mit Klage gegen Kopftuchverbot. ZEIT ONLINE. Abgerufen 27. November 2018, von https://www.zeit.de/gesellschaft/zeitgeschehen/2018-03/kopftuchstreit-bayern-urteil-referendare-jura-verwaltungsgericht

Hunold, D., Klimke, D., Behr, R. & Lautmann, R. (2010). Fremde als Ordnungshüter? Die Polizei in der Zuwanderungsgesellschaft Deutschland. Wiesbaden: VS Verlag für Sozialwissenschaften.

Judicial Appointments Commission. About the JAC. Equality and diversity. Abgerufen 11. September 2018, von https://www.judicialappointments.gov.uk/equality-and-diversity

Justizministerium des Landes Nordrhein-Westfalens. (2006). Anordnung über die Amtstracht bei den Gerichten. Abgerufen 18. September 2018, von http://www.jvv.nrw.de/anzeigeText.jsp?daten=769

Justiz-online – Justizportal des Landes Nordrhein-Westfalens. Gesetzlicher Richter. Abgerufen 18. September 2018, von https://www.justiz.nrw.de/BS/recht_a_z/G/Gesetzlicher_Richter/index.php

Kemper, T. (2010). Migrationshintergrund – eine Frage der Definition! In Die Deutsche Schule, 102 (4), 315-326.

Keilani, F. (2018). Deutschland braucht eine Haltung zum Kopftuch. Der Tagesspiegel. Abgerufen 27. November 2018, von https://www.tagesspiegel.de/berlin/kopftuch-debatte-deutschland-braucht-eine-haltung-zum-kopftuch/22601714.html

Kette, G. (1987). Rechtspsychologie. Wien: Springer.

Killian, C. & Johnson, C. (2006). "I`m Not an Immigrant!": Resistance, Redefinition, and The Role of Resources in Identity Work. Social Psychology Quarterly, 69, S. 60-80.

Köhler, S., Müller-Mall, S., Schmidt, F. & Schnädelbach, S. (Hg.). (2017). Recht fühlen. Paderborn: Wilhelm Fink.

Landweer, H. & Koppelberg, D. (2016). Recht und Emotion I. Verkannte Zusammenhänge. Freiburg: Verlag Karl Alber.

Landweer, H. & Bernhardt, F. (2018). Recht und Emotion II. Sphären der Verletzlichkeit. Freiburg: Verlag Karl Alber.

Lautmann, R. (1970). Rolle und Entscheidung des Richters. Ein soziologischer Problemkatalog. In: Lautmann, R., Maihofer, W., et al. (Hrsg.). Die Funktion des Rechts in der modernen Gesellschaft (S. 381-416). Gütersloh: Bertelsmann.

Lautmann, R. (1972). Justiz – die stille Gewalt. Teilnehmende Beobachtung und entscheidungssoziologische Analyse. Frankfurt a.M.: Fischer Athenäum.

Lösch, K. (2005). Begriff und Phänomen der Transdifferenz: Zur Infragestellung binärer Differenzkonstrukte. In Allolio-Näcke, L., Kalscheuer, B. & Manzeschke, A. (Hrsg.): Differenzen anders denken. Bausteine zu einer Kulturtheorie der Transdifferenz (S. 26-49). Frankfurt a.M.: Campus.

Löschper, G. (1999). Bausteine für eine psychologische Theorie richterlichen Urteilens. Baden-Baden: Nomos Verlag.

MacRae, H. (1999). Managing courtesy stigma: the case of Alzheimer's disease. Sociology of Health & Illness, 21 (1), S. 54-70.

Malleson, K. (2006). Rethinking the Merit Principle in Judicial Selection, Journal of Law and Society, 33 (1), S. 126-40.

Malleson, K. (2009). Diversity in the Judiciary: The Case For Positive Action. Journal of Law and Society, 36 (3), S. 376-402.

Mecheril, P. & Plößer, M. (2009). Differenz. In Andresen, S., Casale, R., Gabriel, T., Horlacher, R., Larcher Klee, S. & Oelkers, J. (Hrsg.). Handwörterbuch Erziehungswissenschaft (S. 194-208). Weinheim: Beltz.

Mey, G. & Mruck, K. (Hrsg.) (2011). Grounded Theory Reader. Wiesbaden: Springer VS.

Morris-Lange, S. (2017). Allein durch den Hochschuldschungel. Hürden zum Studienerfolg für internationale Studierende und Studierende mit Migrationshintergrund. Berlin: Forschungsbereich beim Sachverständigenrat deutscher Stiftungen für Integration und Migration (SVR) GmbH.

Nergiz, D. D. (2014). I Long for Normality. A Study on German Parliamentarians with Migration Backgrounds. Wiesbaden: Springer VS.

Poggel, F. (2011). Eine Bereicherung im Namen des Volkes. Richter mit Migrationshintergrund. Stuttgarter Zeitung. Abgerufen 22. November 2018, von https://www.stuttgarter-zeitung.de/inhalt.richter-mit-migrationshintergrund-eine-bereicherung-im-namen-des-volkes.a0823d15-dd9f-4259-88c7-ae2b85160074.html

Presse- und Informationsamt der Bundesregierung (2007). Der Nationale Integrationsplan. Neue Wege – Neue Chancen. Berlin. Abgerufen 05. Mai 2018, von https://www.bundesregierung.de/Content/DE/Archiv16/Artikel/2007/07/Anlage/2007-08-30-nationaler-integrationsplan.pdf?__blob=publicationFile&v=1

Presse- und Informationsamt der Bundesregierung (2012). Der Nationale Aktionsplan Integration. Zusammenhalt stärken – Teilhabe verwirklichen. Abgerufen 03. Mai 2018, von https://www.bundesregierung.de/Content/DE/_Anlagen/IB/2012-01-31-nap-gesamt-barrierefrei.pdf?__blob=publicationFile

Raeithel, A. (1983). Tätigkeit, Arbeit und Praxis. Grundbegriffe für eine praktische Psychologie. Frankfurt/M. u. a. : Campus.

Raeithel, A. (1998). Selbstorganisation, Kooperation, Zeichenprozess. Arbeiten u einer kulturwissenschaftlichen, anwendungsbezogenen Psychologie. Herausgegeben von Christian Dahme. Opladen: Westdeutscher Verlag.

Reiner, R. (1985). Politics of the Police. Brighton: Wheatsheaf books.

Rottleuthner, H. (1973). Richterliches Handeln. Zur Kritik der juristischen Dogmatik. Frankfurt/M.: Athenäum Fischer.

Rotter, C. & Schlickum, C. (2013). Lehrkräfte mit Migrationshintergrund als Forschungsgegenstand: Fortschreibung einer Differenzmarkierung? In Bräu, K., Georgi, V. B., Karakasoglu, Y. & Rotter, C. (Hrsg.). Lehrerinnen und Lehrer mit Migrationshintergrund. Zur Relevanz eines Merkmals in Theorie, Empirie und Praxis. (S. 59-68). Münster: Waxmann.

Sigel, J. (2009). Berufliche Identität von Polizisten mit Migrationshintergrund. In Liebl (Hrsg.). Polizei und Fremde – Fremde in der Polizei. (S. 105-151). Wiesbaden: VS Verlag für Sozialwissenschaften.

Silberer, E. (2018). Ehefrau aus verletzter „Mannesehre" ermordet. WELT ONLINE. Abgerufen 22. November 2018, von https://www.welt.de/regionales/nrw/article176787172/Lebenslange-Haft-Ehefrau-aus-verletzter-Mannesehre-ermordet.html

Snow, D. & Anderson, L. (1987). Identity Work Among the Homeless: The Verbal Construction and Avowal of Personal Identities. The American Journal of Sociology, 92 (6), S. 1336-1371.

SPIEGEL ONLINE. (2006). "Ehrenmord"-Prozess – Neun Jahre Haft für Sürücü-Mörder. Abgerufen 22. November 2018, von http://www.spiegel.de/panorama/justiz/ehrenmord-prozess-neun-jahre-haft-fuer-sueruecue-moerder-a-411223.html

Statistisches Bundesamt (2009). Bevölkerung und Erwerbstätigkeit. Bevölkerung mit Migrationshintergrund – Ergebnisse des Mikrozensus 2005 –. Wiesbaden.

Statistisches Bundesamt. (2017). Bevölkerung mit Migrationshintergrund um 8,5 % gestiegen. Abgerufen 08. Mai 2018, von https://www.destatis.de/DE/PresseService/Presse/Pressemitteilungen/2017/08/PD17_261_12511.html

Statistisches Bundesamt (2017). Bevölkerung und Erwerbstätigkeit. Bevölkerung mit Migrationshintergrund – Ergebnisse des Mikrozensus 2016 –. Wiesbaden.

Steele, C.M. & Aronson, J. (1995). Stereotype Vulnerability and the intellectual test performance of Africans Americans. Journal of Personality and Social Psychology, 69, S. 797-811.

Strauss, A. L. (1991). Grundlagen qualitativer Sozialforschung. Datenanalyse und Theoriebildung in der empirischen soziologischen Forschung. München: Fink.

Strauss, A. L. (1993). Continual permutations of action. New York u. a. : de Gruyter.

Strauss, A. L. & Corbin, J. (1996). Grounded Theory: Grundlagen Qualitativer Sozialforschung. Weinheim: Beltz/Psychologie Verlags Union.

Strempel, D. (1990). Empirische Rechtsforschung des Bundesministeriums der Justiz unter besonderer Berücksichtigung der Strukturanalyse der Rechtspflege. In: Hoffmann-Riem, W., Mollnau, K. A. & Rottleuthner, H. (Hrsg.). Rechtssoziologie in der Deutschen Demokratischen Republik und in der Bundesrepublik Deutschland (S. 307-315). Baden-Baden: Nomos.

Strübing, J. (2007). Anselm Strauss. Konstanz: UVK Verlagsgesellschaft mbH.

Stuttgarter Nachrichten. (2017). Landtag verabschiedet gesetzliches Verbot. Kopftuch in Gerichten verboten. Abgerufen 27. November 2018, von https://www.stuttgarter-nachrichten.de/inhalt.landtag-verabschiedet-gesetzliches-verbot-kopftuch-in-gerichten-verboten.ab3e8654-04ae-4e45-b599-e1d20daebab0.html

Towner, T. L. & Clawson, R. A. (2016). A Wise Latina or a Baffled Rookie? Media Coverage of Justice Sonia Sotomayor`s Ascent tot he Bench. Journal of Woman, Politics & Policy, 37 (3), S. 316-340.

Valenta, M. (2009). Immigrants Identity Negotiations and Coping with Stigma in Different Relational Frames. Symbolic Interaction, 32 (4), S. 351-371.

Von Wurmb-Seibel, R. (2012). Ein stolzer Deutscher. Die Zeit. Abgerufen 20. Dezember 2018, von https://www.zeit.de/2013/01/Bundeswehr-Offizier-Burihabwa

Wagner, J. (2011). Richter ohne Gesetz. Islamische Paralleljustiz gefährdet unseren Rechtsstaat. Berlin: Econ.

Weber, M. (2003). Heterogenität im Schulalltag. Konstruktion ethnischer und geschlechtlicher Unterschiede. Opladen: Budrich.

West, C. & Fenstermaker, S. (1995). Doing Difference. Gender and Society, 9(1), 8-37.

Wittreck, F. (2014). Dritte Gewalt im Wandel – Veränderte Anforderungen an Legitimität und Effektivität? Referat auf der Vereinigung der Deutschen Staatsrechtslehrer in Düsseldorf vom 1. bis 4. Oktober 2014. Veröffentlichungen der Vereinigung der Deutschen Staatsrechtslehrer, Band 74: De Gruyter.

ZEIT ONLINE. (2018). Prozess gegen Eltern nach Zwangsheirat in der Türkei. Abgerufen 22. November 2018, von https://www.zeit.de/gesellschaft/zeitgeschehen/2018-01/landgericht-stuttgart-prozess-eltern-tuerkei-zwangsheirat

Kolibri 360 GmbH
Ferdinand-Jühlke-Straße 7
99095 Erfurt, Deutschland
produktsicherheit@kolibri360.de